凝聚隧道及地下工程领域的
先进理论方法、突破性科研成果、前沿关键技术，
记录中国隧道及地下工程修建技术的创新、进步和发展。

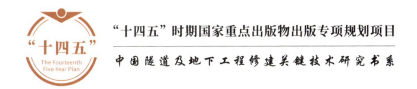

"十四五"时期国家重点出版物出版专项规划项目

中国隧道及地下工程修建关键技术研究书系

铁路隧道预制装配式
基底结构关键技术研究

马伟斌　张民庆　王　伟　王志伟　王子洪　著

KEY TECHNOLOGY RESEARCH OF
RAILWAY TUNNEL
PREFABRICATED BASE STRUCTURE

人民交通出版社股份有限公司

北京

内 容 提 要

本书基于既有客货共线铁路、重载铁路、高速铁路等隧道基底结构病害类型、危害、成因及机理的研究分析，结合隧道预制装配式基底结构技术发展现状及面临的问题，提出了多种不同形式的隧道装配式基底结构，并介绍了结构的计算方法、设计参数与动力性能分析等关键技术；从工程实践和现场试验的角度介绍了装配式结构接头足尺力学性能试验和施工工艺、试验监测等关键技术，并提出了基于轻量化建筑信息模型(BIM)、射频识别技术(RFID)与企业资源计划(ERP)深度融合的预制构件智能化信息管控系统技术方案。

本书可供从事铁路隧道设计、施工和科研工作的专业技术人员参考，也可供高等院校相关专业师生学习使用。

图书在版编目(CIP)数据

铁路隧道预制装配式基底结构关键技术研究 / 马伟斌等著. — 北京：人民交通出版社股份有限公司，2023.11

ISBN 978-7-114-18766-7

Ⅰ.①铁⋯ Ⅱ.①马⋯ Ⅲ.①铁路隧道—底部结构—隧道施工—研究 Ⅳ.①U459.1

中国国家版本馆 CIP 数据核字(2023)第 077314 号

中国隧道及地下工程修建关键技术研究书系
Tielu Suidao Yuzhi Zhuangpeishi Jidi Jiegou Guanjian Jishu Yanjiu

书　　名：	**铁路隧道预制装配式基底结构关键技术研究**
著 作 者：	马伟斌　张民庆　王　伟　王志伟　王子洪
责任编辑：	李　梦
责任校对：	赵媛媛　龙　雪
责任印制：	张　凯
出版发行：	人民交通出版社股份有限公司
地　　址：	(100011)北京市朝阳区安定门外外馆斜街 3 号
网　　址：	http://www.ccpcl.com.cn
销售电话：	(010)59757973
总 经 销：	人民交通出版社股份有限公司发行部
经　　销：	各地新华书店
印　　刷：	北京建宏印刷有限公司
开　　本：	787×1092　1/16
印　　张：	19.25
字　　数：	449 千
版　　次：	2023 年 11 月　第 1 版
印　　次：	2023 年 11 月　第 1 次印刷
书　　号：	ISBN 978-7-114-18766-7
定　　价：	138.00 元

(有印刷、装订质量问题的图书，由本公司负责调换)

前言

铁路运输是经济社会发展的重要支柱,是我国社会快速、稳定、可持续发展的必然选择。截至 2022 年底,我国铁路营业里程达 15.5 万 km。交通强国,铁路先行,中国铁路用建设打破壁障、用技术引领进步、用改革提升服务、用创新开辟共享,致力于为全面建设社会主义现代化国家提供坚实的交通运输服务保障。

随着我国铁路持续建设,以及川藏铁路雅安至林芝段建设工作稳步推进,隧道工程的数量、建设里程与建设速度不断提升,我国已经成为世界上铁路隧道规模最大的国家。但由于我国幅员辽阔,地质条件复杂多变,加之不同修建时期设计标准不同,隧道病害问题逐渐凸显。隧道基底结构作为列车动载的直接作用对象更易产生开裂、破损、下陷、翻浆、冒泥等病害,隧道基底结构缺陷的存在将会严重影响铁路运营安全和使用寿命。为避免后期基底结构出现上述病害、规范基底施工以及提升建设水平,基于装配式理念开展铁路隧道装配式基底结构的研究具有非常重要的现实意义。

装配式结构萌芽于 20 世纪初期,在 20 世纪 50 年代苏联等国家开始将装配式结构应用于明挖法地铁隧道,揭开了地下工程装配式结构研究与应用的序幕。当前,在大型地下预制结构的研究和应用领域,俄罗斯仍处于领先地位,法国、日本、荷兰等国家也取得了许多成功经验。我国于 20 世纪 60 年代开始探索地下工程预制装配式技术,如中国铁道科学研究院依托相关研究课题开展了隧道拱部拼装式衬砌研究,但由于种种因素导致研究中断,直至20世纪90年代才重新开始,如西康铁路秦岭Ⅰ线隧道及后来修建的兰渝铁路西秦岭隧道等采用了部分预制仰拱结构。然而铁路隧道工程领域预制装配式结构应用仍旧相对单一,目前应用较多的还是在地铁工程、公路隧道以及部分地下综合管廊建设领域。2016年,国务院办公厅印发《关于大力发展装配式建筑的指导意见》(国办发〔2016〕71号)文件,从国家层面鼓励发展装配式建造技术。为满足近年来我国铁路快速发展的实际需要,结合铁路技术"走出去"面临的相关挑战,急需开展铁路隧道基底新型结构形式设计及施工技术研究。发展铁路隧道装配式基底结构是隧道建造方式的重大变革,是推进供给侧结构性改革的重要举措,有利于节约资源、减少施工污染、提升劳动生产效率和质量安全水平,有利于促进建筑业与信息化、工业化深度融合。

中国铁道科学研究院集团有限公司从2016年开始针对铁路隧道装配式结构关键技术问题开展了系列探索性的研究工作。本书依托相关科研项目,将近年来在该方向取得的相关研究成果进行归纳整理,全面阐述了铁路隧道装配式基底结构关键技术体系与实践,以期为后续研究提供借鉴参考,推动装配式结构在铁路隧道的进一步研究与应用。

全书共分为9章。第1章主要介绍地下工程领域装配式结构发展史,总结国内外隧道与地下工程预制装配式基底结构研究现状,着重调研地下结构设计理论及衬砌接头力学研究现状,提出铁路隧道装配式基底结构关键技术发展条件与意义。第2章主要介绍既有线铁路隧道基底结构状态调研统计结果,阐述基底结构病害类型、成因及机理。第3章主要介绍规范荷载、实测荷载、不利荷载条件下的铁路隧道基底结构荷载特征及受力特性分析。第4~6章针对钻爆法隧道装配式仰拱结构、预制仰拱及框构式填充层结构、盾构隧道装配式轨下结构开展设计选型、受力分析研究,分别介绍装配式波纹板仰拱结构、装配式钢筋混凝土仰拱结构、装配式基底结构(仰拱结构+填充层结构)、盾构隧道装配式轨下结构等结构形式的设计理念、设计参数及不同时速、不同围岩级别条件下的结构力学性能分析。第7章主要介绍装配式衬砌接头力学性能试验,针对多种接头形式和连接形式,在不同轴力和弯矩作用下开展了接头力学性能研究,采用有限元软件建立平接头形式的数值计算模型并分析其在不同轴力和弯矩下的力学响应,得出了不同接头形式的力学特性发展规律。第8章主要介绍装配式基底结构主要施工工艺和试验监测关键技术,包括预制构件尺寸精度控制技术、预应力构件生产工艺,结合郑万高铁罗家山隧道横洞和京张高铁清华园隧道的工程实践情况,从拼装设备和工艺、底部调平、底部注浆等方面对装配式基底结构的现场拼装过程进行详细阐述,并开展结构力学性能试验研究,掌握了结构力学特征关键参数。第9章主要介绍隧道装配式基底结构信息化管控系统,提出了基于轻量化BIM、RFID技术与ERP系统深度融合的预制装配式隧道结构全生命周期智能建造系统,极大提升了生产、施工和管理效率,可满足新时期铁路隧道建设对于智能化建造的要求。

  本书由中国铁道科学研究院集团有限公司马伟斌研究员、中国国家铁路集团有限公司张民庆正高级工程师和王伟正高级工程师共同主持撰写、审查和统稿,王志伟、王子洪参与撰写,撰写过程中张胜龙、郭小雄、罗驰、付兵先、马召辉等提供了大量帮助。本书在编写过程中还得到了中国国家铁路集团有限公司科信部昝治华、鉴定中心田四明和巩江峰,中国铁路经济规划研究院有限公司倪光斌、林传年,中铁工程设计咨询集团有限公司吕刚,武九铁路客运专线湖北有限责任公司王志坚、杨小勇等众多单位领导与同仁的帮助与支持。同时,本书在完成过程中参考了国内外有关论文、著作,得到了诸多友人的无私帮助,在此对所有编写人员和为本书编写提供支持和帮助的单位和个人致以衷心的感谢!

  本书只是抛砖引玉,装配式结构在铁路隧道的进一步细化研究与实际工程应用依然任重道远。由于作者水平有限,书中难免存在疏漏和不足之处,敬请各位专家和读者不吝批评指正。

作 者

2023 年 6 月

目录

第1章 绪论 ··· 001
    1.1 装配式结构发展概述 ··· 003
    1.2 国内外隧道与地下工程基底新型结构发展概述 ······· 020
    1.3 发展铁路隧道预制装配式基底结构的必要性 ············ 023
    1.4 本书主要内容 ·· 025

第2章 铁路隧道基底结构状态调查与分析 ························· 027
    2.1 既有隧道基底结构状态调查 ······································· 029
    2.2 隧道基底结构病害类型、危害、成因及机理 ············ 038
    2.3 本章小结 ·· 045

第3章 铁路隧道基底结构荷载特征及结构参数分析 ·········· 047
    3.1 规范荷载与实测荷载条件下铁路隧道基底结构
        受力特性分析 ·· 049
    3.2 不利受荷条件下铁路隧道基底结构荷载特征
        及结构参数 ··· 064
    3.3 本章小结 ·· 085

第 4 章 预制装配式仰拱结构设计选型及受力特征分析 ······ 087

4.1 预制装配式波纹板仰拱结构设计及受力特征分析 ·············· 089

4.2 预制装配式钢筋混凝土仰拱结构设计及受力特征分析 ················ 091

4.3 本章小结 ············ 104

第 5 章 钻爆法铁路隧道预制装配式基底结构设计选型关键技术 ············ 105

5.1 典型轨下结构设计断面 ············ 107

5.2 预制装配式基底结构形式设计及适宜性分析 ······ 109

5.3 预制装配式基底结构受力特性及稳定性分析 ······ 127

5.4 本章小结 ············ 147

第 6 章 盾构隧道装配式轨下结构设计选型关键技术 ·········· 149

6.1 项目概况 ············ 151

6.2 装配式轨下结构设计 ············ 151

6.3 静力稳定性计算 ············ 153

6.4 动荷载作用下振动加速度及振级分析 ············ 158

6.5 本章小结 ············ 168

第 7 章 隧道装配式结构接头性能试验与数值分析 ············ 169

7.1 装配式结构接头试验方案研究 ············ 171

7.2 平接头力学性能试验研究 ············ 191

7.3 榫槽接头力学性能试验研究 ············ 217

7.4 本章小结 ············ 245

第 8 章 铁路隧道装配式基底结构施工与监测关键技术 ······ 247

8.1 预制构件生产关键技术 ············ 249

8.2 装配式轨下结构施工工艺 ……………………………… 253
8.3 装配式基底结构施工工艺 ……………………………… 255
8.4 装配式基底结构力学性能监测试验 …………………… 259
8.5 本章小结 ………………………………………………… 264

第9章 隧道装配式基底结构构件信息化管控系统技术方案 ……………………………………………… 265

9.1 基于BIM的铁路隧道建设管理模式 …………………… 267
9.2 轻量化BIM与RFID、ERP系统融合的信息化系统 …… 286
9.3 本章小结 ………………………………………………… 289

参考文献 ……………………………………………………… 290

第1章 绪论

1.1 装配式结构发展概述

1.1.1 地下结构设计理论发展现状

早期地下结构的设计几乎完全是依照以往经验进行,经过长期的工程实践,才形成了考虑底层对地下结构受力影响的设计理论。随着电子计算机的出现和岩土力学、结构力学等学科研究的发展,地下结构设计理论也得到了飞速的发展。

地下结构设计理论的发展大致分为 6 个阶段,如图 1.1-1 所示。

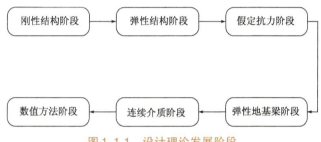

图 1.1-1　设计理论发展阶段

(1)刚性结构阶段

19 世纪的地下结构大多是砖石砌筑结构,这类结构材料的抗拉强度较低,且结构物存在较多接缝,故容易产生裂缝。为了维持结构稳定,这时地下结构的截面都很大,使结构受力后产生的弹性变形较小,因而最先出现的计算理论是将地下结构视为刚性结构的压力线理论。

(2)弹性结构阶段

19 世纪后期,混凝土和钢筋混凝土材料开始出现,并被用于建筑地下工程,使地下结构具有了较好的整体性。自此,地下结构开始按弹性连续框架进行内力计算;荷载为主动地层压力,按超静定结构力学原理进行分析计算。

(3)假定抗力阶段

混凝土衬砌在受主动荷载的作用产生弹性变形的同时,也受到地层对其变形产生的约束作用。将地层对衬砌的约束按衬砌受到弹性抗力作用的形式进行考虑,根据经验假定弹性抗力的分布形式后,地下结构的计算理论便进入了假定抗力阶段。1922 年休特和约翰逊在建议的圆形衬砌计算方法中也将结构视为受土动荷载和侧向地层抗力联合作用的弹性圆环,其被动弹性抗力形式假设为梯形,大小根据衬砌各点没有水平移动的条件确定,如图 1.1-2 所示。其缺点是过高估计了抗力作用。

1934 年,朱拉波夫和布加也娃对地下结构按变形曲线假定了镰刀形的抗力图形,并按局部变形理论认为弹性抗力与地层沉陷(y_a, y_h)成正比,比值为 k_0,由衬砌和地层的变形协调条件计算弹性抗力的量值,如图 1.1-3 所示。

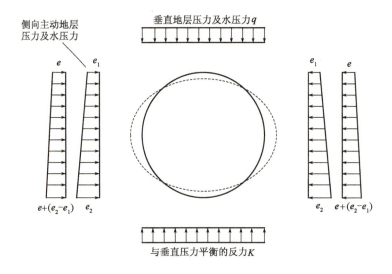

图 1.1-2　休特方法计算圆形衬砌简图

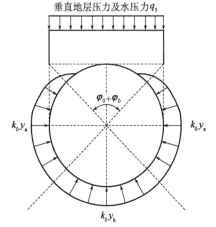

图 1.1-3　朱拉波夫、布加也娃计算圆形衬砌的简图

(4) 弹性地基梁阶段

由于假定抗力法对抗力图形的假定带有较大的任意性，人们开始研究将衬砌视为弹性地基梁的结构计算理论。按局部变形弹性圆环理论计算圆形衬砌的方法出现较早，苏联地下铁道设计事务所在 20 世纪 30 年代已经提出这一方法，如图 1.1-4 所示。图中，在圆形衬砌周围建立 M_1、M_2、M_3、$\cdots$、M_{16} 共 16 个弹性支撑。

共同变形弹性地基梁理论也被用于地下结构的计算。1954 年奥尔洛夫用弹性理论进一步研究了按地层共同变形理论计算地下圆形隧道的方法，如图 1.1-5 所示。舒尔茨和杜德克在 1964 年分析圆形衬砌时不但按共同变形理论考虑了径向变形的影响，而且还计入了切向变形的影响。

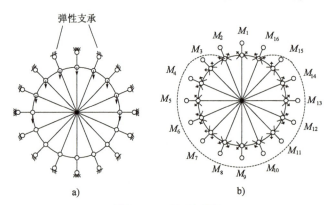

图 1.1-4　链杆法图

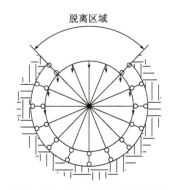

图 1.1-5　奥尔洛夫法计算简图

(5) 连续介质阶段

鉴于人们逐渐认识到地下结构与地层是一个受力整体，按连续介质力学计算地下结构内力的方法也逐渐有所发展。史密德和温德耳斯得出了按连续介质力学计算圆形衬砌的弹性解。费道洛夫得出了有压水工隧洞衬砌的弹性解，缪尔伍特提出了圆形衬砌的简化弹性解析解，克铁斯又对此法做了改进。塔罗勃和卡斯特奈得出了圆形洞室的弹塑性解。塞拉塔和柯棣斯采用岩土介质的各种流变模型进行圆形隧道的黏弹性分析。我国学者同济大学侯学渊等利用地层与衬砌之间的位移协调条件得出了圆形隧道的弹塑性解和黏性解。

(6) 数值方法阶段

由连续介质力学建立地下结构的解析计算方法是一个困难的任务，目前仅对圆形衬砌中的简化本构关系有了较多的研究成果。20 世纪 60 年代以来，随着电子计算机的推广和岩土介质本构关系研究的进展，地下结构的数值计算方法有了较大的发展。莱亚斯和迪尔在 1966 年应用特鲁克-普拉格屈服准则进行了圆形洞室的弹塑性分析。1968 年，辛克维奇等按无拉力分析研究了隧道的应力和变形，提出了可按初应力释放法模拟其开挖效应的概念。库尔荷威于 1975 年用有限元法探讨了几种因素对地下洞室受力变形的影响。1977 年维特基分析了围岩节理及施工顺序对洞室稳定的影响。我国学者近年来在地下洞室用有限元分析方面做了大量工作。同济大学采用黏弹性本构模型分析了地下浅埋圆形隧道。

以上所述各种计算方法大都是假定衬砌处于弹性受力阶段，这些方法常常不能反映实际结构破坏时的极限承载能力。实际上，整体式衬砌的最大受力截面发生裂缝或装配式衬砌的接缝发生塑性变形，并不意味着衬砌结构的承载力已消耗殆尽，衬砌结构此后仍可继续维持稳定。由此，苏联地下隧道设计事务所曾研究过按极限状态计算衬砌隧道的方法，同济大学也曾试验得出了按极限状态计算地下结构的公式，日本铁道建设公司通过对整环管片进行极限承载力试验发现，当管片截面力达到截面承载力时，管片环并没有坍塌。也就是说，目前根据管片截面承载力进行管片环设计的方法值得进一步探讨。正在兴起的结构优化设计理论着眼于在各种可能设计的方案中寻求最佳结构，以达到重量最小、材料最省或造价最低等目的，从而使结构设计的质量达到新的水平。同济大学曾提出地下结构优化设计的一些方法。应该指出，地下结构计算理论的上述 6 个阶段在时间上没有截然先后之分，后期提出的计算方法一般也不否定前期的成果。鉴于围岩介质性质的复杂多变，这些方法各有其适用场合和一定的局限性。

1.1.2 地下工程预制结构的研究和应用现状

预制装配式结构萌芽于 20 世纪初，1900 年在美国布罗克莱雅因建造养马场时，首次大量采用了装配式钢筋混凝土构件。第二次世界大战导致的欧洲住房短缺和劳动力短缺加速了装配式结构的发展。目前美国、日本、欧洲各国及新西兰等发达国家的地面建筑结构中预制装配式结构的比重达到了 35% 以上，形成了较为成熟的装配式混凝土结构体系，我国也在 20 世纪 80 年代修建了大量装配式地面建筑。然而预制装配式结构在地下结构中的应用与发展则相对单一，目前较多的还是应用在交通隧道、输水隧道以及部分综合性地下管廊建设领域，大型装配式地下结构的应用则更少。在世界范围内，俄罗斯、法国、日本、荷兰等国家在大型地下预制结构的研究方面取得了大量的成果,应用方面也取得了大量的成果,目前已有许多成功案例。

从国内外预制装配技术的发展现状看,地下结构的预制装配式技术目前主要是从两个方面开展:一方面是预制结构与现浇混凝土相结合的方法;另一方面是所有构件全部预制方法,包括结构整体预制和结构块预制。

1.1.2.1 地铁隧道

(1)结构断面分块预制法隧道

在分块预制的隧道结构当中,利用掘进机法施工的隧道最为常见。自1818年提出运用掘进机法修建隧道以来,包括著名的英法海底隧道及国内的区间盾构隧道等都为预制管片装配式隧道。

1966年修建的荷兰鹿特丹地铁东西线采用"壳式隧道"结构,如图1.1-6所示。其中,侧墙和顶板为预制的直墙平顶整体式构件,隧道底板为现浇。日本仙台市预制双跨箱形结构断面隧道也采用结构块预制法,箱形断面尺寸为11.092m×7.44m。

图1.1-6 壳式隧道横断面与基础

2015年9月30日,上海隧道工程有限公司成功研制出我国首台类矩形盾构机"阳明号",并成功应用于宁波地铁3号线、4号线的隧道施工中。在宁波地铁3号线类矩形盾构段,混凝土管片厚度为450mm,外包尺寸为11500mm×6937mm,结构分为11个预制块(包括中间立柱),环向缝通过球墨铸铁埋件与螺栓连接,接头均设在正负弯矩转换(弯矩较小)位置。其加载试验的衬砌模型如图1.1-7所示。

日本鹿岛建设公司在2017年开发了一种针对明挖圆形隧道的全预制拼装技术,即超级环(Super-ring)工法。Super-ring工法采用了环形结构,管片外径12m、厚0.5m、宽1.0m,使装配式衬砌更薄更轻量,能够使用通用型机械设备起重,同时施加预应力使结构物一体化,确保接头部位具有高止水性能。该工法相比以往的现浇混凝土施工,能够减少约90%的作业人员,主体结构所需工时缩短约50%,并具有更高的施工安全性,如图1.1-8所示。

图1.1-7 全环加载试验的类矩形盾构隧道断面结构

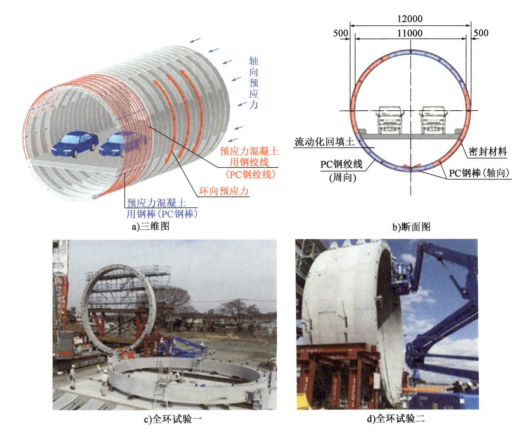

图 1.1-8 Super-ring 工法概念示意图(尺寸单位:mm)

日本鹿岛建设公司后来将施工方法升级为超级环 K-up(Kajima under pass),结合管幕施工方法,实现了城市地下立交的非开挖施工。施工方法是首先在竖井后钻入圆管,形成管幕,在管幕内挖土,在管幕之间灌入砂浆,形成钢-砂浆复合结构,支撑周围土压力;然后,将地面组装好的 Super-ring 管环吊入地下,与第一套 Super-ring 管环连接,然后依次滑入隧道,在管幕内部空间形成隧道作为永久性结构;最后,在 Super-ring 与管幕之间的空隙处用注浆液充实,完成固定。Super-ring K-up 工法如图 1.1-9 所示。

2018 年,日本西松建设和 GEOSTR 等企业联合对铁路隧道装配式衬砌进行了模拟试验(图 1.1-10),确认了装配式衬砌在装配、运输和安装过程中的施工可行性。与现浇法相比,预制衬砌的施工速度可提高 50%,具有较好的施工质量和安全性。

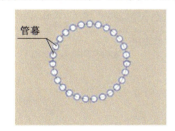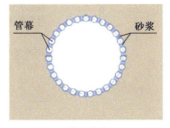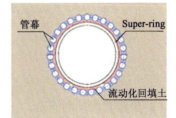

a)施工步骤

图 1.1-9

b)施工概念图

图 1.1-9　Super-ring K-up 工法

图 1.1-10　使用模拟衬砌进行试验

以往铁路隧道衬砌混凝土厚度一般在 300mm 以上,但装配式衬砌的厚度只有 170～230mm,就可以满足性能要求。衬砌分为 3 块,如图 1.1-11 所示。图中 R_1、R_2、R_3 为不同衬砌分块的内径;拱脚位置采用两平面形状(图 1.1-12),既能满足运输过程中的稳定性,又能满足设置后的结构稳定性。

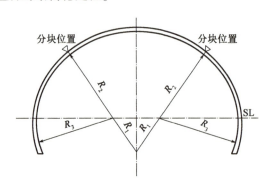

图 1.1-11　装配式衬砌分块示意图　　图 1.1-12　装配式衬砌的拱脚形状

(2) 整体管段预制隧道

俄罗斯曾在明挖法施工的渡线、出入口和不同衬砌类型连接处采用了整体式衬砌结构,即一种形如钢筋混凝土矩形的封闭框,外形尺寸为 1.5m(长)×4.4m(宽)×5m(高),质量 13.1t。

1.1.2.2 地铁车站

对于装配式地下结构在地铁车站中的应用及研究,主要分为盾构装配式地铁车站和明挖装配式地铁车站两类。最早的盾构装配式地铁车站是为了解决盾构区间与车站建设的矛盾,苏联、日本等国家有较多研究且有部分成功的工程实例,国内相关学者也展开了一些前期研究。

(1)盾构装配式地铁车站

盾构装配式地铁车站修建有两种方式:一种是以先行建成的两条或三条平行盾构管片隧道为主体,通过合理支撑,拆除部分管片,采用浇筑连接或接入异形预制件的方式形成的地铁车站,俄罗斯、日本以及英国的部分车站衬砌结构即采用了此种方式;另一种是以日本为代表的固定式或分离式连体盾构机直接修建车站方式。

2014年,北京地铁14号线采用洞桩法(PBA法)扩挖大直径(直径10.22m)隧道修建将台路站和高家园站,车站只保留了底部少量管片,顶部采用了"K片"的异形构件方式进行了接头连接。盾构装配式地铁车站汇总见表1.1-1。

盾构装配式地铁车站汇总 表1.1-1

序号	车站结构	接头	代表车站
1	两个并列的盾构隧道管片组成车站结构	异形加强管片,材质铸铁	伦敦地铁车站、圣彼得堡地铁车站
2	两个并列的盾构隧道结合中间半盾构隧道	异形管片,材质铸铁	莫斯科马雅克夫斯基站、巴维列茨站、圣彼得堡站、日本乐街站、半藏门站、马险町站和营团11号线永田町站及三越前站
3	以盾构隧道为仰拱的组合式单拱车站结构	顶拱和仰拱为钢筋混凝土块,其他为现浇混凝土	俄罗斯圣彼得堡勇敢广场站
4	以盾构隧道为拱座基础结合装配式单拱车站结构	装配式钢筋铸铁弧形板衬砌,上下两层站台装配式钢筋混凝土	俄罗斯奥林匹克站
5	三平行圆形盾构隧道车站结构	金属防水层配筋组件(ABM)的衬砌结构	莫斯科胜利公园地铁站
6	固定式或分离式联合盾构机直接施工车站	大圆及小圆衔接处设鸥翅形衬砌块	日本东京地铁7号线白金台车站、都营地铁12号线饭田桥站

(2)明挖矩形装配式车站结构

深圳地铁1号线宝安中心车站曾经考虑采用预制装配式衬砌,并进行了相应研究。车站底板采用现浇混凝土,车站墙体、支柱、顶板采用不同预制构件。对于明挖车站,提出了两种预制结构方案:双层单跨框架结构和双层双跨框架结构。双层双跨框架结构采用现浇底板,底板边墙与中柱之间采用榫连接,边墙、梁、柱之间的连接位置设置在弯矩接近于零的位置。除底板外,构件共分为10个部分:2面侧墙、2块中间楼板、4块顶板、1根中间柱、

1根中间梁。

北京地铁6号线西延金安桥站是北京第一座明挖装配式地铁站,车站底板和底板梁采用现浇混凝土结构,中楼板和顶板采用叠合板的形式,中楼板梁和顶板梁采用叠合梁的形式,侧墙采用预制现浇结构组合的形式,框架柱采用预制结构。

长春地铁2号线共设计了5座顶部拱形的装配式地铁车站。2号线袁家店站是国内首座装配式地铁车站。车站主体结构宽20.5m、高17.45m,每环管片宽2m,一环分为7块预制构件,单块预制构件最大质量达54.5t,如图1.1-13所示。

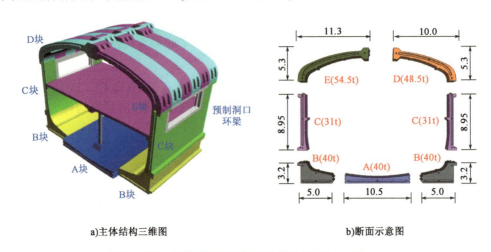

a) 主体结构三维图　　　　　　　　　b) 断面示意图

图1.1-13　袁家店装配车站结构效果图(尺寸单位:m)

上海地铁15号线吴中路站为明挖无柱大跨度地铁车站,宽20m,于2019年8月完成施工,采用预制拼装叠合拱壳工艺。该车站两侧边墙采用现浇施工,顶部首先采用预制拼装拱壳进行施工,拱壳上表面具有两排加劲肋和箍筋露出表面,保证拱壳的结构强度和与现浇混凝土的黏结程度。在拱壳上部现浇0.8m厚钢筋混凝土作为车站顶板。该车站顶板进行了足尺承载力试验。顶部荷载达到6440kN(设计值4850kN),当放松一侧支座,使其产生30mm水平位移时,接缝上的错台和张开位移变化量均很小,接缝状态良好。预制拼装叠合拱壳无柱大跨地铁车站模型及局部构造如图1.1-14、图1.1-15所示。

图1.1-14　预制拼装叠合拱壳无柱大跨地铁车站模型图

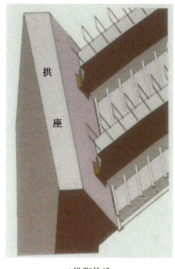
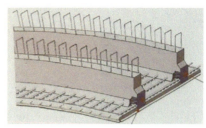
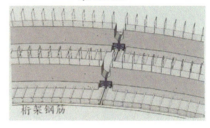

图 1.1-15 预制拼装叠合拱壳无柱大跨地铁车站局部构造模型图

1.1.2.3 公路隧道

目前城市隧道衬砌普遍采用预制装配式结构,地铁隧道轨下多数采用现浇整体道床。公路隧道的车道板预制较为常见,目前主要采用双层车道板结构形式。其中上层车道板结构主要分两种,一种是横框架梁板柱结构,即上层结构为梁板柱结构,上层车道板通过立柱、纵梁支撑;另一种为牛腿车道板结构,即上层车道板通过牛腿支撑,实现上层行车的功能。下车道板主要采用预制构件与现浇填充相结合的结构形式。预制构件包括口形构件、π形构件等,预制构件两侧现浇混凝土构成下车道整体结构。当然下层车道结构也可以采用预制车道板直接与管片之间连接,或者采用牛腿连接。

上海市上中路隧道采用超大型盾构施工,隧道直径达到 14.87m,下层的车道板采用预制装配式结构;底部为门形预制车道板结构,质量为 10t。预制车道板的安装与隧道同步进行,一方面有助于隧道在施工过程中抗浮,另一方面为施工车辆提供通行基面,加快施工进度。上中路隧道断面如图 1.1-16 所示。

上海复兴东路隧道采用牛腿和管片预制。隧道段下层为口形预制件,两侧采用现浇混凝土找平。车道板位于牛腿上方,牛腿可以现浇或者预制,也可以在节段上植筋施工。复兴东路隧道横断面如图 1.1-17 所示。

上海军工路隧道内部为全预制双层结构,上部车道采用两个箱形结构作为支撑结构,上部车道采用 2m 宽预制车道板,车道板两端通过支撑转移到下部箱形结构顶层。隧道下层采用 π 形预制结构。立柱两侧的柱基础和立柱的上车道板采用现浇结构。军工路隧道横断面如图 1.1-18 所示。

法国 A86 公路隧道由东西两条隧道组成。东隧道为世界上首条双层盾构隧道,全长约 10.16km,内径为 10.4m,外径为 11.24m,上下两层设计,其中上层车道上部与下层车道下部都设有独立的排气通道,断面如图 1.1-19 所示。

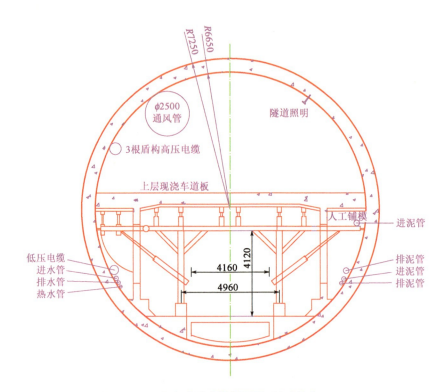

图 1.1-16　上中路隧道横断面图(尺寸单位:mm)

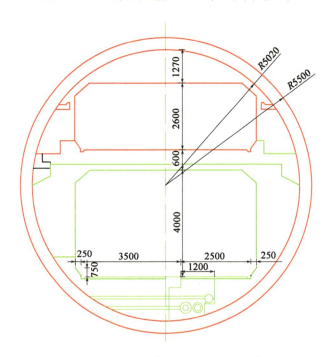

图 1.1-17　复兴东路隧道横断面图(尺寸单位:mm)

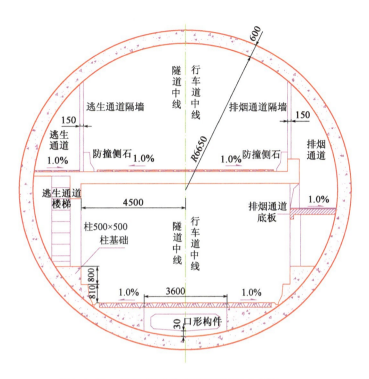

图 1.1-18　军工路隧道横断面图(尺寸单位:mm)

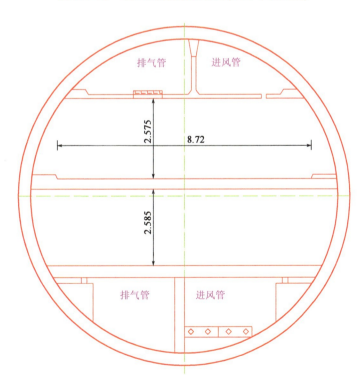

图 1.1-19　法国 A86 公路东隧道断面示意图(尺寸单位:m)

美国西雅图的SR99公路隧道是北美最大直径单管公路隧道,于2019年2月正式开通。隧道长3.2km、内径15.85m、外径为17.07m。其内部设置双层双向四车道,侧面设置排烟和电缆通道,断面如图1.1-20所示。

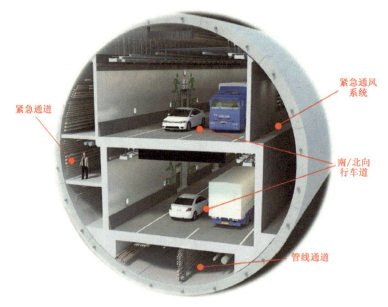

图1.1-20 美国SR99公路隧道断面示意图

我国2013年建成的厦成高速公路东孚隧道,全长340m,隧道采用结构整体预制,双向八车道,单节长12m,质量达到2237t,框架净宽19.34m,高6.24m。隧道施工中采用"中继法顶进工艺"。

1.1.3 预制结构接头技术现状

1.1.3.1 预制结构接头形式及应用

目前,我国在装配式预制结构接头形式方面已经进行了大量的研究,并积累了大量的研究成果,而且出台了一些关于接头构造的规范和规程。接头目前主要用于房屋建筑结构和盾构管片的连接。现有的装配式接头形式,根据施工工艺主要分为干式接头和湿式接头(节点)。两种接头类型从施工角度来看区别较大。湿式接头需要进行混凝土浇筑,主要应用于地面结构和房屋建筑结构;干式接头主要用于地下预制装配式结构,如地铁盾构和地铁装配式车站。

(1)湿式接头

根据接头连接位置进行分类,湿式接头可以分为柱和梁之间的接头以及梁和墙之间的接头,具体如图1.1-21所示。该种方法将构件单独进行预制,在接头处预留钢筋,在预制构件安装完成后在预制构件的连接区域现场浇筑混凝土。该方法的钢筋连接主要有灌浆套筒、浆锚搭接两种方式;灌浆套筒主要适用于直径较大钢筋的连接;浆锚搭接主要适用于直径≤20mm钢筋的连接,不适用于直接承受动力荷载构件的受力钢筋连接。湿式接头主要用于预制装配式房屋建筑领域,目前技术已经比较成熟,在国内地铁车站也有类似案例。

a)预制剪力墙构件

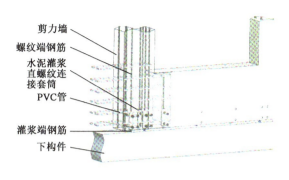
b)梁和墙之间接头

c)柱和梁之间接头

图 1.1-21　湿式接头形式

北京地铁三元桥站施工中,拟采用浅埋暗挖结合盾构法修建塔式地铁站。其中管片接头和车站结构的连接共设计了 4 种接头形式,见表 1.1-2。

湿式接头汇总表　　　　　　　　　　　表 1.1-2

序号	节点形式	适用范围	连接要求	优　点	缺　点
1	柱榫式	民用建筑与一般多层工业建筑的柱、柱节点	榫头端部预埋钢板,安装时与下柱顶部预埋钢板点焊。纵向钢筋采用机械连接或焊接,混凝土在榫头外侧浇筑两次,形成整体	受力性能尤其承受竖向荷载能力较好	接头焊接工作量大,冬季施工不方便
2	梁柱整浇式	后浇混凝土梁与柱连接部位	梁下部纵向钢筋在节点内采用焊接连接或搭接弯折锚固等两种方式。梁端部应设键槽以及底部应设预埋件与预制柱顶端预埋钢板焊接	焊接工作量小,而且不需要坡口焊,接头整体性好,受力特性良好	钢筋密集,浇筑振捣密实困难,浇筑质量难保证,需架设模板,有一定劳动力需求,冬季及特殊的场合施工不便,节点不能立即受力

续上表

序号	节点形式	适用范围	连 接 要 求	优　　点	缺　　点
3	牛腿式（暗牛腿及明牛腿式）	梁端及柱之间	在梁端及柱相应部位设置齿槽，以利于传递梁端剪力	梁端截面弱化较小，二次浇筑混凝土量较少，接缝应力清晰可靠，能承受较多的接缝剪力，施工方便	有一定焊接工作量，节点处二次浇筑混凝土后，强度可能会降低
4	齿槽式	—	齿形采用等腰三角形或梯形，斜度取45°，齿槽数不应少于2个	安装就位方便，不需要任何防腐处理。齿槽主要承受梁端剪力	接头处二次浇筑的混凝土不易密实

(2) 干式接头

装配式地下结构中，干式接头形式是以地铁盾构管片为代表的地下结构中最主要的接头形式。目前干式接头形式主要有：铰接头、螺栓接头、榫槽接头和快速销插式接头。

① 铰接头

铰接头是具有一定转动能力的接头，通常是一端固定，另一端接头采用铰链、球形等组成的柔性接头。铰接头用作多铰环管片连接接头，由于其不产生弯矩，受力主要以轴力为主，在良好地基条件下是一种合理的结构，故在地基良好的英国和俄罗斯使用广泛，在多软弱地基的日本和中国使用较少。

② 螺栓接头

螺栓接头结构是最为常用的接头结构，是利用螺栓将接头板紧固起来，将管片环组装起来的抗拉连接结构。螺栓接头按照螺栓形式的不同可分为直螺栓接头、斜螺栓接头、曲螺栓接头，其中曲螺栓接头在我国地铁领域应用广泛。

③ 榫槽接头

榫槽接头结构是借鉴木质建筑结构中榫卯的原理简化而来，其凹凸咬合结构既可以抵抗部分剪力，又可以增加结构接头整体刚度。单独的榫槽接头完全依靠周围岩层压力达到平衡，防水性能较弱，一般与螺栓配合使用，如图1.1-22～图1.1-25所示。

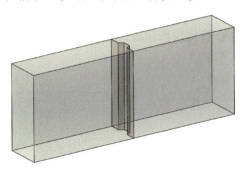

图1.1-22　榫槽接头

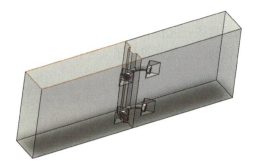

图1.1-23　榫槽曲螺栓接头

④ 快速销插式接头

快速销插式接头用于管片间一般为滑销式，环缝间一般为插入式。销插接头作业效率高，对自动化施工的适应性很强，但目前应用较少，未来随着施工工艺和施工机械设备的提高具有广阔的应用前景。日本近年来针对盾构管片对快速插入式接头进行了一系列的研究，开发了一系列新型快速接头，方便管片施工。接头主要分为4类，每类包含管片块间和环缝间两种接头。

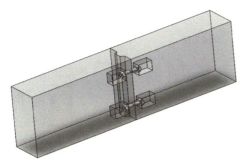
图 1.1-24　榫槽斜螺栓接头

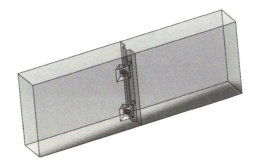
图 1.1-25　榫槽斜直螺栓接头

a. 阴阳铰插入式接头

FAKT 管片是基于大深度地下等轴力主导的地层中快速掘进为目的一种自我紧固型的管片。预制构件的块间接头为阴阳铰接形式；环间接头为插入式，根据布置位置不同分为 4 种，如图 1.1-26 所示。环间接头的原理和内部构造形式如图 1.1-27 所示。FAKT 管片在东京地下铁副都心线东新宿站—新宿三丁目站区间有部分应用。

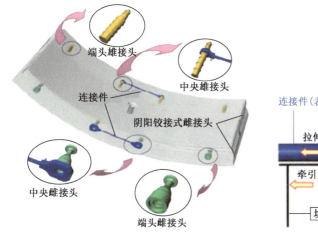

图 1.1-26　接头布置图　　　　　　　　　图 1.1-27　接头示意图

b. 水平销式与推压紧固式接头

One-Pass 管片是日本发明的一种可以快速插入，无须进行螺栓拧紧的快速拼装预制构件，构件块之间采用了水平销式接头、构件环间采用了推压紧固式接头。水平销式接头由 C 形件和 H 形件构成，两者通过插入滑动后得到紧固。推压紧固式接头采用了楔形件的连接方式，通过推压插入得到紧固，如图 1.1-28、图 1.1-29 所示。

c. 滑销快速接头

滑销快速接头管片是日本前田建设发明的一种快速拼装管片，其块间接缝处采用了滑销接头（图 1.1-30），环间（图 1.1-31）采用了快速插入接头。

d. 滑动锁定接头

滑动锁定接头是日本前田建设开发的适用于快速施工的接头形式，块间采用啮合式接头，接头包括由螺栓、弹性结构组成的雄接头和螺栓、滑动槽组成的雌接头。接头根据连接强度需求分为单螺栓型和双螺栓型,如图 1.1-32 和图 1.1-33 所示。

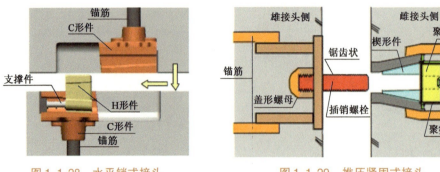

图 1.1-28　水平销式接头　　　　　图 1.1-29　推压紧固式接头

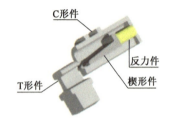

图 1.1-30　滑销快速接头

图 1.1-31　新型快速接头

图 1.1-32　单螺栓形式接头

图 1.1-33　双螺栓形式接头

从目前各接头特点来看,湿式接头主要应用在房屋建筑预制装配式结构领域,地下工程主要采用干式接头,应用比较广泛的为曲螺栓、直螺栓和斜螺栓的连接形式,其中曲螺栓在我国地铁领域大面积应用。快速接头作为一种新型连接形式有利于提高预制结构修建速度和提高工程质量,但是其对于施工工艺和机械设备要求较高,目前仅在部分区间进行试用,大面积推广还有一定的技术难度。

1.1.3.2　预制结构接头的力学性能研究现状

国家建筑标准设计图集《装配式混凝土结构连接节点构造》(20G310-3)中规定:当节点的连接部分不能等同于现浇混凝土时,应根据结构的受力情况和节点的连接形式,以及整体刚度的计算分析,采用合理的计算模型并对结构进行内力分配。目前我国地下工程预制装配式结构接头力学性能的研究主要有理论分析、数值模拟和模型试验三种方法,其中接头力学模型是研究的重点。

以日本和中国为代表的国内外学者在盾构管片接头抗弯刚度研究的基础上对接头的力学计算模型做了大量的分析与研究,建立了许多符合实际情况的力学计算模型。其研究过程大致经历了以下几个阶段。

匀质圆环模型→修正的匀质圆环模型→多铰圆环模型→直(曲)梁弹簧模型→直(曲)梁-接头不连续模型→壳弹簧模型→壳弹性铰地基系统模型→壳接缝元地基系统模型→考虑接头破坏的弹塑性三维有限元模型。

均质圆环模型最早于 1960 年在 JSCE 隧道工程研讨会上提出,1969 年由协会正式推荐。该方法不考虑接头对管片整体性能的影响,即传统惯用法的均质环模型。在传统惯用法中,不考虑接头引起的管片环局部刚度折减,假定接头刚度和管片体刚度相同;在传统惯用法计算方法的基础上,修正惯用法引入了弯曲刚度有效率 $\eta(\eta \leqslant 1)$ 和弯矩提高率 ζ,并以衬砌环整体环刚度的降低作为管片连接引起的整体承载力降低的代表,管片环是具有 ηEI 刚度的均质圆环。考虑到衬砌环缝的铰功能,通过环缝间的连接螺栓将弯矩 M_2 传递到相邻管片,重新分配错缝拼装节段的内力。修正惯用法在计算过程中引入了弯矩提高率 ζ;主截面设计弯矩,接头设计弯矩,环间接头出的弯矩传递如图 1.1-34 所示。图中,B 为衬砌管片宽度。

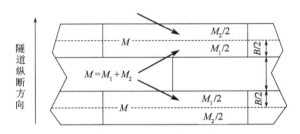

图 1.1-34　修正惯用法环间弯矩传递示意图

多铰圆环模型是在均质圆环模型基础上发展起来的模型。该模型将管片接头视为铰接结构。多铰圆环模型本身是一个不稳定的结构,它可以根据隧道周围的围岩压力变化为一个稳定的结构。该模型假定围岩压力沿衬砌均匀分布,由多铰环模型截面计算的内力较小,节省了设计费用。由于该计算方法对地层条件依赖性强,更适合于弹性抗力系数高的围岩压力地层。

1968 年久保等人首先提出了梁-弹簧模型的设计方法,抽木、山本、村上和小泉淳等学者相继提出了更完善的结构模型。模型通过梁单元模拟管片,将管片结构简化采用梁单元,将接头部位简化为具有三向刚度的弹簧单元,用来模拟管片块间的力学性能,如图 1.1-35 所示。

朱合华等考虑了弹簧刚度的轴向、剪切和旋转效应以及接头不连续性对管片的影响,将非连续 Goodman 单元引入接头模型,并提出一种改进的接头模型,即梁-接头模型,在局部坐标系 (n,s) 中如图 1.1-36 所示。此模型将连续的管片离散为梁单元,然后在接头位置设置接头单元,用来模拟管片环间的不连续性。

随着计算机技术的发展,有限元软件算力出现了极大的提升,方便了管片接头计算模型的发展。近年来接头计算模型发展迅速,二维壳弹簧模型、三维实体有限元模型不断出现,精细的数值模型能够更加真实地模拟接头部分混凝土和螺栓的应变,丰富了管片接头计算模型体系。

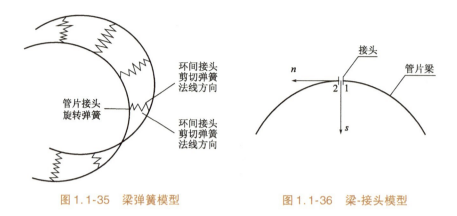

图 1.1-35　梁弹簧模型　　　　　　图 1.1-36　梁-接头模型

1.2　国内外隧道与地下工程基底新型结构发展概述

1.2.1　国内隧道与地下工程基底预制装配式结构现状

从国内隧道与地下工程预制技术发展来看,预制技术主要应用在盾构法修建的工程中,一般为圆形结构,在铁路隧道和公路隧道中也有应用实例,但装配式结构的研究、应用的实例并不多。

在部分预制研究应用方面,我国在秦岭隧道中采用预制仰拱构件(图 1.2-1),拱和侧墙现场浇筑,提高了隧道施工的安全性和使用的耐久性。刘惠敏曾对广州地铁明挖区间矩形装配式衬砌的设计和施工工艺进行了研究;王武现、陈永照和时亚听先后对长大铁路隧道仰拱快速施工技术进行了研究。

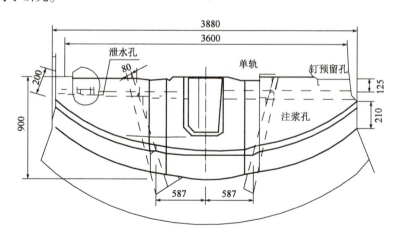

图 1.2-1　秦岭隧道的预制仰拱构件(尺寸单位:mm)

在运营隧道中,也曾采用预制内衬进行既有隧道衬砌的加固。王明年对地下铁道明挖区间隧道衬砌结构部分预制技术进行了深入研究,分别对矩形结构、直墙拱形结构和曲墙拱形结构三种结构形式进行了构件划分,分析了接头位置和接头刚度对结构受力的影响。广东上小洞水库输水涵的改建中应用了装配式马蹄形无压隧道结构,取得了良好的经济及技术效益。辽宁省白石水库观测廊道大胆尝试预制拱圈对接组合的方法,降低了成本,缩短了工期。李围就城市双车道公路盾构隧道,设计了一种9等分管片衬砌结构,应用于成都火车北站北延线公路隧道工程中。

1.2.2 国外隧道与地下工程基底预制装配式结构现状

国外在隧道与地下工程预制技术方面发展较快,混凝土预制技术也被广泛应用在明挖法的隧道结构中。

(1)装配式钢筋混凝土衬砌结构

图1.2-2所示是在地下铁道明挖法中应用过的一种装配式钢筋混凝土衬砌结构,定型推广于20世纪50年代中后期,在放坡基坑和工字钢加木衬板维护的基坑中以及无水地层或配合降水的基坑中皆能成功应用,施工速度比现浇混凝土快,但它需要一些让构件整体化的现浇混凝土。此结构共有8块预制构件,采用全包防水层防水,底板在防水层上做了保护层后拼装预制构件,灌注底板、边墙的整体化混凝土,用砂浆灌竖缝,混凝土凝结后上顶板,之后完成顶板接缝间的混凝土,将顶部抹平,两侧倒圆角,闭合外包防水层。防水层保护层做好后,才可实施回填。

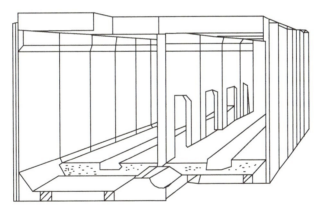

图1.2-2 装配式钢筋混凝土衬砌分块示意图

(2)成段衬砌结构

图1.2-3所示是20世纪60年代提出的"成段衬砌"结构,20世纪70年代以后广为采用。它是类似预制的大直径下水道管段的地铁衬砌,逐块地将成段衬砌以明挖法连接即可形成隧道。乌兹别克斯坦塔什干市地铁2号线用该衬砌形式修建了7.2km长的隧道。这种衬砌结构虽比用单块预制件拼合的拼装结构钢材用量少,但完全可满足抗震要求;结构采用外包防水层进行防水。

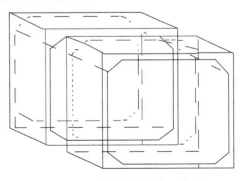

图1.2-3 成段衬砌结构示意图

(3）壳式隧道结构

"壳式隧道"是荷兰鹿特丹地铁东西线上采用过的一种装配式结构形式,施工速度非常快。此种装配式地下结构在交付使用数年后,仍保持着良好的防水效果。

(4）双跨箱形结构

日本在仙台市地下铁道工程中,曾采用预制双跨箱形结构。整个结构分成顶板、底板、侧壁及中柱等几个预制构件,设计中主要解决了构件的划分、轻量化、构件的纵向和横向连接问题。

(5）整体管段衬砌结构

苏联曾在用明挖法施工的地铁线上(包括车站、区间隧道及车站附属建筑和辅助隧道工程)采用定型拼装的统一规格的钢筋混凝土结构,到20世纪80年代后期,在明挖法施工的区间隧道中,开始广泛采用整体管段衬砌。白俄罗斯在地下铁道工程中,大力推行预制混凝土衬砌设计标准化技术,取得了一定的成就。俄罗斯、乌兹别克斯坦和白俄罗斯地铁的明挖回填隧道中采用了矩形整体管段式预制衬砌,已完成了具有不同承载能力的接头及衬砌设计。

(6）单拱结构

1996年,俄罗斯建成第一座采用预制装配技术建造的地铁单拱双层换乘枢纽奥林匹克站,其装配式拱顶结构是在矿山法暗挖条件下形成的,半径为11.2m,由12块钢筋混凝土预制构件组成;仰拱内径为15m,由13块钢筋混凝土预制构件组成。内部结构主要包含上层站台、人行道路、支撑结构,为梁柱组合形式,车站上下两层站台均由装配式钢筋混凝土建造而成。

近年来,俄罗斯在地铁车站建设中使用了其他形式装配式结构,圣彼得堡地铁车站采用单拱车站横截面形式。车站埋设于不透水的致密黏土层中,拱圈和仰拱均由混凝土砌块组成,并支撑在两个圆形支墩上。该结构形式没有受拉结构件,故只适用于有一定自稳能力的地层。

(7）明挖法装配式结构

国外在明挖法装配式地铁车站结构中采用矩形截面形式较多(图1.2-4),车站结构底板采用整体现浇的混凝土,边墙和顶板预制,顶板采用了密肋板式结构,使得重量减轻且有利于拼装。

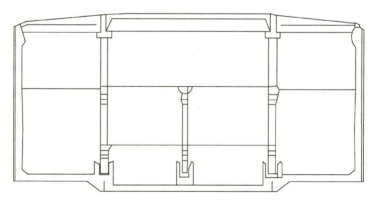

图1.2-4 明挖法装配式地铁车站结构示意图

在明挖法装配式地铁车站结构中,也有采用单拱截面形式的车站。图1.2-5为明斯克单拱地铁车站结构的大型预制混凝土构件的衬砌划分形式。该类型车站的特点是顶底板为单拱结构,能产生侧向推力,平衡地下连续墙的土压力,侧墙部位的连接可采用错缝拼装,有利于结构的整体稳定性;所有的构件均为预制,施工速度快;内部结构在主体结构全部拼装完成后再拼装,方便盾构过站;可全部采用外包防水层,防水效果好。

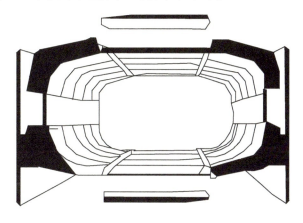

图1.2-5 明斯克单拱地铁车站预制构件衬砌划分示意图

1.3 发展铁路隧道预制装配式基底结构的必要性

1.3.1 铁路隧道基底结构的特点及重要性

铁路隧道基底结构是隧道结构的主要组成部分之一,是隧道结构的基础,基底结构的坚实稳固是保证轨道良好状态的首要条件。在当前设计体系下,铁路隧道基底排水系统与主体承力结构施工工艺存在缺陷,施工质量不易控制,且难以进行日常养护维修。由于隧道底部受到列车动载、地下水侵蚀等方面的因素作用,基底结构容易出现开裂、破损、下陷、向两侧外挤以及翻浆、冒泥等病害。随着我国铁路隧道大量修建,高速、重载的特点对隧道基底的结构和质量提出了更高的要求。传统的隧道基底结构形式存在着一系列的不足,为避免基底结构出现上述病害、规范基底施工,提出一种铁路隧道基底新型结构形式具有非常重要的现实意义。

当前,隧道基底预制装配式结构作为一种新型结构逐步得到国内外工程界的重视。其主要是在专业化工厂中预制仰拱、填充层、排水系统、沟槽盖板等,用专用运输工具运至隧道内,利用吊装设备安装拼接及进行防水密封处理。俄罗斯曾研发了砌块式和管片式的马蹄形装配式衬砌;瑞士费尔艾那隧道、澳大利亚悉尼部分地铁采用仰拱预制技术;日本盘龙公路隧道采用预制仰拱替换底板结构,仙台地铁采用预制箱形结构。国内西康铁路秦岭Ⅰ线隧道,采用全断面硬岩隧道掘进机(TBM)进行开挖,仰拱整体预制;长春地铁袁家店站等5个地铁车站采用明挖法预制装配式工艺施工。

通过上述研究,一方面,统一结构形式、性能指标、关键工艺、验收标准等技术要求,达到提高结构质量、降低材料消耗和降低地下工程建设成本目的;另一方面,通过推广基底结构构件工厂化预制,简化安装和维护措施来统一规范隧道装配式基底结构在铁路隧道工程中的应用。

1.3.2 铁路隧道装配式基底结构关键问题

从国内外已有的工程实例看，在大型预制化技术的发展中，要重点解决以下五个方面的问题。

(1) 构件的标准化

构件预制化是与构件标准化紧密相关的。而地铁车站构件是否能实现标准化，是采用构件预制化的前提条件，也是与效益有关的。实现了标准化就可以实现生产的规模化和效益的转化。例如，在盾构法隧道中，施工机械决定了断面的基本形状，结构是圆形的，这给构件标准化创造了相当有利的条件，因此圆形预制管片技术发展极为快速。在明挖法修建的地下铁道中，结构断面一般为矩形结构或拱形结构，如何划分构件，使构件标准化，成为应用装配式衬砌的关键技术之一。

(2) 预制结构形式的选择及构件的合理划分

从国内外应用实例来看，地铁车站的预制结构主要有两种形式：矩形框架结构形式和拱形结构形式。在结构形式选定后，构件的划分不仅要考虑到结构合理的受力状态，更要考虑构件的制造和可能性。构件的制造和构件的安装，都要求预制构件轻量化；减少构件的类型便于实现规模化生产，也是构件划分的重要原则。

(3) 接头防水技术的合理设计

构件的防水处理和接头构造一样，都是构件预制化的关键技术之一。特别是构件接头的防水处理得当与否，将影响到结构的使用环境和结构的耐久性。装配式结构漏水的主要原因与结构所处的环境、预制的结构、止水材料、施工工艺等因素有关。节段防水一般采用防水混凝土自身防水，漏水一般以接头接缝处的漏水为主，因此接头防水特别重要。

在预制衬砌接头面实施的防水工序大致可分为三步：①在管片的围岩侧粘贴橡胶止水条；②在接头螺栓上加设环形垫圈材料；③在注入孔实施注浆。

对于采用普通连接螺栓的接头形式，在螺栓与螺栓孔的缝隙中插入垫圈和密封环等用合成树脂制作的衬垫，以垫圈将该衬垫挤紧进行防水。密封垫圈可以采用遇水膨胀橡胶。

(4) 构件的制作与安装

装配式结构构件的制造工艺和安装工艺是装配式技术应用的两个关键环节。构件的制作，最主要的是构件制造精度的控制，对模板的尺寸精度和表面平整度有很高的要求。构件的安装工艺是预制技术中的另一个关键因素，特别是防水效果，与安装工艺有密切的关系。同时，由于装配式地铁车站有很多相关专业的技术接口，必须把构件的预制规划前置，避免装配完毕后才发现漏留了接口而进行开凿破坏防水。

(5) 拼装过程中结构的力学特性

在装配式地铁车站可行性研究中，除了对结构断面形式优化、构件划分、接头构造设计、防水设计、施工方案等进行研究外，还要对结构在施工过程中的力学特性进行研究，这是确定结构安全和决定方案是否可行的关键。同时，通过对结构施工力学特性的研究又可以反过来指导结构设计的优化。

1.3.3 铁路隧道装配式基底结构发展意义

当前,国内对隧道与地下工程预制技术的研究尚处于起步阶段,虽然对地铁区间装配式结构有了一定的研究,但对地铁车站以及其他地下铁道附属物装配式结构的研究尚处于起步阶段。相对于地上装配式建筑而言,地下工程装配式结构的相关设计理论和设计、施工规范都十分欠缺。由于地下工程本身的复杂性,不可能将现有的地上工业与民用建筑装配式结构设计和施工的计算理论和施工工艺照搬到地下结构中来。目前隧道与地下工程装配式结构还没有成熟的计算理论可依,且国内外对装配式地下结构的计算理论研究也不多,防水技术方面亦处于试验摸索阶段,在装配式地下工程抗震理论方面的研究更是欠缺。

当前,隧道及地下工程支护预制技术大多主要应用于盾构法施工隧道,其应用领域主要集中在城市地下工程中:城市地下交通隧道、市政设施管道、引水隧道和越江跨海隧道等。预制技术的发展带来的经济、技术效益也是明显的;但装配式衬砌大多局限于小截面的输水涵洞和明挖施工的明洞衬砌部分,在矿山法修建隧道与地下工程中采用预制技术相对较少。目前,矿山法施工隧道占相当大的比例,隧道临时支护预制技术研究仍是空白。当前拆除临时支护结构是一个非常烦琐的工序,拆除工效低下、材料浪费严重,同时破除临时支护结构在一定程度上会打破原先支护结构的平衡,频繁出现应力转换、分散、重分布等状态,破除工序控制不好易出现意想不到的事故。研发一种预制临时支护结构,在满足安全可靠的前提下提高破除工效、节省材料、循环利用并降低成本,显得很有必要。

此外,借鉴目前隧道区间盾构管片拼装技术,研发一种隧道初期支护结构预制装配技术,减少或消除洞内湿喷作业,通过初期支护结构的模数化、标准化、工业化和拼装的机械化,实现隧道初期支护的快速绿色建造也是很有意义的。同时,地铁车站全预制地下连续墙的设计与研发、隧道与地下工程二次衬砌预制技术的研究、隧道与地下工程拱架预制技术的研究等都是隧道与地下工程预制技术很有发展前景的方向。随着城市建设的进一步发展,隧道及地下工程预制技术的应用领域将会进一步扩大,地下停车场、地下仓库、共同沟、综合地下商业开发及地铁车站等地下工程支护预制技术值得进一步研究。

1.4 本书主要内容

(1)隧道预制装配式基底结构选型及适宜性研究
①调查调研国内外隧道与地下工程预制装配式结构发展现状、结构设计理论及关键技术问题。
②提出隧道预制装配式基底结构形式及设计参数。
③掌握隧道预制装配式基底结构静动力作用下动力响应特征。
④给定适宜于不同工程地质水文环境下隧道预制装配式基底结构形式。
(2)隧道预制装配式基底结构材料性能及结构性能试验研究
①研发高抗折强度、高抗开裂性能的预制装配式结构基材。

②进行装配构件接头榫槽、连接螺栓、连接预应力筋力学性能试验,优化设计参数。

③进行预制基底结构拼装精度控制、构件接触面及搭接部位破坏特征、结构防水效果以及刚度、静动力稳定性试验。

(3)预制构件质量信息化监造、管控及追溯系统研究

①提出预制构件信息化监造系统研究。

②研发基于无线射频识别技术的预制构件物资管控系统。

③建立施工期及运营期预制构件质量追溯系统。

(4)隧道预制装配式基底结构设计、生产、施工成套关键技术研究

①针对不同隧道基底结构荷载类型、组合及分布特征,给定结构选型依据,形成标准化设计方案。

②提出预制构件尺寸精度控制措施及预应力构件预制生产工艺。

③提出适宜的预制结构拼装方案及施工期、运营期监控量测方案,形成配套施工工艺。

④掌握大型装配构件吊装技术,研制或改制配套拼装设备、纠偏设备、注浆设备及顶进设备。

第 2 章
铁路隧道基底结构状态调查与分析

2.1 既有隧道基底结构状态调查

2.1.1 既有客货共线隧道基底结构状态调查

我国既有铁路隧道经过数十年的营运,特别是在长江以南受多雨潮湿气候以及地下水的影响,很多隧道铺底(底板类基底结构)开始产生裂缝、破损、下陷,向两侧外挤,并出现翻浆、冒泥等现象。尤其在石灰岩、白云岩、泥质页岩等地区,隧道铺底的病害更严重。隧道基底病害会恶化行车条件、限制行车速度,严重危及行车安全。随着社会经济的发展,既有线路的运营日趋繁忙,隧道基底病害与繁忙运营间的矛盾日益突出;另外,随着隧道修建向长、大、深方向发展,地质条件也更加复杂,今后遇到的隧道病害问题也会更加突出。因此,对铁路隧道基底病害问题进行研究具有非常重要的意义。

近年来,随着重载及高速列车的大量开行,隧底负荷发生了较大变化,隧底结构内应力水平、分布状态和作用方式显著改变,原有动态平衡被破坏,逐渐产生病害或使已存在的病害越来越严重。

我国既有铁路运营隧道的65%存有不同程度的病害。在诸种病害中,隧道基底病害最为突出,且分布广、数量大。郑州铁路局管辖范围内共有隧道1152座,其中有75%的隧道存在不同程度的病害,直接影响行车的翻浆冒泥病害占20%。个别工务段基底病害隧道率高达50%,如襄渝线六里坪工务段内共有隧道76座,翻浆冒泥病害隧道34座。成昆线病害隧道率也高达67%,其中铺设整体道床的30座隧道中有20座发生铺底病害。

此外,京广线大瑶山隧道、南岭隧道、京原线骚马岭隧道、包兰线东岗隧道、兰新线乌鞘岭隧道、青藏线关角隧道、神朔线霍家梁隧道、朔黄线水泉湾隧道等,都是隧道基底病害的典型实例。以上调查数据充分说明我国既有铁路隧道基底病害非常严重,这直接影响了我国铁路运输的安全。

基于以上分析,笔者对国内众多既有、重载铁路隧道进行现场踏勘。通过收集国内外相关资料,从隧道结构形式、道床类型、病害形式、水文地质条件及病害成因等方面对隧道基底结构病害典型实例进行了归纳汇总,具体见表2.1-1。

隧道基底结构病害调查汇总表　　　　表2.1-1

序号	线路名称	隧道名称	长度(m)	结构形式	道床形式	病害形式	水文、工程地质	成因
1	京广铁路	大瑶山隧道	14295	曲墙式	整体道床	道床下沉	浅变质碎屑岩,碳酸块岩	施工质量,整体道床在混凝土中夹有杂物和基底松散
2	京广铁路	南岭隧道	6062	曲墙式	宽枕道床	翻浆冒泥甚至涌水冒泥	灰岩,岩溶水	铺底基面长期被水浸泡、软化、吊空

续上表

序号	线路名称	隧道名称	长度(m)	结构形式	道床形式	病害形式	水文、工程地质	成因
3	包兰铁路	猩猩湾隧道	802	直墙式	碎石道床	翻浆冒泥	泥质砂岩、页岩互层	地基软弱层,受地下水浸泡
4	包兰铁路	东岗隧道	575	曲墙式	宽枕道床	翻浆冒泥,边墙渗漏水,衬砌腐蚀剥落	硫酸盐型地下水,强腐蚀,地层上部黄土质黏砂土,底层卵石土,下伏砂层	地下水侵蚀,排水系统堵塞
5	兰新铁路	乌鞘岭隧道	20050	曲墙式	整体道床	基底冻胀开裂	富水,岩性复杂,泥岩、砂岩、页岩均有分布	排水沟设置不当
6	青藏铁路	关角隧道	4010	直墙式	整体道床	整体道床底鼓、多处纵横开裂	片岩与灰岩互层	偏压、排水不良、膨胀地层、地下水侵蚀、衬砌强度不足
7	成昆铁路	沙马拉达隧道	6383	直墙式	整体道床	整体道床开裂、破损、下沉、隆起、腐蚀	硫酸根离子含量高、有腐蚀性,泥岩砂岩、砂页岩互层夹石膏	膨胀地层,地下水侵蚀、基底受水浸泡软化
8	成昆铁路	百家岭隧道	2046	直墙式	整体道床	整体道床开裂、翻浆	硫酸根离子含量高、有腐蚀性,灰岩、泥灰岩、白云质页岩夹页岩及硬石膏层,岩溶发育	膨胀地层,地下水侵蚀
9	西延铁路	九燕山隧道	2523	直墙式	整体道床	道床翻浆冒泥	砂岩夹薄层泥岩,洞身主要通过第三系红黏土	地下水、施工质量
10	滨浠铁路	杜草隧道	3849	直墙式	整体道床	整体道床下沉、裂纹、破碎、翻浆冒泥	花岗岩破碎带	地质条件、水、施工质量综合影响
11	西延铁路	蔺家川隧道	1137	直墙式	碎石道床	基地软化,道床翻浆冒泥	风化黏质黄土,砂岩夹页岩	铺底基面长期被水浸泡,软化
12	神延铁路	榆林桥隧道	827	直墙式	整体道床	道床翻浆冒泥	砂岩夹页岩	长期浸泡软化
13	大秦铁路	栗家湾2号隧道	1568	直墙式	整体道床	道床底鼓、开裂	混合岩化片麻岩,石质软硬不均,风化页岩夹层	地下水,页岩夹层具有膨胀型
14	太岚铁路	扫石1号隧道	1185	直、曲墙交替式	宽枕道床	两侧水沟及道床内翻浆冒泥	薄层灰泥岩	地下水渗流
15	神朔铁路	霍家梁隧道	4722	曲墙式	整体道床	道床翻浆冒泥,水沟开裂,道床下沉	泥岩	软岩,地下水发育,施工质量

除对以上管段内隧道进行了调研,课题组还针对成都铁路局管辖范围内的达成铁路、川黔铁路、内六铁路、成渝铁路、黔桂铁路等干线的双龙垭隧道、七亩田隧道、杉木滩隧道、朱嘎隧道等 20 多座隧道病害展开实地调研,其主要的病害形式包括基底破坏、翻浆冒泥、衬砌裂纹等。

根据调研的资料,大部分隧道内存在较为严重的基底破坏,调研情况见表 2.1-2。

隧道基底病害调研情况　　　　　　　　　　表 2.1-2

序号	隧道名称	基底破坏部位	基 底 现 象	所占比例（%）	病害程度
1	双龙垭隧道	隧道内洞身标 +5 ~ +50 段(45m)	铺底断裂,多处翻浆冒泥严重,侧沟淤积、断裂排水不良,道床下沉,线路几何尺寸难以保证	55.6	严重
2	七亩田隧道	隧道内洞身标 +050 ~ +100 段(50m)	铺底断裂,多处翻浆冒泥严重,侧沟淤积、断裂排水不良,且道床下沉,线路几何尺寸难以保证,水沟边墙隧道全长内挤压	30.3	严重
3	梨子园隧道	隧道内洞身标 +0 ~ +70 段(70m)	铺底断裂,多处翻浆冒泥严重,侧沟淤积、断裂排水不良,且道床下沉,线路几何尺寸难以保证,水沟边墙隧道全长内挤压	32.6	严重
4	青山湾隧道	隧道内洞身标 +0 ~ +160 段(160m)	铺底断裂,多处翻浆冒泥严重,侧沟淤积、断裂排水不良,且道床下沉,线路几何尺寸难以保证,水沟边墙隧道全长内挤压	65.3	严重
5	干弯隧道	隧道内洞身标 +023 ~ +045 段(23m)	铺底多处翻浆冒泥严重,侧沟淤积、断裂排水不良,且道床下沉,线路几何尺寸难以保证,水沟边墙隧道全长内挤压	18.3	严重
6	道子垭隧道	隧道内洞身标 +5 ~ +50 段(45m)	铺底断裂,多处翻浆冒泥严重,侧沟淤积、断裂排水不良,且道床下沉,线路几何尺寸难以保证	63.4	严重
7	倒沟隧道	隧道内洞身标 +71 ~ +116 段(45m)	铺底断裂,多处翻浆冒泥严重,侧沟淤积、断裂排水不良,且道床下沉,线路几何尺寸难以保证	37.2	严重
8	杜家隧道	隧道洞身标 +250 ~ +340 段(90m)	衬砌出现掉块及错台现象	12.2	严重
9	普洱渡隧道	洞身标 320 ~ 2950m 段(2630m)	铺底间断性开裂破损,严重处铺底积水,大量道砟挤入侧沟,线路几何尺寸不良	79.6	严重
10	深溪坪1号隧道	洞身标 520 ~ 580m 段(60m)	铺底开裂破损,形成裂隙泉眼翻浆冒泥,两侧侧沟泥浆淤积严重,造成线路几何尺寸难以保持	8	极严重
11	杉木滩隧道	隧道洞身标 +50 ~ +115 段、+465 ~ +500 段(共100m)	隧道衬砌开裂,边墙下沉,排水沟损坏	9.6	较严重

续上表

序号	隧道名称	基底破坏部位	基底现象	所占比例（%）	病害程度
12	来佛寺隧道	—	W 钢带裸露、骑缝锚杆端头裸露,现已呈现锈蚀现象,且部分锚杆端头存在渗水现象	—	较严重
13	朱嘎隧道	—	隧道水沟内墙外挤,隧道底板破损,洞身 4115～4154 段双侧沟内墙外挤段隧道基底(挖勘处为 +4135、+4142 等,钢轨轨底附近)混凝土纵向破损,缝宽达 30～50mm;洞身 +4398 处基底沿线路方向破损缝宽 2～5mm(后对 +4398 基底破损处前后 +4381 处及 +4412 处挖勘检查,均未发现基底有破损现象);后相继对洞身 +4501、+4308、+4098、+4277、+4610 处挖勘检查,均未发现基底异常,基底完好未发现渗水、冒水及翻浆冒泥现象	—	较严重

课题组调研的隧道总里程长达 26075m,对部分调研隧道的仰拱进行钻探取芯如图 2.1-1 所示,挖探如图 2.1-2 所示。其中仅是基底破坏这种非常严重的隧道病害其发生总长就已经超过 3600m,占调研隧道总长的 13.9%;有个别隧道,基底病害损坏长度已经占到整个隧道长度的 79.6%。这已经严重地威胁到铁路的运行安全,如若不及时处理,后果不堪设想。

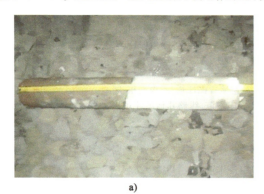
a)

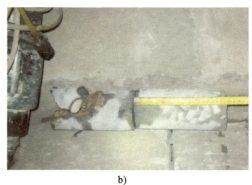
b)

图 2.1-1　隧道钻探取芯

图 2.1-2　隧道钻探取芯现场

2.1.2 重载铁路隧道基底结构状态调查

2.1.2.1 大秦线隧道

2002年铁道部运输局组织对大秦铁路隧道病害调研资料显示,大秦线共有52座隧道,总延长67.197km,其中隧道严重漏水13座、衬砌严重腐蚀裂损2座、隧道内线路翻浆冒泥4座、大多数隧道洞内煤粉污染严重,重载铁路值得关注的是基底病害。据大秦病害调研及部分工务段秋检显示:大秦线茶坞工务段管41座隧道中4座隧道已经出现不同程度的隧道基底脱空病害,其中军都山、大黑山隧道最为典型;九山隧道部分地段过车时除翻冒、流淌白浆外,个别地段还出现石渣快速下沉、流失的现象;团尖隧道铺底出现顺线路方向长1.0m、深0.7m的陷槽,对应两侧的边墙有多条水平裂纹;景忠山隧道出现铺底已全部损坏,道床严重积水下沉。大秦线茶坞工务段内病害隧道调研结果见表2.1-3。

大秦线茶坞工务段内病害隧道调研结果 表2.1-3

序号	隧道名称	衬砌类型	病害特征	劣化等级	病害描述
1	白家湾隧道	曲墙式、直墙式	衬砌开裂或错动	A1	左边墙侧:1310m处横向裂缝宽5mm,长30m;1437m处横向裂缝宽6mm,长9m;1430m处斜向裂缝宽5mm,长30m;2026m处横向裂缝宽5mm,长23m;3145m处横向裂缝宽5mm,长6m
2	方家沟隧道	曲墙式、直墙式	衬砌开裂或错动	A1	左边墙侧:距洞口675m处,横向裂纹宽5mm,长13m
3	暖泉隧道	曲墙式、直墙式	照明不良	A1	应设未设照明设备
4	军都山隧道	曲墙式	衬砌开裂或错动,基底开裂	AA	距进口7310m处拱顶有1.5m²掉块,造成线路翻浆冒泥,造成严重晃车
5	铁炉村二号隧道	曲墙式、直墙式	洞口仰坡坍方落石	A1	隧道洞口仰坡(出口)山体危石1处约3800m²(K286.290~K286.380)上、下行
6	大岭沟一号隧道	曲墙式、直墙式	衬砌压溃	A1	空洞面积500×500×1000、空洞内部面积大约20m²、体积35m³左右,空洞边缘混凝土厚度约15cm,且检查小锤轻轻敲击混凝土脱落掉快,往里混凝土厚度不详
7	桃园隧道	曲墙式、直墙式	渗漏水	B	渗漏水严重处,重车线在距洞口645m、720m处,轻车线在745m处
8	麻虎寨隧道	曲墙式、直墙式	渗漏水	B	渗漏水严重处距进口500m处
9	分水岭一号隧道	曲墙式、直墙式	渗漏水	A1	雨季拱顶、边墙渗漏水严重,造成线路翻浆冒泥,造成严重晃车
10	大黑山隧道	曲墙式、直墙式	渗漏水	B	渗漏水严重

续上表

序号	隧道名称	衬砌类型	病害特征	劣化等级	病害描述
11	花果山隧道	曲墙式、直墙式	渗漏水	A1	雨季拱顶、边墙渗漏水严重,造成线路翻浆冒泥,造成严重晃车
12	庄户庙隧道	曲墙式、直墙式	渗漏水	B	雨季拱顶、边墙渗漏水严重,造成线路翻浆冒泥,造成严重晃车
13	摩天岭隧道	曲墙式、直墙式	渗漏水	B	雨季拱顶、边墙渗漏水严重,造成线路翻浆冒泥,造成严重晃车
14	别山隧道	曲墙式、直墙式	渗漏水	B	雨季拱顶、边墙渗漏水严重,造成线路翻浆冒泥,造成严重晃车
15	小陵隧道	曲墙式、直墙式	渗漏水	B	左边墙漏水 2 处/30m,拱顶 1 处/27m
16	景忠山隧道	曲墙式、直墙式	渗漏水	B	雨季拱顶、边墙渗漏水严重,造成线路翻浆冒泥,造成严重晃车
17	郭沟隧道	直墙式	渗漏水	B	左边墙漏水 1 处/20m
18	九山隧道	曲墙式、直墙式	照明不良	AA	电缆严重老化,不能正常使用,基底翻浆冒泥,造成线路翻浆冒泥,造成严重晃车
19	西寨隧道	曲墙式、直墙式	照明不良	B	电缆严重老化,不能正常使用

2.1.2.2 朔黄重载隧道状况

为掌握朔黄铁路全线隧道现状,2012 年 8 月课题组对朔黄铁路全线 77 座隧道进行了现场调研,统计情况见表 2.1-4。重点调研隧道基底结构类型、基底病害区段、既有隧道基底病害处理措施与效果,为掌握重载铁路隧道基底病害特点、分析成因奠定了基础。

朔黄线隧道基底病害统计　　　　　　　　　表 2.1-4

序号	隧道名称	病害描述	岩性及围岩级别	病害程度
1	东风隧道	裂损下沉	不整合接触,带松散结构,有岩层裂隙水;围岩级别为Ⅲ级	极严重
		软化下沉	不整合接触,带松散结构,有岩层裂隙水;围岩级别为Ⅴ级	严重
2	宁武东隧道	破损、含水大	新黄土,浅黄色,硬塑至半硬,以下为长石石英砂质泥岩,风化严重带,有少量基岩裂隙水;围岩级别为Ⅴ级	极严重
		下沉	长石石英砂岩夹砂质泥岩,紫红色,中层层状,风化颇重,节理发育,碎石状镶嵌结构,有少量基岩裂隙水;围岩级别为Ⅳ级	极严重

续上表

序号	隧道名称	病害描述	岩性及围岩级别	病害程度
3	御枣口1号隧道	下沉、陷槽	黑云变粒岩,灰褐色,风化轻微,节理较发育,呈块状砌体结构,有微量基岩裂隙水;围岩级别为Ⅱ级	极严重
4	西河1号隧道	破损含水	页岩夹薄板状灰岩,风化颇重至轻微,节理裂隙发育,岩体呈块状,砌体结构,有少量基岩裂隙水;围岩级别为Ⅲ级	严重
5	张家萍隧道	软化下沉	斜长片麻岩夹云母及多层角闪岩脉左侧有一斜交正断层,宽1.0~2.0m,伟晶岩脉横穿边墙,节理发育,局部风化成高岭土,隙间充填黏土,富有基岩裂隙水晶式滑动面;围岩级别为Ⅳ级	极严重
		基底脱空、裂损	斜长片麻岩,灰白色,花岗变晶结构,片麻构造,呈块状砌体结构,有微量基岩裂隙水;围岩级别为Ⅲ级	极严重
		基底脱空、裂损	斜长片麻岩,顶部碎石土及新黄土,呈碎块状镶嵌结构,有微量基岩裂隙水;围岩级别为Ⅳ级	极严重
		软化下沉	斜结长,片麻岩,灰白色,花岗变晶结构,片麻构造,呈块状砌体结构,有微量基岩裂隙水;围岩级别为Ⅲ级	极严重
6	庄子隧道	破损下沉、翻浆冒泥	混合岩,风化颇重,节理发育,呈碎石块石状镶嵌结构,有少量基岩裂隙水;围岩级别为Ⅱ级	极严重
		破损下沉	混合岩,风化颇重,节理发育,呈碎石块石状镶嵌结构,有少量基岩裂隙水;围岩级别为Ⅱ级	极严重
		软化下沉	混合岩,强风化,节理发育,呈碎石状,压碎结构,有少量基岩裂隙水;围岩级别为Ⅴ级	严重
7	马凹隧道	软化下沉	混合岩,强风化,节理发育严重,呈碎石状压碎结构,有微量的基岩裂隙水;围岩级别为Ⅴ级	极严重
8	土沟隧道	裂损充水、软化下沉	斜长角闪岩,风化严重,碎石状松散结构,有少量基岩裂隙水;围岩级别为Ⅴ级	极严重
		裂损充水、软化下沉	条带状混合岩,风化严重,节理发育,碎石状压碎结构,有微量基岩裂隙水;围岩级别为Ⅴ级	极严重

2.1.3 高速铁路隧道基底结构状态调查

随着我国大量高速铁路隧道的修建,部分隧道基底同样出现了各类病害。如向浦铁路雪峰山隧道施工期间基底由于高水压出现上鼓开裂,贵广高速铁路个别隧道由于高水压也出现大量病害。截至2016年11月底,我国运行速度200km/h以上的高速铁路的营业里程达2.48万km,其中高速铁路隧道有2423座,总延长3736km。随着高速铁路隧道服役时间的延长,受隧道建造的质量缺陷、气候环境及养护维修技术力量薄弱的影响,高速铁路隧道出现了一系列基底病害,常见的病害表现形式有基础沉降变形、底鼓等。这些病害影响了高速列车运行的稳定性和平顺性,造成隧道结构的耐久性降低,严重时甚至危及行车安全。

为掌握我国高速铁路隧道基底现状,2016 年 4 月至 11 月间课题组对全国 13 条主要高铁专线进行了实地调研。调研了高速铁路隧道的基底结构病害区段、病害类型以及基底病害的处理措施与效果,统计结果见表 2.1-5。

高速铁路隧道基底结构病害调查统计表　　　表 2.1-5

序号	线路名称	隧道名称	长度(m)	道床形式	病害形式	病害区段围岩与地下水特征	成因分析
1	京广高铁	尖峰岭隧道	1417	有砟轨道	防排水设施失效	Ⅲ级围岩,富水区	施工原因导致隧道中沟侧沟淤积
2	京广高铁	高岭隧道	5558	有砟轨道	道床板渗水	富水区	施工原因导致隧道中沟侧沟淤积
3	京广高铁	山天尾隧道	3851	有砟轨道	道床板渗水	富水区	施工原因导致隧道中沟侧沟淤积
4	京广高铁	连江隧道	2533	有砟轨道	道床板渗水	富水区	施工原因导致隧道中沟侧沟淤积
5	京广高铁	红桥隧道	700	有砟轨道	铺底上拱	富水区	病害段水压较大,导致隆起
6	南广高铁	飞鹰隧道	7113	无砟轨道	防排水设施失效	富水区	两线间暗埋排水管堵塞,造成集水井满溢。两线间暗埋排水管堵塞,造成集水井满溢
7	南广高铁	佛山隧道	3710	无砟轨道	衬砌渗漏水	Ⅲ级围岩,富水区	施工缺陷导致衬砌结构开裂,地下水侵蚀
8	京广高铁	浏阳河隧道	10115	无砟轨道	衬砌渗漏水	Ⅴ级围岩,富水区	施工缺陷导致衬砌结构开裂,地下水侵蚀
9	京广高铁	牛轭湾隧道	993	无砟轨道	衬砌渗漏水	Ⅴ级围岩,弱富水区	施工缺陷导致衬砌结构开裂,地下水侵蚀
10	京广高铁	湘芝塘隧道	746	无砟轨道	衬砌渗漏水	Ⅴ级围岩,弱富水区	施工缺陷导致衬砌结构开裂,地下水侵蚀
11	兰新客专	高家山隧道	12572	无砟轨道	仰拱开裂、底鼓	Ⅳ级围岩,贫水区	施工原因:施工单位操作不当,混凝土振捣不密实,养护不到位
12	兰新客专	大梁隧道	6570	无砟轨道	衬砌渗漏水	Ⅴ级围岩,中等富水区	病害段水压较大,水流较多导致渗水
13	兰新客专	祁连山隧道	9509	无砟轨道	衬砌渗漏水	Ⅲ级围岩,中等富水区	病害段水压较大,水流较多导致渗水

续上表

序号	线路名称	隧道名称	长度（m）	道床形式	病害形式	病害区段围岩与地下水特征	成因分析
14	兰新客专	小平羌隧道	5106	无砟轨道	衬砌渗漏水	Ⅲ级围岩,中等富水区	病害段水压较大,水流较多导致渗水
15	兰新客专	金瑶岭隧道	7502	无砟轨道	衬砌渗漏水	Ⅲ级围岩,中等富水区	病害段水压较大,水流较多导致渗水
16	南广高铁	合岭隧道	760	有砟轨道	衬砌渗漏水	Ⅲ级围岩,弱富水区	施工缺陷导致衬砌结构开裂,地下水侵蚀
17	南广高铁	大邮村隧道	1042	有砟轨道	衬砌渗漏水	Ⅲ级围岩,弱富水区	施工缺陷导致衬砌结构开裂,地下水侵蚀
18	南广高铁	故哨岭2号隧道	664	有砟轨道	衬砌渗漏水	Ⅲ级围岩,弱富水区	施工缺陷导致衬砌结构开裂,地下水侵蚀
19	南广高铁	花培岭隧道	5918	有砟轨道	基底开裂	Ⅲ级围岩,弱富水区	施工缺陷导致衬砌结构开裂
20	杭深高铁	木周岭隧道	964	有砟轨道	衬砌渗漏水	—	施工缺陷导致衬砌结构开裂,地下水侵蚀
21	杭深高铁	马蒲山隧道	857	有砟轨道	衬砌渗漏水	—	施工缺陷导致衬砌结构开裂,地下水侵蚀
22	杭深高铁	亭旁隧道	378	有砟轨道	衬砌开裂、变形	—	施工缺陷导致衬砌结构开裂
23	杭深高铁	唐家岙隧道	243	有砟轨道	衬砌渗漏水	—	施工缺陷导致衬砌结构开裂,地下水侵蚀
24	杭深高铁	白岩山隧道	1463	有砟轨道	衬砌渗漏水	—	施工缺陷导致衬砌结构开裂,地下水侵蚀
25	杭深高铁	后徐隧道	215	有砟轨道	衬砌渗漏水	—	施工缺陷导致衬砌结构开裂,地下水侵蚀
26	杭深高铁	力皮峰隧道	5025	有砟轨道	衬砌渗漏水	—	施工缺陷导致衬砌结构开裂,地下水侵蚀
27	杭深高铁	太坤山隧道	6993	无砟轨道	衬砌开裂、变形	—	施工缺陷导致衬砌结构开裂
28	杭深高铁	凰岙隧道	1760	有砟轨道	衬砌、基底渗漏水	—	施工缺陷导致衬砌结构开裂,地下水侵蚀
29	杭深高铁	山后隧道	3866	有砟轨道	防排水设施失效	—	中间排水沟盖板缺少,施工缺陷导致的病害
30	杭深高铁	白象隧道	927	有砟轨道	衬砌、基底渗漏水	—	施工缺陷导致衬砌结构开裂,地下水侵蚀
31	杭深高铁	雅山岭隧道	2206	有砟轨道	边墙底部空洞	—	施工缺陷导致的病害

续上表

序号	线路名称	隧道名称	长度(m)	道床形式	病害形式	病害区段围岩与地下水特征	成因分析
32	杭深高铁	伏虎山隧道	477	有砟轨道	边墙底部空洞	—	施工缺陷导致的病害
33	杭深高铁	浦尾山隧道	2594	有砟轨道	边墙底部空洞、开裂	—	施工缺陷导致的病害
34	长珲城际	龙嘉隧道	3028	无砟轨道	衬砌、基底渗漏水	弱富水区	冻害造成施工缝拉开
35	杭深高铁	琯头岭隧道	4148	有砟轨道	基底裂损、底鼓	Ⅳ级围岩、富水区	病害段水压较大,施工缺陷
36	杭深高铁	七星山隧道	492	有砟轨道	基底裂损、底鼓	富水区	病害段水压较大,施工缺陷
37	杭深高铁	龙凤岭隧道	2297	有砟轨道	基底裂损、底鼓	Ⅱ级围岩、富水区	病害段水压较大,施工缺陷

2.2 隧道基底结构病害类型、危害、成因及机理

2.2.1 隧道基底结构病害类型

(1)基底结构裂损

底板类基底结构,一般设于Ⅲ级(不含)以下围岩的隧道中,也就是常说的"铺底"。仰拱型基底结构,通常在石质较差的部分Ⅲ级及低于该级的围岩中采用。由于其厚度较大,截面形状又有利于充分发挥材料抗压性能好的特长,加之填充混凝土的增强作用,故很少出现裂损现象。

基底结构裂损主要类型包括基底结构下沉及基底结构上鼓。

①基底结构下沉:基底下沉主要表观特征为水沟盖板和挡砟墙有明显的下沉痕迹,线路高程变化较快,列车通过时有不同程度的振动。

②隧道基底结构上鼓:基底结构上鼓(底板隆起)是指洞室开挖后由于应力调整及水的作用,导致底板变形并向上隆起的现象,如图2.2-1所示。隧道基底结构上鼓按形成机制分为两类:一类是开挖形成的应力重分布超过围岩强度而发生塑性化,即岩体开挖引起的应力重分布超过岩体强度时岩体不断屈服和破坏的结果,即挤压性变形产生的基底上鼓;另一类是岩石中的某些矿物和水反应而发生膨胀变形产生的基底结构上鼓。

a)

b)

c)

d)

e)

f)

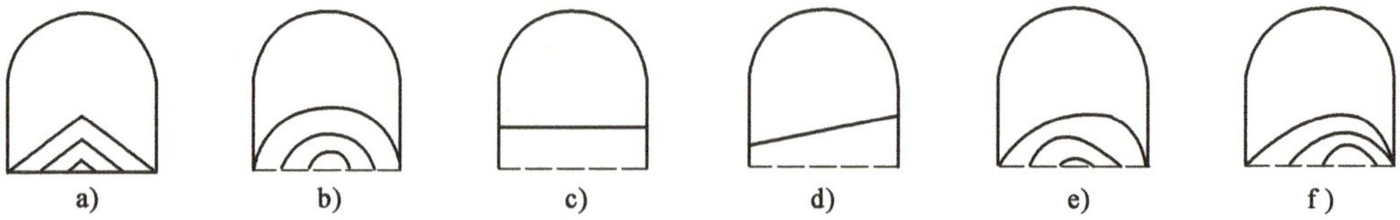

图2.2-1 隧道基底结构上鼓不同类型(折线形、弧形、直线形)

(2)隧道基底结构水害

隧道仰拱及填充层因为本身施工质量缺陷,导致填充层内部空洞较多,容易引起隧道基床下沉,边沟倾斜,严重时边墙挤进,由地下水的地方,往往伴有翻浆冒泥发生,对行车安全有很大影响。

2.2.2 隧道基底结构病害的危害

(1)基底结构裂损危害

隧道基底裂损危害,可分为基底结构下沉和基底结构上鼓两类,分别如图2.2-2和图2.2-3所示。隧道基底裂损会加速隧道边墙的内部收敛,引起支护发生破坏,造成仰拱变形、开裂。同时,隧道基底的下沉或上鼓,也会恶化列车运营环境,严重时甚至会破坏道床并有可能导致隧道失稳,时刻危及列车的运行安全。

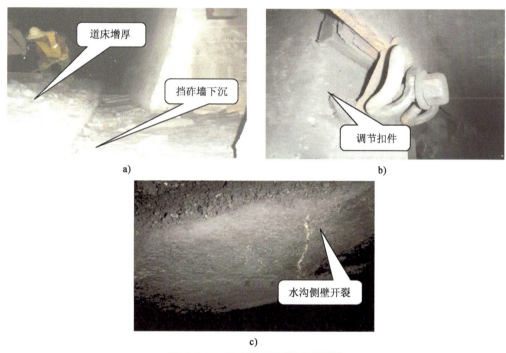

图2.2-2 既有铁路隧道基底下沉

图 2.2-3

图 2.2-3 隧道内基底上鼓病害

(2)隧道基底翻浆危害

基底翻浆冒泥主要表现在隧道道床的翻浆及两侧水沟内出现泥浆,既有铁路隧道基底翻浆冒泥,如图 2.2-4 所示。

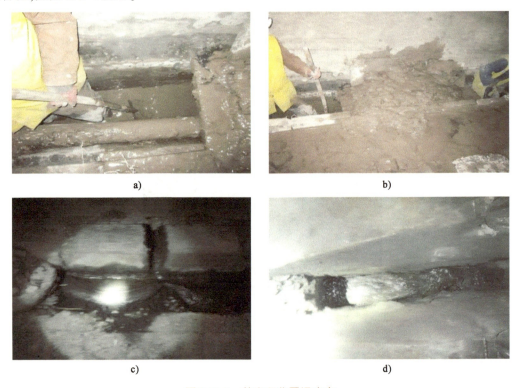

图 2.2-4 基底翻浆冒泥病害

2.2.3 隧道基底结构病害成因

造成隧道基底病害的原因主要有以下几个方面。

(1)地下水侵蚀

大量的实地调研表明,隧道基底发生翻浆冒泥病害无一例外都是发生在隧道处于富水地

层或地下水位高的区域,水对基底病害的产生主要起以下两方面的作用:

①地下水对隧道基底基岩会产生侵蚀软化作用。在列车往复交变冲击荷载的作用下,表层基岩逐渐磨损形成小颗粒或逐渐浆化,这些微小围岩颗粒或浆液被水带走,从而使得隧道基底与基岩接触面的不平整度逐渐加剧,隧道基底结构局部的淘空状态也逐渐加剧;同时,地下水对隧道基底(钢筋)混凝土结构本身的各种性能也会产生一定的影响,在隧道基底处于积水状态时,隧道基底混凝土与基岩之间的黏结力也会大大降低。因此,隧道基底地下水的存在恶化了隧道基底结构的受力状态。

②隧道基底地下(积)水赋存于围岩裂隙以及围岩与隧道基底结构接触面之间的空隙中,水的补充和消散通道只有基岩以及基底混凝土开裂后的裂隙。因此基底积水处于一种相对的封闭状态,当有列车经过时,在列车高速冲击荷载的作用下,处于隧道基底的地下水来不及消散,必然产生很高的孔隙水压力。实测限速条件下基底下的孔隙水压力在 0.3MPa 左右,列车速度越快,基底孔隙水压力越大。这种孔隙水压力同列车冲击荷载叠加,并共同作用于隧道基底混凝土结构上,必然加速隧道基底结构疲劳裂纹的形成和扩展。同时列车通过后,基底地下水来不及快速补充,使得基底孔隙处于负压状态。在列车往复冲击荷载的作用下,对地下水产生反复抽吸作用,隧道基底结构受到附加的拉压交变的孔隙水压力的作用,必然会加速其破坏过程。

(2)隧道基底结构设计薄弱、排水设计不合理

我国早期铁路隧道所采用的标准图对隧道拱部和边墙的设计较强,基底设计较为薄弱,Ⅱ、Ⅲ级围岩直墙式衬砌基底仅为 10cm 厚的 C10 素混凝土,后改为 20cm 厚仍显薄弱。因为隧道基底受力复杂,除受围岩压力以外,还受到列车振动荷载长期作用,在富水地区隧道基底结构还受到地下水压力的作用。

在排水设计方面,我国早期既有铁路隧道多采用单侧水沟,水沟布置于隧道衬砌结构内,它不仅排泄隧道内各种水,而且围岩中的地下水也通过泻水孔流入隧道内的排水沟,正常情况下,隧道基底底面与排水沟底面的高差不足 0.2m,这导致在富水地区排水沟的水位一般要高于基底,隧道基底积水无法排出,而且一旦排水沟发生渗漏水,则水进入道床,为隧道基底病害的产生创造条件。另外,单侧水沟情况下,即使水沟水位较低,由于基岩中没有足够的排水通道,加之设计中水沟侧面没有足够的泻水孔,使得基底仍长期处于积水状态。

(3)施工工艺不合理、质量差

隧道基底施工时,作业条件恶劣,尤其在富水地层中,基底施工在积水条件下进行,增加了施工难度。水中灌注隧道基底混凝土时,没有采取减小混凝土水灰比等措施,导致混凝土强度降低。施工中浮渣没有清理干净,模板被虚渣垫起而不平整,造成隧道基底及水沟边墙局部吊空,基底混凝土和基岩黏结不良,隧道通车后,水在基底与基岩之间的裂隙中流动,列车荷载使基底发生上下振动而形成抽吸现象,造成水在缝隙中反复冲刷不断带走混凝土中骨料和基底下的浮渣而形成更大的空洞,运营时间越长,空洞越大,最后造成基底混凝土断裂,线路下沉,翻浆冒泥,危及行车安全。

另外,隧道基底结构施工中,采用分块施工的方法,存在施工缝,给泥浆及混凝土骨料的流失提供了原始路径,这也是造成隧道基底翻浆冒泥,线路下沉等病害的主要原因。

(4)日常养护维修不到位

维修养护部门的养护水平较低,洞内侧沟缺乏定期清淤,难以保证隧道洞内的积水顺畅地

排出洞外,造成隧道基底积水。另外既有隧道的衬砌渗漏水问题也一直是隧道的主要病害之一,在运行线路上,旅客列车的垃圾等会造成道砟排水通道的堵塞,造成渗漏水积聚于道心,在列车的长期振动作用下,对隧道基底结构的使用寿命也会产生影响。

2.2.4 隧道基底结构病害影响因素

(1) 基底结构裂损影响因素

引起底板型基床裂损的影响因素很多,外部原因包括未曾遇到的诸如膨胀压力、地震力、冻胀压力等。最常见的是由于地下水加速了岩土膨胀压力、地震力、冻胀压力,并软化基底围岩,淘刷泥化基底,使基床吊空不堪列车冲击而破坏。内部原因是混凝土质量不好;设计有缺陷,本该设仰拱的却只设铺底;施工不良(如混凝土养护不好、混凝土灌注不均以及施工缝处理不好等)。而对于仰拱型基床裂损,除在侵蚀性环境中设计时未做防腐处理外,其他影响因素与底板型基床裂损相同。

隧道基底结构上鼓的影响因素分为内部因素和外部因素(表2.2-1)。内部因素主要是初期支护和二次衬砌混凝土、隧道结构设计,以及现场施工等没有达到安全要求;外部因素主要是隧道地质、地下水位、地应力,以及车辆荷载等发生变化。另外,还可以根据自然因素和人为因素进行分类。

铁路隧道基底结构上鼓的影响因素分类   表2.2-1

影响因素类型		自 然 因 素	人 为 因 素
外部因素	外力	地形:偏压、边坡蠕变、山体滑坡	(1)邻近施工; (2)列车振动; (3)气压变动
		地质:应力松弛、隧道隆起和下沉、围岩强度不足	
		地下水:高水压力、冻胀力	
		其他:地震、地壳变动	
	环境	时间:围岩风化、中性化、材料劣化	(1)烟害; (2)火灾
		地下水:渗漏水、冻害(冬季低温)	
		其他:盐害、有害水	
内部因素	材料	—	衬砌材料不合格
	施工	衬砌混凝土养护的温度和湿度条件	施工质量较差
	设计	—	设计考虑不足

隧道基底结构上鼓并不是由单一的因素引起的,而是由多种因素综合形成的。影响隧道基底结构上鼓的具体外部因素和内部因素,以及导致的基底结构上鼓现象见表2.2-2、表2.2-3。

隧道基底结构上鼓的内部因素   表2.2-2

序号	内部因素	具体影响因素	病 害 现 象
1	材料不合格	仰拱和支护混凝土材料不合格	裂缝、剪切破坏、隧道基底结构上鼓、隧道基底结构下沉
2	无仰拱	在一些强度大的围岩条件下,没有设置仰拱	隧道基底结构上鼓、隧道基底结构下沉

续上表

序号	内部因素	具体影响因素	病害现象
3	仰拱设计	仰拱厚度不足和半径太小	裂缝、剪切破坏、隧道基底结构上鼓
4	仰拱早期施工	施工时,混凝土强度不足,仰拱变形不收敛	裂缝、剪切破坏、隧道基底结构上鼓
5	仰拱和边墙连接不良	仰拱和侧壁连接不良,导致结构内力不能有效传输	拱脚处剪切破坏、隧道基底结构上鼓
6	施工缝	仰拱施工时产生的施工缝发生损伤	裂缝、隧道基底结构上鼓
7	排水不良	地下水位高的区间,隧道内涌水,渗漏水	隧道基底结构上鼓、喷泥、隧道基底结构下沉

铁路隧道基底结构上鼓的外部因素　　　　　表 2.2-3

序号	外部因素	具体影响因素	基底结构上鼓现象
1	地压力	围岩的塑性化,膨胀性黏土矿物等吸水膨胀、蠕变荷载等	裂缝、剪切破坏、隧道基底结构上鼓
2	水压力	地下水位高的区间排水不良,或高水压作用	裂缝、隧道基底结构上鼓
3	冻胀力	地下水结冰膨胀引起的冻胀力作用	裂缝、隧道基底结构上鼓
4	强度不足	围岩强度不足,特别是在拱脚处	隧道基底结构上鼓
5	地震	地震或地壳变动导致地形发生变化	裂缝、剪切破坏、隧道基底结构上鼓、隧道基底结构下沉
6	邻近施工	既有隧道邻近的构造物等的施工带来的影响	裂缝、剪切破坏、隧道基底结构上鼓、隧道基底结构下沉
7	车辆荷载	车辆荷载等	隧道基底结构上鼓破坏、喷泥、隧道基底结构下沉

由表 2.2-2 可知,隧道基底结构上鼓的内部影响因素主要分为 3 类:
①混凝土强度不合格。
②隧道基底结构不合理,导致强度设计偏低或排水不良等。
③隧道施工不标准。

由表 2.2-3 可知,隧道基底结构上鼓的外部影响因素主要分为 4 类:
①围岩地下水水压较高,隧道防排水措施不够完善,隧道基底形成大量的承压水。
②围岩含有大量的膨胀性黏土矿物,膨胀性黏土矿物遇水发生化学反应,造成隧道基底围岩体积膨胀。
③强度应力比较大的地质,软弱围岩产生塑性大变形。
④隧道外部环境发生变化,如地震加速度、车辆重力等超过隧道基底极限强度。

(2)基底结构水害影响因素

对于隧道基底水害,其主要原因是基底结构地下水位高,围岩软弱。列车运行时地下水及细颗粒伴随基底混凝土的裂缝喷出,具体可归纳为以下几种因素:
①隧道周围有丰富的地下水,而且地表水为地下水提供充足来源。

②地下水位高。
③基底下部为不均匀的软弱围岩(尤其对于泥质围岩)或隧底混凝土破损。
④隧道内排水设计不合理或施工质量不好。

2.2.5 隧道基底结构病害产生机理

(1) 基底结构裂损产生机理

对于底板型基床裂损,由于围岩石质较好,不易开挖,因此铺底前的基底面常呈凹凸不平状,使铺底层厚度大面积尺寸不一,薄弱点甚多,极易出现裂损。裂损多先从轨下出现纵向裂缝,以及纵向裂缝间的横向裂缝,并伴随横向的马鞍形下沉。

对于仰拱型基床裂损,由于其厚度较大,断面形状又利于发挥材料的抗压性能,加之充填混凝土的增强作用,故很少出现裂损。但极少数地下水发育的土质隧道,仰拱有可能发生裂损下沉。通常情况下,仰拱一旦裂损,病害往往十分严重。

兰州铁路局天兰线上的松树弯隧道通过土质砂黏土和杂色土地层,地下水较发育。洞身含水层为壤中水,由大气降水补给,受洞顶低洼沟谷、洞穴水的下渗影响较大。洞身采用曲墙带仰拱衬砌,仰拱厚40~50cm,设中心水沟。进口处250m区段仰拱下70cm处,设有内径30cm的混凝土保温水管。运营期间除发现洞身渗漏水较严重外,发现仰拱多处裂损下沉。1972年以后,兰州铁路局在进口段处理了下沉的三处,共20m,发现仰拱下淤泥厚达1~2m。据1979年调查资料,进口处长约66m,在仰拱和边墙衔接处有纵横向裂缝;中心水沟破坏下沉,水渗入仰拱基底,造成基底泥化,部分仰拱脱离拱脚下沉30~40cm。仰拱下沉大于10cm的有22处,长达55m,基本丧失承载能力。

(2) 基底结构水害产生机理

铁路隧道道床主要有3种形式:整体道床、轨枕板道床和碎石道床。隧道基底结构根据围岩性质和设计要求,又分为仰拱和底板两种。国内外的有关资料表明,隧道基底病害多与水密切相关。我国原京广铁路大瑶山隧道部分地段道床曾由于水害一度发生严重翻浆冒泥,致使轨道基底被掏空,严重影响行车安全。山西省孝柳线西小景隧道为碎石道床,也曾出现基底翻浆冒泥,泥浆从隧道基底喷出,由于列车通过时形成道床的抽吸作用,使轨道变形,侧向排水沟被挤坏,水沟充满泥浆,线路只能允许列车以15km/h的速度慢行。

隧道基底水害形态综合起来有如图2.2-5所示的几种类型。

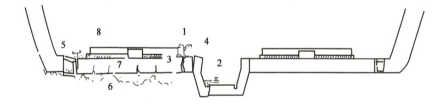

图2.2-5 铁路隧道整体道床及隧底病害种类示意图

1-列车运行时水从基底结构裂隙喷出;2-隧道中心排水沟深处积水、堆沙;3-隧底混凝土施工缝附近出现裂缝,且呈发展趋势,随之积水、积沙;4-基底中心水沟侧壁破损、变形;5-隧道侧沟混凝土破损、不均匀下沉及积沙;6-侧沟往基底混凝土下渗水或流向中心水沟;7-基底混凝土板式整体道床破损、下沉及倾斜;8-水害导致轨道变形(主要是轨面高低和方向变化)

对于发生隧道基底水害的隧道,其周围一般有丰富的地下水,若围岩为透水层,在隧道挖掘过程中由于施工方法不当造成隧道上部围岩松散,增大其透水性,导致地表水渗入隧道。当隧道顶部地表为积水地形(洼地、水塘、水田或冲沟等)时,情况更为严重。即使隧道处于不透水的泥质围岩,由于地层有节理、裂缝,也会导致隧底渗水。基底下部为不均匀软弱围岩(尤其对于泥质围岩)或隧底混凝土破损时,当列车通过时,隧底渗出的地下水冒出速度可能会大于围岩细粒的流速限界时,这样水还会把泥沙带出基底面。隧道内排水设计不合理或施工质量不好(例如双线隧道只有侧沟而没有中心水沟或中心水沟过浅),则道床在列车动载作用下,由于基床受压面积远大于间隙面积,间隙中的水会像泵作用那样从间隙中冲喷出来。列车在轨道上运行时,道床承受着列车的周期性重复加卸载过程,也会在道床中让积水产生类似"泵"的作用,因为与车轮接触处的隧底围岩受压下沉,挤出地下水,而轮间部分基底因相对变位较少而吸入围岩中的地下水,这种反复的"泵"作用也会使泥土随水喷出。这种现象对间隙小、强度高的道床混凝土作用小些,围岩中裂隙水少时作用也小些。

2.3　本章小结

本章对既有铁路隧道进行了调研,可知我国既有铁路运营隧道的65%存有不同程度的病害。调研的隧道总里程长达26075m,其中仅是基底破坏这种非常严重的隧道病害其发生总长就已经超过3600m,占调研隧道总长的13.9%。此外还对朔黄、大秦重载铁路及13条高铁线路隧道进行了调查。在此基础上,梳理了基底结构病害类型,分析了基底病害成因及影响因素并阐明了病害产生机理。分析了当前设计施工技术条件下隧道基底病害的根本原因,可为新型基底结构的设计、施工提供技术借鉴。

第 3 章
铁路隧道基底结构荷载特征及结构参数分析

3.1 规范荷载与实测荷载条件下铁路隧道基底结构受力特性分析

3.1.1 铁路隧道断面形式

(1) 高速铁路单线隧道

高速铁路单线隧道断面形式如图 3.1-1 所示,最大开挖跨度为 9.08m,最小净空面积为 70m²。

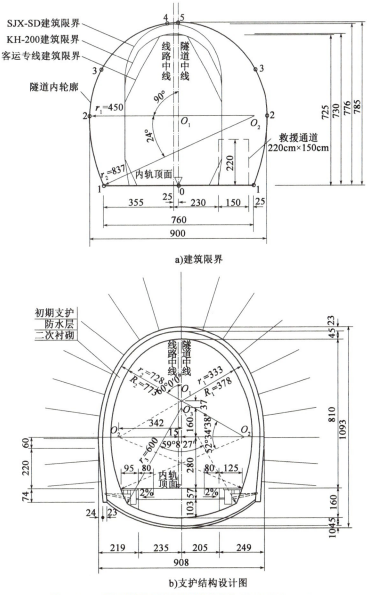

图 3.1-1 高速铁路单线隧道断面图(尺寸单位:cm)

(2)高速铁路双线隧道

高速铁路双线隧道横断面形式如图 3.1-2、图 3.1-3 所示,最大开挖跨度为 13.30m,最小净空面积为 100.00m²。

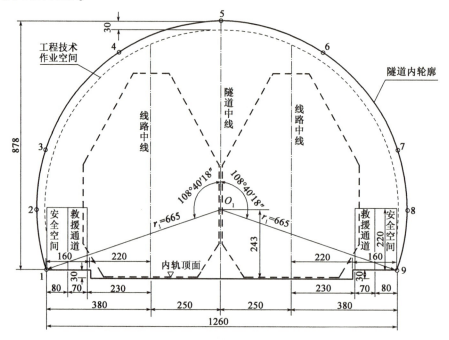

图 3.1-2 高速铁路双线隧道横断面图(尺寸单位:cm)

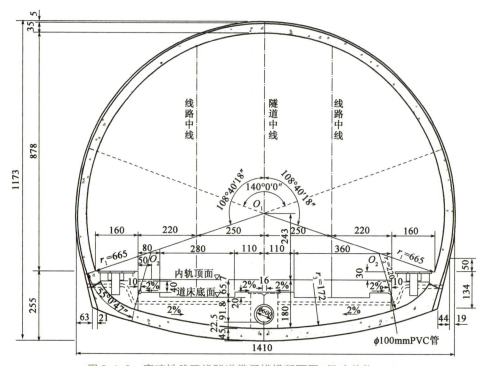

图 3.1-3 高速铁路双线隧道带仰拱横断面图(尺寸单位:cm)

(3) 普速铁路单线隧道

普速铁路单线隧道的横断面形式如图3.1-4、图3.1-5所示,最大开挖跨度为6.98m,最小净空面积为42.06m²。

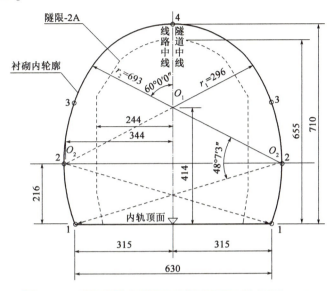

图3.1-4 普速铁路单线隧道的横断面图(尺寸单位:cm)

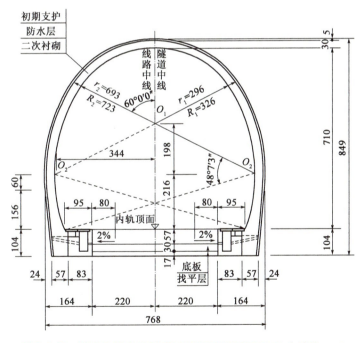

图3.1-5 普速铁路单线隧道的带仰拱横断面图(尺寸单位:cm)

(4) 普速铁路双线隧道

普速铁路双线隧道的横断面形式如图3.1-6、图3.1-7所示,双线隧道的最大开挖跨度为11.42m,最小净空面积为76.63m²。

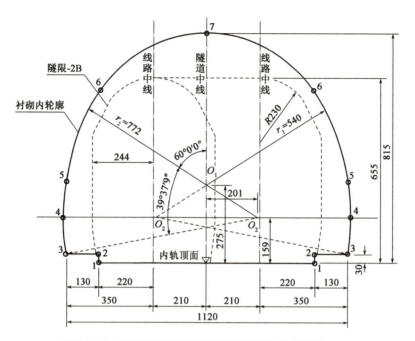

图 3.1-6 普速铁路双线隧道的横断面图(尺寸单位:cm)

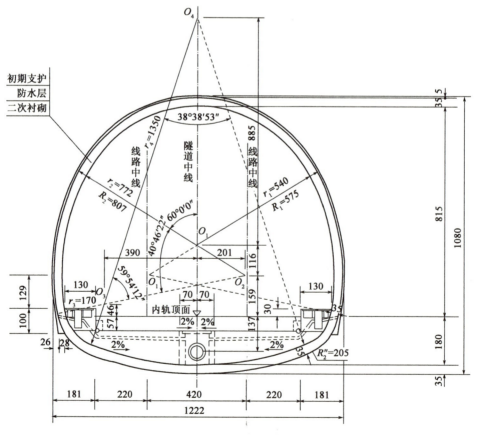

图 3.1-7 普速铁路双线隧道的带仰拱横断面图(尺寸单位:cm)

3.1.2 铁路隧道规范荷载计算

3.1.2.1 计算方法

根据我国《铁路隧道设计规范》(TB 10003—2016)给出的计算公式,先对铁路隧道进行深埋、浅埋的判定,再针对不同埋深隧道分别计算其围岩压力。

深埋、浅埋隧道的判定方法,是结合荷载等效高度值、地质条件等诸多因素判定。判定的公式为 $H_p = (2 \sim 2.5) h_q$,其中 H_p 为浅埋隧道分界深度(m), h_q 为荷载等效高度(m)。Ⅳ~Ⅵ级围岩条件下取 $H_p = 2.5 h_q$;Ⅰ~Ⅲ级围岩条件取 $H_p = 2.0 h_q$。$H > H_p$ 时,属于深埋隧道;当 $H < H_p$ 属于浅埋隧道。规范分别给出了深埋和浅埋隧道的围岩压力的计算公式。

(1)深埋铁路隧道荷载计算方法

计算深埋铁路隧道衬砌时,围岩压力按松散压力考虑,其荷载分布如图 3.1-8 所示。其中,深埋隧道荷载的垂直均布压力可由下式确定:

$$q = \gamma h_q \quad (3.1\text{-}1)$$

$$h_q = 0.45 \times 2^{s-1} \omega \quad (3.1\text{-}2)$$

式中:γ——围岩重度(N/m^3);

q——垂直均布压力(Pa);

s——围岩级别;

ω——宽度影响系数(m),$\omega = 1 + i(B-5)$;

B——隧道的跨度(m);

i——当隧道跨度 B 每增减 1m 时的围压增减率,当 $B < 5$m 时取 $i = 0.2$,当 $B > 5$m 时取 $i = 0.1$。

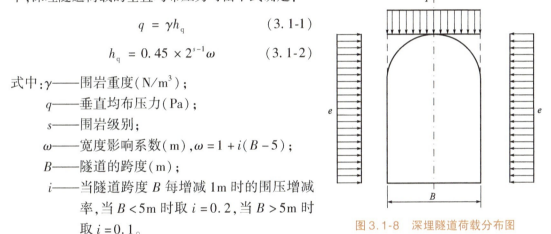

图 3.1-8 深埋隧道荷载分布图

深埋铁路隧道荷载的水平均布压力 e 则根据表 3.1-1 和垂直均布压力 q 来确定。

围岩水平均布压力　　　　表 3.1-1

围岩级别	Ⅰ~Ⅱ	Ⅲ	Ⅳ	Ⅴ	Ⅵ
水平均布压力 e	0	$<0.15q$	$(0.13\sim0.3)q$	$(0.3\sim0.5)q$	$(0.5\sim1.0)q$

(2)浅埋铁路隧道荷载计算方法

浅埋铁路隧道的荷载分布如图 3.1-9 所示,可同样分为垂直均布压力 q 和与至地面距离相关的水平压力 e_i。

为求解浅埋铁路隧道的垂直均布压力 q,假设岩土体下沉所形成的破裂面是与水平成 β 角的一条斜直线,如图 3.1-10 所示。其中,AC 和 BD 为假设出的岩土体下沉破裂面。当 $EFGH$ 岩土体下沉,会同时带动其两侧的土体下沉;而当整个岩土体 $ABDC$ 下沉时,也会受到岩土体外未扰动岩土体的阻力作用。需要注意的是,因为滑面 FH 和 EG 并不是破裂面,故而破裂面阻力大于滑面阻力。同时,忽略隧道拱顶上方 GC 和 HD 处岩土体的影响。

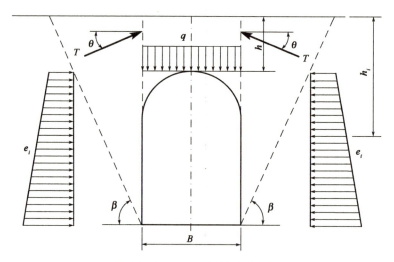

图 3.1-9　浅埋隧道荷载分布图

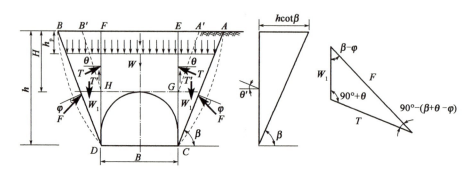

图 3.1-10　浅埋隧道荷载计算简图

假定岩土体 ABCD 受到未扰动岩土体的阻力为 F，两侧三棱柱状岩土体 FDB 和 ECA 的重力均为 W_1；隧道上覆岩土体 EFGH 重力为 W，两侧受到阻力为 T，阻力在竖直方向的分量为 T'。这样，作用在 HG 面上的垂直压力 Q 为：

$$Q = W - 2T' = W - 2T\sin\theta \tag{3.1-3}$$

式中：θ——隧道拱顶岩土体两侧摩擦角(°)，为经验数值，与围岩的计算摩擦角 φ 相关，可按表 3.1-2 选取。

摩擦角 θ 取值　　　　　　　　　　　　　　　　表 3.1-2

围岩级别	Ⅰ~Ⅲ	Ⅳ	Ⅴ	Ⅵ
θ 值	0.9φ	$(0.7 \sim 0.9)\varphi$	$(0.5 \sim 0.7)\varphi$	$(0.3 \sim 0.5)\varphi$

分析三棱柱状岩土体的受力情况，同时受到重力 W_1、岩土体 EFGH 引起的下滑力 T（阻力 T 的相互作用力）和阻力 F，并达到平衡状态。通过正弦定理，有如下关系式：

$$T = \frac{\sin(\beta - \varphi)}{\sin[90° - (\beta - \varphi + \theta)]} W_1 \tag{3.1-4}$$

而三棱柱状岩土体的重力可由下式计算得到：

$$W_1 = \frac{1}{2}\gamma h \frac{h}{\tan\beta} \tag{3.1-5}$$

式中：h——隧道拱顶离地面的高度(m)。

与 EG、EF 相比，GC、HD 相对会更小一些，衬砌与岩体间的摩擦角也并不是相同的。由力学分析可得，压力值稍增大对结构设计来说安全性更高，因此在计算中摩阻力忽略了隧道的部分而只考虑到了隧道顶部这部分，在计算中用 H 代替 h，联立式(3.1-3)~式(3.1-5)，可得：

$$q = \frac{Q}{B} = \gamma H \left(1 - \frac{H}{B}\lambda\tan\theta\right) \tag{3.1-6}$$

$$\lambda = \frac{\tan\beta - \tan\varphi}{\tan\beta[1 + \tan\beta(\tan\varphi - \tan\theta) + \tan\varphi\tan\theta]}$$

$$\tan\beta = \tan\varphi + \sqrt{\frac{(\tan^2\varphi + 1)\tan\varphi}{\tan\varphi - \tan\theta}}$$

式中：λ——侧压力系数；
B——隧道的跨度(m)。

而浅埋隧道的水平压力可由下式计算：

$$e_i = \gamma h_i \lambda \tag{3.1-7}$$

式中：h_i——隧道外侧任意点至地面的距离(m)。

3.1.2.2 荷载计算

根据前文分析可知，铁路隧道规范荷载的影响因素包括埋深、围岩条件和隧道断面尺寸，当隧道断面尺寸和围岩级别一定时，应根据其埋深情况分别进行计算。计算结果表明，当隧道埋深为浅埋和深埋分界值时的荷载最大。下面分别对Ⅳ、Ⅴ级围岩条件下，在深埋、浅埋分界埋深时，高速铁路单线、双线和普速铁路单线、双线的典型隧道断面的竖向荷载和水平荷载进行计算。

对于Ⅳ级围岩条件下的高速铁路单线隧道，跨度 B 取 9.08m，则 i 为 0.1，计算出宽度影响系数 ω 为 1.408；再由式(3.1-2)计算得到荷载等效高度 h_q 为 5.069m，进而得出隧道分界深度 H_p 为 12.673m。以下分别用深埋和浅埋算法进行计算。

(1) 深埋隧道荷载计算方法

根据《铁路隧道设计规范》(TB 10003—2016)中"各级围岩的物理力学指标"表查找得到Ⅳ级围岩重度 $\gamma = 23\text{kN/m}^3$，采用式(3.1-1)、式(3.1-2)计算得出深埋条件下隧道垂直均布压力 $q = 116.587\text{kPa}$。根据表 3.1-1，确定Ⅳ级围岩条件下深埋隧道水平均布压力 $e = 0.3q = 34.976\text{kPa}$。

(2) 浅埋隧道荷载计算方法

根据《铁路隧道设计规范》(TB 10003—2016)中"各级围岩的物理力学指标"表查找得到Ⅳ级围岩重度 $\gamma = 23\text{kN/m}^3$、计算摩擦角 $\varphi = 60°$。根据表 3.1-2，可取 $\theta = 0.7\varphi = 42°$，再由

式(3.1-6)计算得出 $\lambda = 0.114$、垂直均布压力 $q = 249.739\text{kPa}$;最后代入式(3.1-7)中,可计算得到最大水平压力 $e = 33.228\text{kPa}$。

对于Ⅴ级围岩条件及其他断面形式的铁路隧道,围岩压力荷载计算过程与上述类似。汇总Ⅳ级和Ⅴ级围岩条件下各线路类型、各种埋深的垂向压力 q 和水平压力 e 的计算结果,见表3.1-3。

各线路类型铁路隧道围岩压力荷载值(单位:kPa)　　表3.1-3

线路类型		Ⅳ级围岩		Ⅴ级围岩	
		深埋计算方法	浅埋计算方法	深埋计算方法	浅埋计算方法
高速铁路单线隧道	q	116.587	249.739	201.380	400.086
	e	34.976	33.228	100.690	82.118
高速铁路双线隧道	q	151.524	330.681	263.520	535.624
	e	45.457	43.184	131.760	106.726
普速铁路单线隧道	q	99.200	208.684	172.520	330.710
	e	29.760	28.270	86.260	69.871
普速铁路双线隧道	q	135.958	294.950	236.440	475.627
	e	40.787	38.7480	118.220	95.761

3.1.3 规范荷载作用下衬砌结构受力特性分析

3.1.3.1 高速铁路单线隧道

对于高速铁路单线隧道设计断面(图3.1-1),考虑到表3.1-3中的设计荷载作用,取衬砌的相关参数为厚度0.45m(Ⅳ级围岩)和0.5m(Ⅴ级围岩),弹性模量32GPa,围岩弹性反力系数 K 取Ⅳ级围岩500MPa/m,Ⅴ级围岩取200MPa/m,泊松比取0.2,采用 midas GTS 软件计算得到衬砌的内力图,如图3.1-11 ~ 图3.1-14 所示。

(1)Ⅳ级围岩深埋

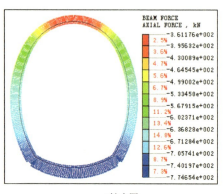 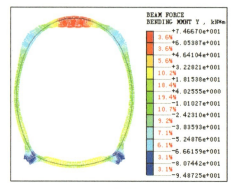

a)轴力图　　　　　　　　　　　b)弯矩图

图3.1-11　高速铁路单线隧道衬砌内力图(Ⅳ级围岩深埋)

（2）Ⅳ级围岩浅埋（埋深12.67m）

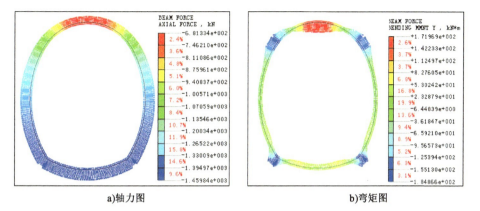

a)轴力图 b)弯矩图

图3.1-12　高速铁路单线隧道衬砌内力图（Ⅳ级围岩浅埋）

（3）Ⅴ级围岩深埋

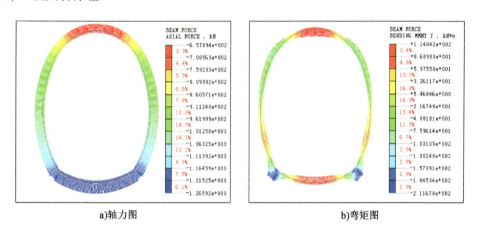

a)轴力图 b)弯矩图

图3.1-13　高速铁路单线隧道衬砌内力图（Ⅴ级围岩深埋）

（4）Ⅴ级围岩浅埋（埋深25.35m）

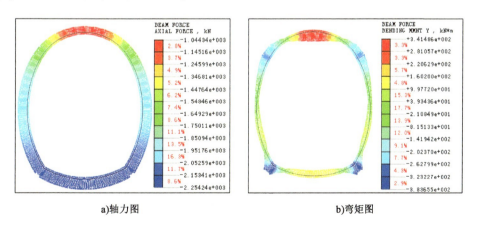

a)轴力图 b)弯矩图

图3.1-14　高速铁路单线隧道衬砌内力图（Ⅴ级围岩浅埋）

3.1.3.2 高速铁路双线隧道

对于高速铁路双线隧道设计断面,以贺家庄隧道为例,取衬砌的相关参数为厚度 0.5m,弹性模量取 30GPa,泊松比 0.2,围岩弹性反力系数 K 取Ⅳ级围岩 500MPa/m,Ⅴ级围岩取 200MPa/m,采用 midas GTS 软件计算得到衬砌的内力图,如图 3.1-15~图 3.1-18 所示。

(1) Ⅳ级围岩深埋

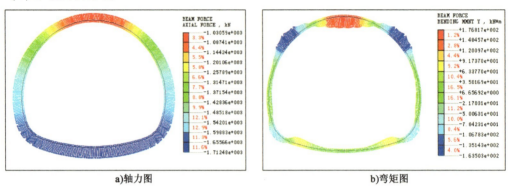

图 3.1-15　高速铁路双线隧道衬砌内力图(Ⅳ级围岩深埋)

(2) Ⅳ级围岩浅埋(埋深 16.470m)

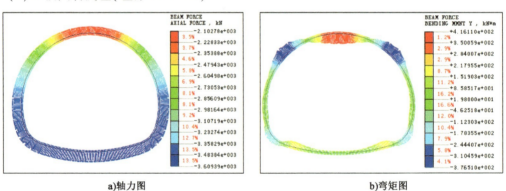

图 3.1-16　高速铁路双线隧道衬砌内力图(Ⅳ级围岩浅埋)

(3) Ⅴ级围岩深埋

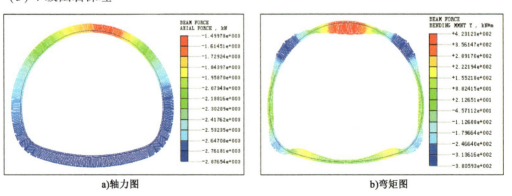

图 3.1-17　高速铁路双线隧道衬砌内力图(Ⅴ级围岩深埋)

(4) Ⅴ级围岩浅埋(埋深32.940m)

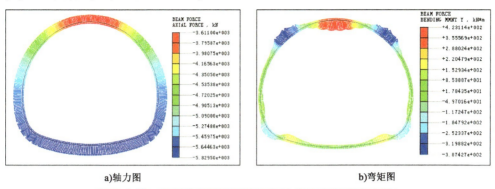

a)轴力图　　　　　　　　　　　　　　b)弯矩图

图3.1-18　高速铁路双线隧道衬砌内力图(Ⅴ级围岩浅埋)

3.1.3.3　普速铁路单线隧道

对于普速铁路单线隧道设计断面(图3.1-4、图3.1-5),考虑到表3.1-3中的设计荷载作用,取衬砌的相关参数为厚度0.45m(Ⅳ级围岩)和0.5m(Ⅴ级围岩),弹性模量取32GPa,围岩弹性反力系数K对于Ⅳ级围岩取500MPa/m,Ⅴ级围岩取200MPa/m,泊松比取0.2,采用midas GTS软件计算得到衬砌的内力图,如图3.1-19～图3.1-22所示。

(1) Ⅳ级围岩深埋

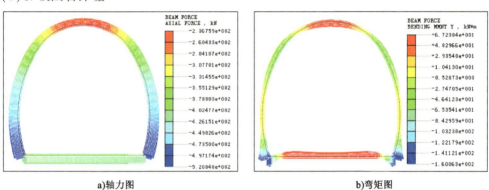

a)轴力图　　　　　　　　　　　　　　b)弯矩图

图3.1-19　普速铁路单线隧道衬砌内力图(Ⅳ级围岩深埋)

(2) Ⅳ级围岩浅埋(埋深10.782m)

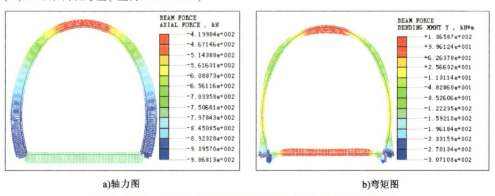

a)轴力图　　　　　　　　　　　　　　b)弯矩图

图3.1-20　普速铁路单线隧道衬砌内力图(Ⅳ级围岩浅埋)

(3) V级围岩深埋

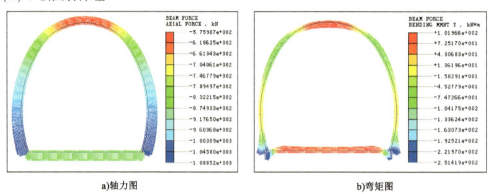

图 3.1-21　普速铁路单线隧道衬砌内力图（V级围岩深埋）

(4) V级围岩浅埋（埋深21.565m）

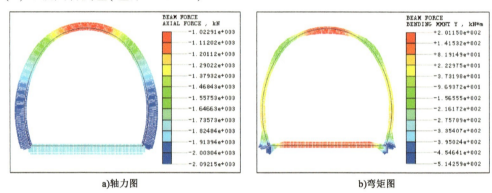

图 3.1-22　普速铁路单线隧道衬砌内力图（V级围岩浅埋）

3.1.3.4　普速铁路双线隧道

对于普速铁路单线隧道设计断面（图3.1-4、图3.1-5），考虑到表3.1-3中的设计荷载作用，取衬砌的相关参数为厚度0.45m（IV级围岩）和0.5m（V级围岩），弹性模量取32GPa，围岩弹性反力系数 K 对于IV级取围岩500MPa/m，V级围岩取200MPa/m，泊松比取0.2，采用 midas GTS 软件计算得到衬砌的内力图，如图3.1-23～图3.1-26所示。

(1) IV级围岩深埋

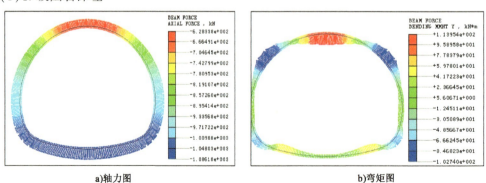

图 3.1-23　普速铁路双线隧道衬砌内力图（IV级围岩深埋）

(2) Ⅳ级围岩浅埋(埋深14.778m)

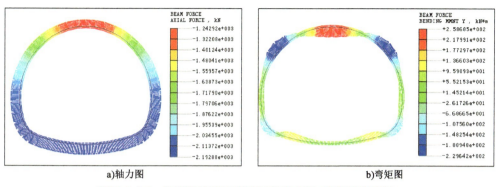

a)轴力图　　　　　　　　　　b)弯矩图

图3.1-24　普速铁路双线隧道衬砌内力图(Ⅳ级围岩浅埋)

(3) Ⅴ级围岩深埋

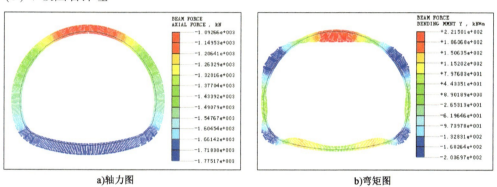

a)轴力图　　　　　　　　　　b)弯矩图

图3.1-25　普速铁路双线隧道衬砌内力图(Ⅴ级围岩深埋)

(4) Ⅴ级围岩浅埋(埋深29.556m)

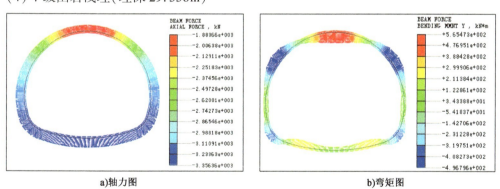

a)轴力图　　　　　　　　　　b)弯矩图

图3.1-26　普速铁路双线隧道衬砌内力图(Ⅴ级围岩浅埋)

3.1.4　实测荷载作用下衬砌结构受力特性

3.1.4.1　实测荷载与规范荷载的对比分析

由于Ⅳ级围岩条件下,高速铁路双线隧道的基底实测荷载监测数据相对较为丰富,因此本节以郑西高铁贺家庄隧道为依托,进行铁路隧道基底实测荷载与规范荷载的对比分析。

对于规范荷载,由于《铁路隧道设计规范》(TB 10003—2016)仅给出了上部结构荷载的计算方法,对于基底结构荷载只能通过力学平衡方法计算得出。根据隧道衬砌结构在竖直方向的受力平衡,隧道基底荷载的合力应等于上部荷载的合力加上衬砌结构的重力(图3.1-27)。将规范荷载计算结果和现场实测结果汇总可以得到对比图,如图3.1-28所示。

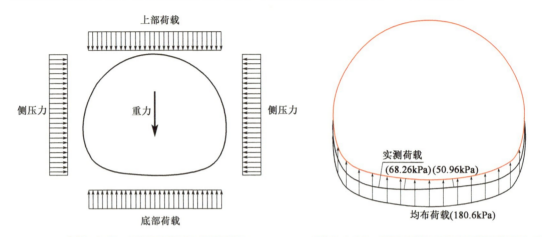

图3.1-27　深埋隧道受力计算简图　　　　图3.1-28　实测荷载与规范计算荷载对比图

由图3.1-28可以看出:

(1)与上部荷载一样,规范方法将隧道基底荷载简化成均布荷载,然而实测荷载的分布十分离散,几乎不可能是均布荷载。

(2)使用规范法计算得到的基底荷载值包络了实测荷载。

(3)实测荷载使用了断面监测点的平均值,在个别断面的个别监测点数据大于均布荷载。

3.1.4.2　高速铁路双线隧道深埋Ⅳ级围岩衬砌结构受力特性

针对贺家庄隧道,选取荷载较为均匀的DK241+063断面计算实测荷载作用下的受力特性,将实测荷载代入midas GTS软件计算得到衬砌的内力图,取衬砌的相关参数为厚度0.5m,弹性模量取30GPa,泊松比0.2,围岩弹性反力系数K取500MPa/m,如图3.1-29所示。

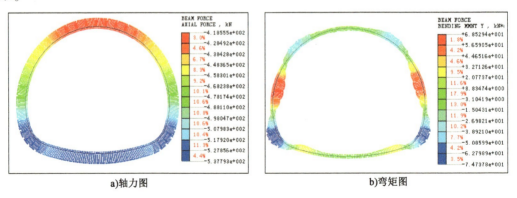

a)轴力图　　　　　　　　　　　　　b)弯矩图

图3.1-29　何家庄隧道衬砌内力图(Ⅳ级围岩深埋)

3.1.4.3 隧道基底结构受力特性分析

根据前面章节的计算结果,可以得到高速铁路双线隧道深埋Ⅳ级围岩条件规范荷载与实测荷载分别作用下基底结构的受力特性,见表 3.1-4。

深埋Ⅳ级围岩高速双线隧道基底结构的弯矩值对比(单位:kN·m)　　表 3.1-4

荷载类型	拱顶	拱肩	侧墙	拱脚	拱底
规范荷载作用	176.82	-163.5	26.13	-106.83	88.97
实测荷载作用	0.2812	-40.37	63.45	-64.82	27.56

由表 3.1-4 可以看出:

(1)无论是规范荷载还是实测荷载,隧道基底结构的内力要小于上部结构的内力,如规范荷载作用下,拱顶弯矩达 176.82kN·m,而基底弯矩只有 88.97kN·m;实测荷载中拱肩弯矩达 -40.37kN·m,而基底弯矩只有 27.56kN·m。

(2)对于隧道基底结构而言,拱脚截面的内力比较大,如规范荷载作用下拱脚弯矩为 -106.83kN·m,而实测荷载作用下 -64.82kN·m,均大于拱底中部。

3.1.4.4 隧道基底结构安全性分析

(1)安全系数计算方法

①当隧道衬砌结构受到的轴向力为压力时,隧道基底结构的安全系数应满足《铁路隧道设计规范》(TB 10003—2016)中衬砌计算的相应要求。为此,需首先在受压和受拉两种破坏模式下根据该规范分别计算基底混凝土结构的安全系数。

a. 当轴向力偏心距 $e_0 \leqslant 0.2h$(此处 h 为衬砌结构的厚度)时,混凝土结构材料的承载能力由抗压强度来控制,可按下式对受压破坏时的基底结构安全系数进行计算:

$$e_0 = \frac{M}{N} \tag{3.1-8}$$

$$\alpha = 1 + 0.648\frac{e_0}{h} - 12.569\left(\frac{e_0}{h}\right)^2 + 15.444\left(\frac{e_0}{h}\right)^3 \tag{3.1-9}$$

$$K = \frac{\varphi_0 \alpha R_a b h}{N} \tag{3.1-10}$$

式中:e_0——轴向力偏心距(m);
M——结构所受弯矩(N·m);
N——结构所受轴向力(N);
α——轴向力的偏心影响系数;
h——基底结构截面的厚度(m);
b——截面宽度(m),取 $b=1$m;
K——安全系数;
φ_0——构件纵向弯曲系数,取 $\varphi_0 = 1.0$;
R_a——混凝土的抗压极限强度(Pa),见表 3.1-5。

b. 当轴向力偏心距 $e_0 > 0.2h$ 时,混凝土结构材料的承载能力由抗拉强度来控制,可按式(3.1-11)对受拉破坏时的基底结构安全系数进行计算:

$$K = \frac{\varphi_0}{N} \cdot \frac{1.75R_1 bh}{\frac{6e_0}{h} - 1} \qquad (3.1\text{-}11)$$

式中：R_1——混凝土的抗拉极限强度，根据计算混凝土的强度等级和配筋情况综合确定，对于素混凝土结构可参见表3.1-5；

其余参数意义及取值同式(3.1-8)~式(3.1-10)。

混凝土的极限强度　　表3.1-5

强度种类	混凝土强度等级					
	C15	C20	C25	C30	C40	C50
抗压强度 R_a（MPa）	12	15.5	19	22.5	29.5	36.5
抗拉强度 R_1（MPa）	1.4	1.7	2	2.2	2.7	3.1

②当轴向力为拉力时，混凝土结构抗拉的安全系数根据最大拉应力与容许拉应力的比例关系进行计算。

（2）安全系数计算

在高速铁路双线隧道深埋Ⅳ级围岩条件下，规范荷载与实测荷载分别得到的基底结构安全系数，见表3.1-6。

深埋Ⅳ级围岩高铁双线隧道基底结构的安全系数对比　　表3.1-6

荷载类型	拱顶	拱肩	侧墙	拱脚	拱底
规范荷载	2.054	3.013	7.243	6.677	6.586
实测荷载	26.77	19.662	6.617	7.846	21.404

由表3.1-6可以看出：

①隧道基底结构计算得到的安全系数均满足《铁路隧道设计规范》（TB 10003—2016）中衬砌计算的相应要求。

②隧道基底实测荷载的安全系数普遍大于规范荷载计算得到的安全系数，这表明按规范方法所计算出的荷载较为安全和保守。

③规范荷载与实测荷载得到的安全系数在拱脚、侧墙处相差不大，说明规范计算和实测荷载在拱脚、侧墙处安全性相似。

3.2 不利受荷条件下铁路隧道基底结构荷载特征及结构参数

3.2.1 不利荷载作用下隧道基底荷载特征研究现状

由于既有线重载铁路修筑于不同时期，其标准、设计、施工水平参差不齐，隧道基底结构在长期反复动荷载及地下水浸入环境下出现大量病害。针对越来越多的隧底结构病害问题，国内铁路工务部门以及学者对该问题也越来越重视，开展了大量的普通铁路及高速客运专线隧道的病害研究，也积累了一定的经验。

在仰拱结构病害机理研究方面，具有代表性的是以彭立敏等人开展的研究。彭立敏针对我国既有铁路隧道仰拱结构破损严重的现状，在试验研究的基础上，采用动力有限元方法计算得到列车动载作用下隧道铺底结构疲劳危险部位的弯拉应力时程曲线，分析了不同工况条件下隧道仰拱结构的疲劳寿命。施成华针对我国既有铁路隧道铺底病害严重的现状，采用弹性支承法，对隧道仰拱结构的内力分布规律以及结构破坏的原因等进行了分析，提出了应该提高铺底结构抗弯能力。黄娟用隧道仰拱结构的相似模型进行了铁路隧道铺底结构在仰拱富水条件下的疲劳破坏试验，重点分析了仰拱结构的动应力分布特征，裂纹出现时间、扩展情况以及结构的破坏形态。试验结果表明，在仰拱富水条件下，隧道铺底结构的使用寿命较无水条件下明显降低。

在对隧道结构的振动响应的研究中，现场动态测试是最直观也是最可靠的方法。目前，国内外对隧道振动响应进行了大量的现场测试。

郑余朝在铁路列车振动引起的下伏隧道结构动力数值分析时考虑了围岩介质的无限性，采用人工边界模拟无限域边界，将两轨道当作连续支承无限长 Euler 梁，将钢轨视为有限长简支梁。张玉娥等给出两种列车动载的定量分析方法，采用弹塑性本构关系和莫尔-库仑屈服准则，应用有限元模型在时域内对隧道结构及其周围岩体进行动力响应分析，对如何分析高速列车振动荷载作用下隧道的动力工作状态做初步探讨，指出车速的变化会引起列车动荷载的变化，给出不同车速，按经验法模拟出不同的动荷载，可得出不同车速下的结构动态响应。

在列车振动对环境影响方面，李亮采用激振函数模拟高速列车竖向振动荷载，设置黏滞边界以模拟半无限空间对波的吸收，运用弹塑性有限元进行了大断面隧道结构在列车振动荷载作用下对振动响应的研究。得到了阻尼边界条件具有合理性、列车动载相对于隧道结构所受的土压静应力而言影响较小、列车运行速度对位移影响不大、体系的阻尼比越大越不易振动。李德武等认为列车振动下隧道基底结构较为合理的结构形式和措施为：①采用矢跨比较大的仰拱；②采用较厚的隧底填充；③将仰拱、隧底填充和道床用同级混凝土浇灌成为一个整体结构；④采用各种排水措施排除隧底以下积水，避免长期振动下引起的岩土液化；⑤采用注浆和安设锚杆加固基底围岩，以提高其强度。Volberg 分别在多个不同地点进行了列车振动现场测试，提出了列车振动环境影响预测模型。通过对现场测试数据的整理发现：测试数据与测试地点之间相互独立，也即是测试数据与测试地点无关。

国内的现场动态测试研究开始得比较晚，最早是在北京地铁项目中以潘昌实等人为领导进行的。潘昌实、谢正光等对北京地铁两个较长的区间进行的振动响应测试，列车行驶速度约为 70km/h，主要是对隧道衬砌结构的动态响应进行了测试，根据实测结果建立了列车荷载的数学计算式，在此基础上对隧道结构和围岩的受力状态进行了研究。研究发现在列车运行时产生的振动荷载使衬砌结构产生了拉应力。李德武、高峰在扎兰营子隧道与金家岩隧道进行了动态测试，测试车速约为 50km/h，得出结论：隧道铺底板的加速度响应大于边墙处，在钢轨面以下 55cm 处的铺地板表面的加速度实测峰值可达到 $6.8m/s^2$，并指出列车的振动荷载是隧道仰拱结构产生病害的原因之一。薛富春在黄土隧道内利用DTS-1型动力试验系统进行了模拟高速列车运行时富水黄土隧道隧底振动特性的研究,得出了不同激振频率下振动速度在仰拱、仰拱底部黄土中的变化规律,以及仰拱底部土压力响应沿深度的变化规律。

由于我国重载铁路建设起步晚,受多方面条件限制,目前有关重载铁路隧道动态响应的现场测试还很少。但随着我国重载运输的发展,重载线路上修建的隧道必将越来越多,再加上相关研究的深入,以及动态测试仪器、后期数据处理与分析手段的进一步改进,现场动态测试的成果必将越来越多,在重载铁路隧道振动响应的研究中发挥越来越重要的作用。综合前人研究隧道仰拱病害的成因主要有5点:①列车的反复动力作用;②地下水的侵蚀作用隧道基底结构设计薄弱;③排水设计不合理施工工艺不合理;④施工质量存在缺陷;⑤日常养护维修不到位。

3.2.2 基于现场实测数据统计的隧道荷载特征分析

3.2.2.1 隧道基底荷载特征现场监测样本分析

(1)郑州—西安高速铁路贺家庄隧道

①监测断面概况

在郑州—西安高速铁路贺家庄隧道施工中,监测了多个断面的初期支护与围岩之间接触压力(即围岩压力),各监测断面具体信息见表3.2-1。

郑州—西安高速铁路贺家庄隧道现场监测断面信息　　表3.2-1

监测断面	接触压力类型	开挖跨度(m)	埋深(m)	围岩类型与等级	施工方法
DK241+962	初期支护-围岩	15	43	Q_2黏质黄土(Ⅳ级)	交叉中隔壁法(CRD法),三台阶七步
DK241+980	初期支护-围岩	15	43	Q_2黏质黄土(Ⅳ级)	CRD法,三台阶七步
DK242+063	初期支护-围岩	15	43	Q_2黏质黄土(Ⅳ级)	CRD法,三台阶七步
DK242+073	初期支护-围岩	15	43	Q_2黏质黄土(Ⅳ级)	CRD法,三台阶七步
DK243+009	初期支护-围岩	15	36	Q_2黏质黄土(Ⅳ级)	CRD法,三台阶七步
DK242+987	初期支护-围岩	15	36	Q_2黏质黄土(Ⅳ级)	CRD法,三台阶七步
DK242+960	初期支护-围岩	15	36	Q_2黏质黄土(Ⅳ级)	CRD法,三台阶七步
DK242+945	初期支护-围岩	15	36	Q_2黏质黄土(Ⅳ级)	CRD法,三台阶七步

②接触压力空间分布规律

现场监测得到了贺家庄隧道各断面接触压力的空间分布规律,如图3.2-1所示。由图可以看出,隧道上部围岩与底部的荷载分布规律和荷载峰值均有较大差异。与上部围岩压力分布对比,底部荷载分布相对更加均匀,且大多数上部荷载的最大值大于底部荷载最大值。得到的数据里上部荷载最大值为282.84kPa,底部荷载最大值为208.81kPa。

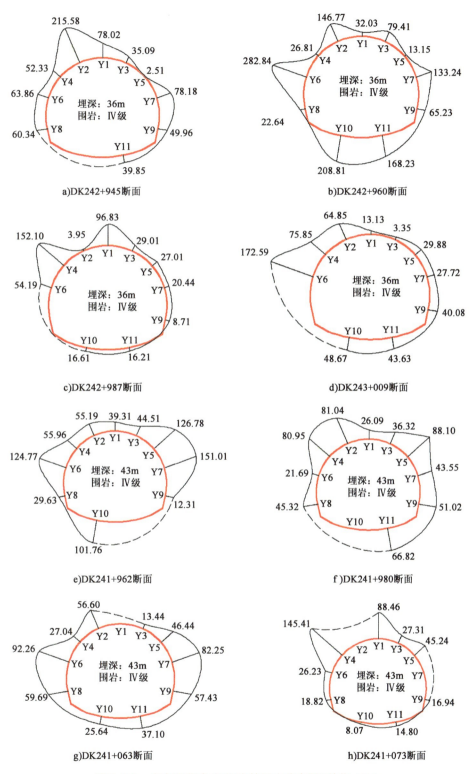

图 3.2-1 各断面围岩-初期支护压力分布图（单位：kPa）

(2)郑州—西安高速铁路张茅隧道

①监测断面概况

在郑州—西安高速铁路张茅隧道施工中,监测了初期支护与围岩之间、初期支护与二次衬砌之间的接触压力,各监测断面具体信息见表3.2-2。

郑州—西安高速铁路张茅隧道现场监测断面信息　　　表3.2-2

监测断面	接触压力类型	开挖跨度(m)	埋深(m)	围岩类型与等级	施工方法
DK225+145	初期支护-围岩	15	95	Q_3黄土(Ⅳ级)	CRD法,三台阶七步
	初期支护-二次衬砌				
DK270+953	初期支护-二次衬砌	15	95	Q_3黄土(Ⅳ级)	CRD法,三台阶七步
DK270+965	初期支护-围岩	15	95	Q_3黄土(Ⅳ级)	CRD法,三台阶七步

②接触压力时程规律

张茅隧道试验段二次衬砌内力及围岩压力测点布置如图3.2-2所示,现场监测得到张茅隧道各断面接触压力时程曲线如图3.2-3、图3.2-4所示。

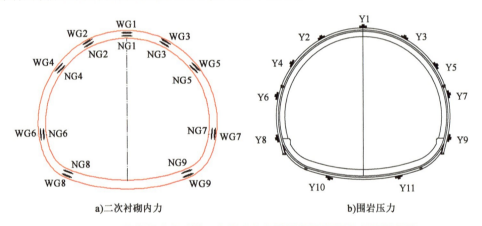

a)二次衬砌内力　　　　b)围岩压力

图3.2-2　张茅隧道试验段二次衬砌内力及围岩压力测点布置示意图

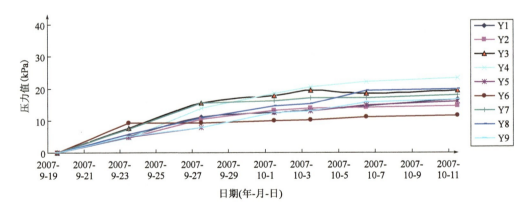

图3.2-3　张茅隧道DK225+145二次衬砌围岩压力时程曲线图

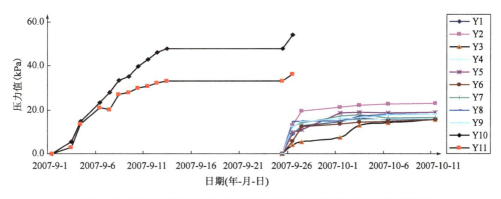

图3.2-4 张茅隧道DK225+953断面二次衬砌围岩压力时程曲线图

③接触压力空间分布规律

张茅隧道各断面的围岩压力及分布如图3.2-5所示。由图可看出,上部荷载整体上大于底部荷载,拱顶和右拱腰处荷载较大,最大值测得为313.66kPa;底部荷载测得最大值为259.59kPa。

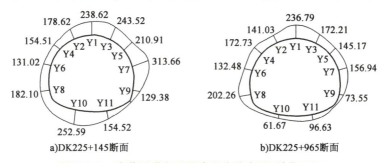

图3.2-5 张茅隧道断面围岩压力分布图(单位:kPa)

(3)郑州—西安高速铁路函谷关隧道

①监测断面概况

郑州—西安高速铁路函谷关隧道施工中对多个隧道断面初期支护与围岩之间、初期支护与二次衬砌之间的接触压力进行监测,具体监测断面信息见表3.2-3。

郑州—西安高速铁路函谷关隧道现场监测断面信息　　　表3.2-3

监测断面	接触压力类型	开挖跨度(m)	埋深(m)	围岩类型与等级	施工方法
DK270+504	初期支护-围岩	15	27	Q_3 黄土(Ⅳ级)	CRD法,三台阶七步
DK270+515	初期支护-围岩	15	27	Q_3 黄土(Ⅳ级)	CRD法,三台阶七步
	初期支护-二次衬砌				
DK270+520	初期支护-围岩	15	27	Q_3 黄土(Ⅳ级)	CRD法,三台阶七步
DK273+005	初期支护-围岩	15	110	Q_3 黄土(Ⅳ级)	CRD法,三台阶七步
DK273+015	初期支护-围岩	15	110	Q_3 黄土(Ⅳ级)	CRD法,三台阶七步
DK273+040	初期支护-围岩	15	110	Q_3 黄土(Ⅳ级)	CRD法,三台阶七步
DK273+055	初期支护-围岩	15	110	Q_3 黄土(Ⅳ级)	CRD法,三台阶七步

②接触压力时程规律

函谷关隧道围岩压力测点布置如图 3.2-6 所示,现场监测得到了 DK270+515 断面接触压力的时程曲线如图 3.2-7 所示。由图可以看出,底部荷载各测点的数值、趋势均大致相同,即先由 0 增大至约 50kPa 后开始减小,后趋于稳定。上部荷载除 Y10 点外其余点趋势与底部荷载类似,但各测点数据差异较大最大值可以达到 240kPa 左右。

③接触压力空间分布规律

现场监测得到函谷关隧道各断面接触压力的空间分布及其规律,如图 3.2-8 所示。可以看出,不同断面的上部围岩与底部荷载的分布和峰值均有较大差异。

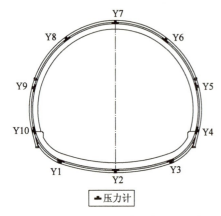

图 3.2-6　函谷关隧道围岩压力测点布置示意图

上部围岩压力与底部荷载分布均不均匀,且除 DK270+504 断面外其余断面上部荷载的最大值大于底部荷载最大值。数据中上部荷载最大值为 246.86kPa,底部荷载最大值为 124.58kPa（DK270+504 断面除外）。

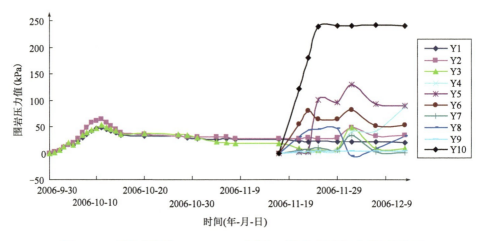

图 3.2-7　函谷关隧道 DK270+515 断面二次衬砌围岩压力时程曲线图

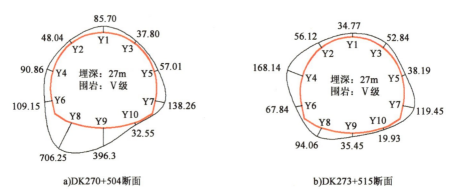

a) DK270+504 断面　　　　　　　　b) DK273+515 断面

图 3.2-8

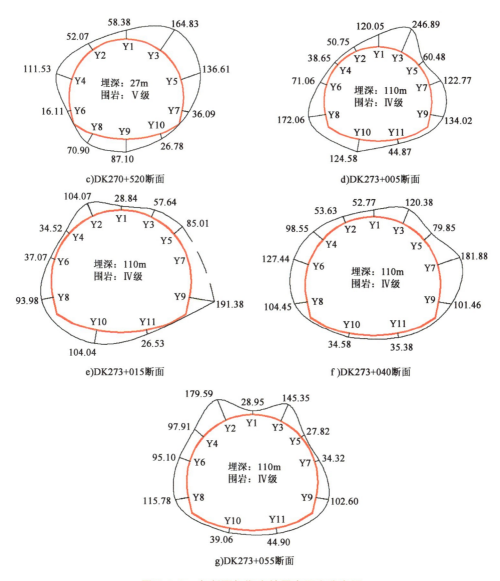

图 3.2-8 各断面初期支护围岩压力分布图

(4) 金温铁路汤村隧道

①监测断面概况

金温铁路汤村隧道地理位置属于浙江省金华市,隧道施工中监测了初期支护与围岩之间、初期支护与二次衬砌之间的接触压力,各断面具体信息见表 3.2-4。

金温铁路汤村隧道现场监测断面信息　　　　　　　表 3.2-4

监测断面	接触压力类型	开挖跨度（m）	埋深（m）	围岩级别
DK16+525	初期支护-围岩	14.5	69	Ⅲ级
DK19+103	初期支护-围岩	14.5	175	Ⅳ级

②接触压力空间分布规律

现场监测得到了汤村隧道各断面接触压力的空间分布规律,如图3.2-9所示。由图可以看出,底部荷载和上部荷载的分布均不均匀。上部荷载拱腰位置的围岩压力较大,并且底部荷载明显小于上部荷载。

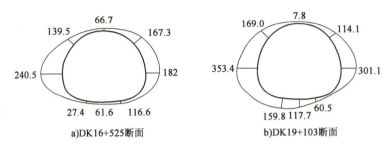

图3.2-9　DK16+525、DK19+103断面围岩压力分布图(单位:kPa)

(5)金温铁路大面山隧道

①监测断面概况

金温铁路大面山隧道位于金华市永康境内,长510m,开挖断面积约130m²。大面山隧道各断面具体信息见表3.2-5。

金温铁路大面山隧道现场监测断面信息　　表3.2-5

监测断面	接触压力类型	开挖跨度(m)	埋深(m)	围岩级别
DK56A+667	初期支护-围岩	14.5	100	Ⅲ级
DK56A+782	初期支护-围岩	14.5	30	Ⅳ级
DK56A+800	初期支护-围岩	14.5	25	Ⅳ级
DK56A+810	初期支护-围岩	14.5	17	Ⅴ级
DK56A+830	初期支护-围岩	14.5	11	Ⅴ级

②接触压力空间分布规律

对大面山隧道各断面进行围岩与初期支护的压力时程监测,压力分布如图3.2-10、图3.2-11所示。可以看出,底部荷载一般在仰拱中部取得最大值,而上部荷载则全部在两侧拱腰处取得最大值,且拱腰处围岩压力远大于底部荷载。

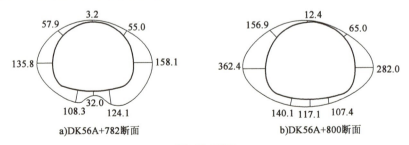

图　3.2-10

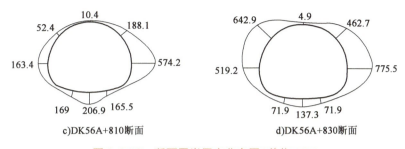

图 3.2-10 断面围岩压力分布图(单位:kPa)

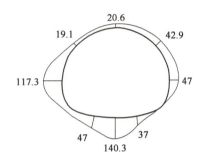

图 3.2-11 DK56A+667 断面围岩分布图(单位:kPa)

(6)西宝高速公路唐家塬隧道

①监测断面概况

西宝高速公路唐家塬隧道属于典型的黄土层隧道,断面开挖面积约为 172.4m²。施工中,监测了该隧道初期支护与围岩之间、初期支护与二次衬砌之间的接触压力,各断面具体信息见表 3.2-6。

唐家塬隧道现场监测断面信息　　　　表 3.2-6

监测断面	接触压力类型	开挖跨度(m)	埋深(m)	围岩类型与等级	施工方法
YK302+041	初期支护-围岩	17.59	41	黄土(Ⅳ级)	台阶法
YK302+121	初期支护-围岩	17.59	71	黄土(Ⅳ级)	台阶法
YK302+550	初期支护-围岩	17.59	60	黄土(Ⅳ级)	台阶法
ZK302+008	初期支护-围岩	17.59	44.5	黄土(Ⅳ级)	台阶法
ZK302+108	初期支护-围岩	17.59	75	黄土(Ⅳ级)	台阶法

②接触压力空间分布规律

对唐家塬隧道各断面围岩与初期支护之间的接触压力监测,如图 3.2-12 所示。由图可看出,围岩压力分布极为不规则,上部荷载往往在拱肩达到最大值,最大值为 0.661MPa。而底部荷载比上部荷载小很多,最大值的位置近似与取到上部荷载最大值的拱肩成对角线。

(7)西安城市快轨交通 2 号线

①监测断面概况

西安城市快轨交通 2 号线属于浅埋暗挖型黄土层隧道,监测到了其各断面初期支护与围岩的接触压力,各断面具体信息见表 3.2-7。

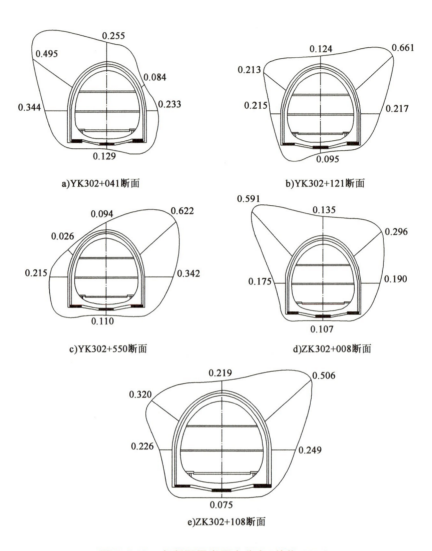

图 3.2-12 各断面围岩压力分布(单位:MPa)

西安城市快轨交通 2 号线监测断面信息　　　　　表 3.2-7

监测断面	接触压力类型	开挖跨度(m)	埋深(m)	围岩类型与等级	施工方法
ZDK15+346.5	初期支护-围岩	6.5	10.35	黄土(Ⅳ级)	盾构法
YDK15+346.5	初期支护-围岩	6.5	10.35	黄土(Ⅳ级)	盾构法

②接触压力时程规律

西安地铁 2 号线隧道初期支护端面压力盒布置如图 3.2-13 所示,现场监测得到各断面接触压力的时程曲线如图 3.2-14、图 3.2-15 所示。由图可看出,随着开挖的进行,下部围岩与初级支护之间的压力大致先增大,后趋于稳定;后随着仰拱和二次衬砌的施工,荷载随之继续增大。

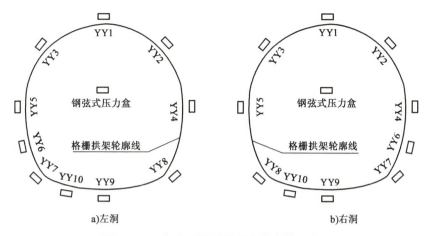

图 3.2-13 初期支护端面压力盒布置示意图

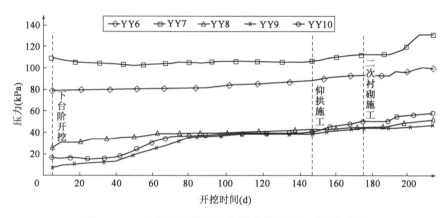

图 3.2-14 左洞下部围岩与初期支护间压力时程曲线图

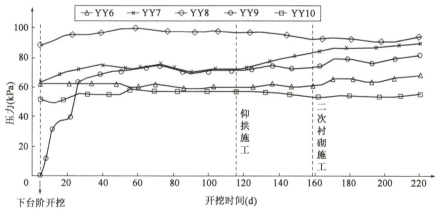

图 3.2-15 右洞下部围岩与初期支护间压力时程曲线图

③接触压力空间分布规律

对该隧道各断面进行围岩与初期支护之间的接触压力监测,如图 3.2-16 所示。由图可看出,施工前后围岩压力分布的均不匀称,上部荷载在整体上大于底部荷载。同时相比于施工前,二次衬砌施工后上部荷载随之略为减小,最大值为131.13kPa。底部荷载在二次衬砌施工后荷载增大,最大值为59.20kPa。

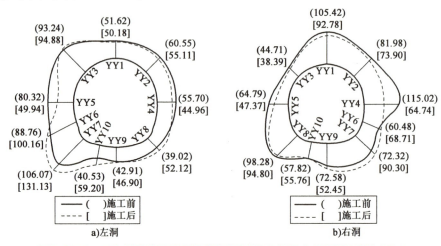

图3.2-16 二次衬砌施工前后围岩与初期间支护压力分布图(单位:kPa)

(8)刘家坪2号隧道

①监测断面概况

刘家坪2号隧道位于陕西省境内,是吴堡至子洲段高速公路上的1座黄土隧道,隧道最大开挖跨度为12.52m。在施工中监测了刘家坪2号隧道初期支护与围岩之间、初期支护与二次衬砌之间的接触压力,各断面具体信息见表3.2-8。

刘家坪2号隧道现场监测断面信息　　表3.2-8

监测断面	接触压力类型	开挖跨度 (m)	埋深 (m)	围岩类型与等级	施工方法
YK49+670	初期支护-围岩	12.52	7	黄土(Ⅳ级)	分部开挖法
YK49+676	初期支护-围岩	12.52	10	黄土(Ⅳ级)	分部开挖法

②接触压力空间分布规律

对刘家坪2号隧道各断面进行围岩与初期支护的接触压力监测,如图3.2-17所示。由图可看出,上部荷载整体上大于底部荷载,且分布不均。最大值出现在拱肩处,测得最大值为0.285MPa;底部荷载中部取得最大值,测得最大值为0.104MPa。

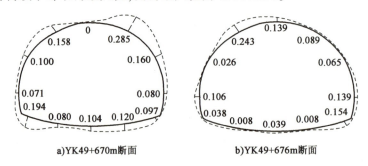

图3.2-17 刘家坪隧道围岩压力分布(单位:MPa)

(9) 三淅高速公路西凹隧道

①监测断面概况

西凹隧道位于河南省卢氏县,隧道最大埋深约 71m,隧址地层复杂,其现场各监测断面具体信息见表 3.2-9。

西凹隧道现场监测断面信息　　　　表 3.2-9

监测断面	接触压力类型	围岩类型与等级	施工方法
K73+465	初期支护-围岩	黄土(Ⅴ级)	台阶法
K73+490	初期支护-围岩	黄土(Ⅴ级)	台阶法
K73+600	初期支护-围岩	黄土(Ⅴ级)	台阶法

②接触压力空间分布规律

对西凹隧道各断面进行围岩与初期支护的接触压力监测,如图 3.2-18、图 3.2-19 所示。由图可得,上部荷载分布不均,拱顶、拱腰荷载较大。底部荷载整体小于上部荷载,且在接近拱脚处有应力集中现象。

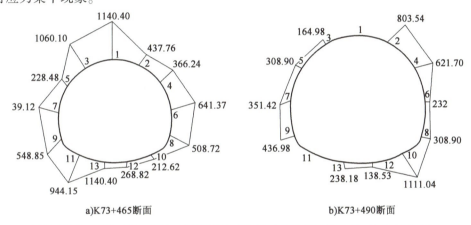

图 3.2-18　K73+465、K73+490 断面围岩-初期支护接触压力分布图(单位:kPa)

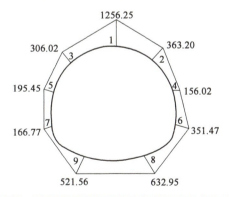

图 3.2-19　K73+600 断面围岩-初期支护接触压力分布图(单位:kPa)

(10) 贵广铁路天平山隧道

①监测断面概况

天平山隧道是贵广铁路的一座双线单洞隧道,隧道最大埋深约 775m,开挖断面宽 15.48m,

属于深埋软弱围岩隧道。对现场初期支护与围岩之间的接触压力进行监测,各监测断面具体信息见表 3.2-10。

天平山隧道现场监测断面信息　　　　　　　表 3.2-10

监测断面	接触压力类型	围岩类型与等级	施工方法
DK372+630	初期支护-围岩	Ⅴ级	台阶开挖法
DK372+831	初期支护-围岩	Ⅳ级	台阶开挖法

②接触压力空间分布规律

对天平山隧道各断面进行围岩与初期支护的接触压力监测,如图 3.2-20 所示。由图可看出,上部荷载远大于底部荷载。上部最大压力多出现在左右侧的拱腰部位,并出现应力集中现象,最大值为 0.998MPa;底部荷载最大值出现在仰拱中部,最大值为 0.051MPa。

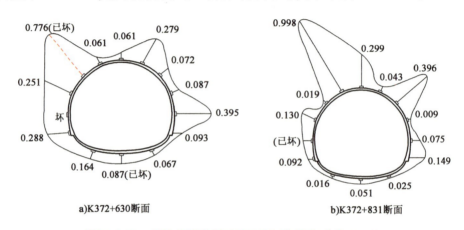

a) K372+630 断面　　　　　b) K372+831 断面

图 3.2-20　天平山隧道断面围岩压力分布图(单位:MPa)

(11) 凤凰山隧道

①监测断面概况

凤凰山隧道是省道长晋线南王庄至司徒段公路的重点工程之一,为上下线分离式单向行车双洞隧道,工程环境与地质状况复杂,净高 5.0m。该隧道埋深浅,受力情况复杂。现场监测初期支护与围岩之间的接触压力,各监测断面具体信息见表 3.2-11。

凤凰山隧道现场监测断面信息　　　　　　　表 3.2-11

监测断面	接触压力类型	埋深(m)	围岩类型与等级	施工方法
ZK82+008	初期支护-围岩	40	Ⅴ级	上下台阶法
ZK82+311	初期支护-围岩	15	Ⅴ级	上下台阶法

②接触压力时程规律

凤凰山隧道各断面压力盒布置如图 3.2-21 所示,测得到围岩与初期支护的时程曲线如图 3.2-22~图 3.2-25 所示。由图可以看出,在这段时间内围岩压力变化相对较大。由于采用上下台阶开挖法,上台阶处测量数据受下台阶及仰拱施工的影响而出现较大波动。底部荷载在前 5d 内急剧增长,5d 后趋于稳定。而上部荷载围岩压力变化较大,40d 后趋于稳定。

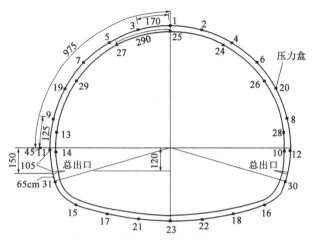

图3.2-21　凤凰山隧道端面压力盒布置示意图(尺寸单位:cm)

注:数字为压力盒编号。

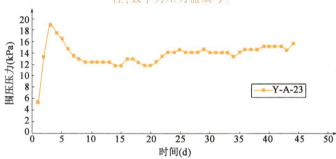

图3.2-22　仰拱底围岩压力时程曲线

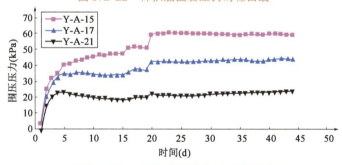

图3.2-23　左侧仰拱围岩压力时程曲线

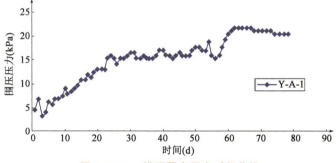

图3.2-24　拱顶围岩压力时程曲线

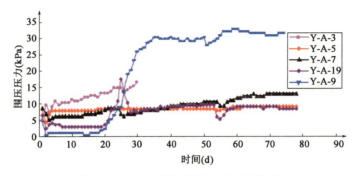

图 3.2-25　左侧拱腰围岩压力时程曲线

③接触压力空间分布规律

对凤凰山隧道各断面进行围岩与初期支护的接触压力监测,压力分布如图 3.2-26、图 3.2-27 所示。由图可看出,受水文、地质等因素影响,围岩压力分布形势较为离散,不同监测点测得的围岩压力相差较大;上部围岩荷载仰拱各测点数值相对较大,"主要是因为在测量元件埋设后,常有重型拉渣卡车经过",因此测得的数据并非真实围岩压力。

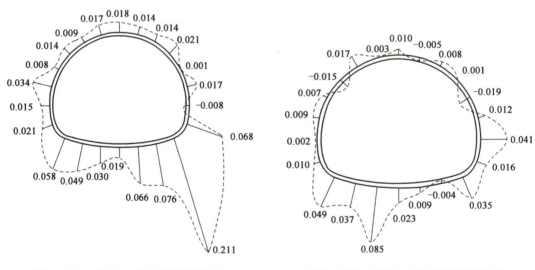

图 3.2-26　ZK82+008 断面围岩压力分布图(单位:MPa)　　图 3.2-27　ZK82+311 断面围岩压力分布图(单位:MPa)

3.2.2.2　围岩压力总体分布特征

根据围岩级别将统计得到的围岩压力数据分为Ⅱ、Ⅲ级,Ⅳ级,Ⅴ级和Ⅵ级 4 组,同时将每组数据分成若干区间,绘制其频数直方图如图 3.2-28 所示。由图可以看出:

(1)总体而言,围岩压力随围岩级别的增大而增大,且当压力值超过 100kPa 时数据随围岩级别增大的趋势更加明显。

(2)在Ⅱ~Ⅴ级围岩中,围岩压力在 0~20kPa 区间的占比最大;而在Ⅵ级围岩中,围岩压力很少出现在 50kPa 以下。

(3)将统计得到的围岩压力数据进行数学处理,得到Ⅱ~Ⅵ级围岩的围岩压力算术平均值为 62kPa、88kPa、220kPa 和 185kPa。可见，围岩压力平均值随围岩级别的增大而增大，但Ⅵ级围岩例外，笔者认为这与本统计样本数据中Ⅵ级围岩相对较少有关。

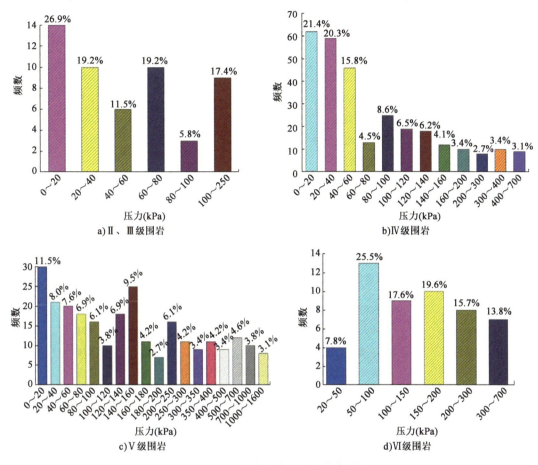

图 3.2-28 围岩压力区间分布直方图

3.2.2.3 隧道围岩压力现场监测统计样本

本文统计样本共包含 45 座隧道的 91 个监测断面，见表 3.2-12。

隧道围岩压力现场监测统计样本　　　　表 3.2-12

序号	隧道名称	所在线路	地理位置	围岩级别	跨度（m）	埋深性质	施工方法
1	胡麻岭隧道	兰渝铁路	甘肃兰州	Ⅳ	15	深埋	台阶法
2	金牛山隧道	京沪高铁	山东泰安	Ⅳ	14.5	浅埋	台阶法
3	贺家庄隧道	郑西客运专线	河南三门峡	Ⅳ	15	深埋	台阶法
4	张茅隧道	郑西客运专线	河南三门峡	Ⅴ	15	深埋	台阶法
5	函谷关隧道	郑西客运专线	河南灵宝	Ⅳ	15.5	深埋	台阶法
6	象山隧道	龙厦铁路	福建龙岩	Ⅳ	9.1	深埋	台阶法
7	乌鞘岭隧道	兰新铁路	甘肃武威	Ⅴ	10.36	深埋	台阶法
8	乌鞘岭隧道导坑	兰新铁路	甘肃武威	Ⅴ	7.95	深埋	台阶法

续上表

序号	隧道名称	所在线路	地理位置	围岩级别	跨度(m)	埋深性质	施工方法
9	禾落山隧道	大理—丽江铁路	云南大理	Ⅲ	19.19	深埋	台阶法
10	南梁隧道	石太客运专线	河北石家庄	Ⅱ	21.72	深埋	台阶法
11	琯头领隧道	温福铁路	福建福州	Ⅲ	14.42	浅埋	台阶法
12	大风垭口隧道	元磨高速公路	云南玉溪	Ⅳ	12.58	深埋	台阶法
13	小溪沟隧道	张家界—桑植公路	湖南张家界	Ⅴ	11.82	浅埋	台阶法
14	潭峪沟隧道	八达岭高速	北京	Ⅳ	15.0	深埋	台阶法
15	土家湾隧道	谠口—兰州高速公路	甘肃兰州	Ⅳ	13.4	浅埋	台阶法
16	三十里铺隧道	同沿高速公路	宁夏固原	Ⅳ	12.3	浅埋	台阶法
17	火郎峪隧道	密兴路	北京	Ⅴ	12.6	浅埋	台阶法
18	刘家坪二号隧道	吴堡—子洲高速公路	陕西榆林	Ⅵ	12.52	浅埋	台阶法
19	终南山隧道	西安—安康高速公路	陕西西安	Ⅳ	12.5	深埋	全断面法
20	元江一号隧道	元磨高速公路	云南玉溪	Ⅳ	12.58	深埋	台阶法
21	大坪车站隧道	轻轨2号线	重庆	Ⅳ	21.88	浅埋	CRD法+台阶法
22	鹤上隧道	福州机场高速公路	福建福州	Ⅴ	16.5	浅埋	CRD法
23	天际岭隧道	长沙火星南路	湖南长沙	Ⅳ	17.78	浅埋	台阶法
24	通渝隧道	城口—黔江公路	重庆	Ⅴ	11	浅埋	台阶法
25	芭蕉菁隧道	元磨高速公路	云南普洱	Ⅳ	12.5	深埋	台阶法
26	旦架哨隧道	京珠高速公路	广东清远	Ⅴ	16.8	浅埋	CRD法
27	大帽山隧道	泉州—厦门高速公路	福建厦门	Ⅴ	22	浅埋	CRD法
28	平年隧道	罗村口—富宁高速公路	云南文山	Ⅴ	12.94	浅埋	台阶法
29	苍岭隧道	台州—金华高速公路	浙江丽水	Ⅴ	15	深埋	全断面法
30	九嶷山一号隧道	宁远—道县高速公路	湖南永州	Ⅴ	12.75	浅埋	台阶法
31	斑竹林隧道	渝湘高速公路	重庆黔江	Ⅴ	12.5	深埋	台阶法
32	天恒山隧道	哈尔滨绕城高速	黑龙江哈尔滨	Ⅴ	14.12	浅埋	台阶法
33	龙溪隧道	都江堰—汶川高速公路	四川阿坝	Ⅴ	12.2	深埋	台阶法
34	正阳隧道	重庆—长沙高速公路	重庆黔江	Ⅳ	12.62	深埋	台阶法
35	耿达隧道	映秀—日隆公路	四川阿坝	Ⅳ	12.5	深埋	台阶法
36	包家山隧道	小河—安康高速公路	陕西安康	Ⅳ	13	深埋	台阶法
37	阿拉坦隧道	鲁北—霍林郭勒公路	内蒙古	Ⅳ	12.25	深埋	台阶法
38	白虎山隧道	谠口—兰州高速公路	甘肃兰州	Ⅴ	13.2	浅埋	台阶法
39	新庄岭隧道	谠口—兰州高速公路	甘肃兰州	Ⅵ	13.2	深埋	台阶法
40	大有山隧道	丹东—拉萨公路	青海西宁	Ⅴ	13	浅埋	台阶法
41	长逢沟隧道	承德—朝阳高速公路	河北承德	Ⅴ	14	浅埋	台阶法
42	青沙山隧道	平安—阿岱高速公路	青海海东	Ⅳ	11.25	深埋	台阶法

续上表

序号	隧道名称	所在线路	地理位置	围岩级别	跨度(m)	埋深性质	施工方法
43	毛毡岭隧道	江门—肇庆高速公路	广东肇庆	Ⅱ	16.82	深埋	全断面法
44	长坝隧道	武隆—水江高速公路	重庆	Ⅴ	12.79	浅埋	台阶法
45	长冲隧道	茶园—涪陵公路	重庆	Ⅴ	12.26	深埋	台阶法

3.2.2.4 围岩压力随埋深变化特征

鉴于本统计中Ⅳ、Ⅴ级围岩的数据最为丰富,这里主要讨论Ⅳ、Ⅴ级围岩的围岩压力随隧道埋深变化规律。由于隧道围岩压力受跨度影响较大,本文取围岩压力与跨度的比值进行分析,以消除跨度的影响。图3.2-29、图3.2-30给出了Ⅳ、Ⅴ级围岩竖向和侧向围岩压力的 $q/B-H$ 关系曲线,由图可以看出:

(1)随埋深增加,围岩压力分布较为离散,但总体是增大趋势,且近似呈指数形式增加。随着埋深增大,初始地应力较大,作用于支护结构上的围岩压力也随之增大。

(2)相对于Ⅳ级围岩,Ⅴ级围岩竖向压力随埋深增大而增大的趋势更加明显,表明在同样埋深和跨度条件下,围岩条件较差时围岩压力较大。

(3)与竖向围岩压力类似,侧向压力随埋深增大总体也呈增大趋势,但分布更加离散。同样,围岩条件越差,侧向压力随埋深增大而增大的趋势越加明显。

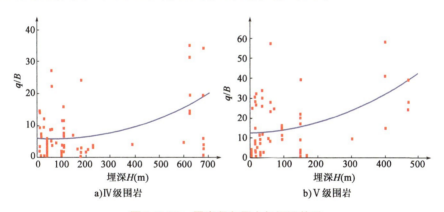

图3.2-29 围岩竖向压力与埋深关系

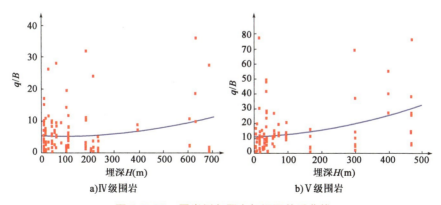

图3.2-30 围岩侧向压力与埋深关系曲线

3.2.2.5 隧道埋深对侧压力系数的影响

图 3.2-31 给出了Ⅳ、Ⅴ级围岩不同隧道埋深条件下侧压力系数 λ 分布的散点图。由图可以看出,随埋深变化,围岩侧压力系数分布非常离散,二者无明显的相关性。实测 λ 的值域范围为(0,1.6),远大于《铁路隧道设计规范》(TB 10003—2016)建议的Ⅳ级、Ⅴ级围岩侧压力系数取值范围(0.15,0.30)、(0.3,0.5)。由于侧压力偏小时支护结构受力更加不利,因此规范建议取值相对偏于安全。

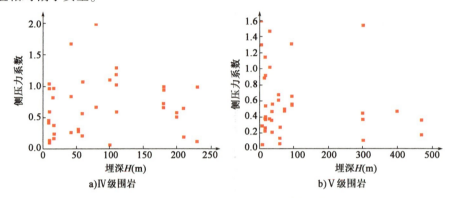

图 3.2-31　侧压力系数 λ 随埋深变化关系

3.2.2.6 围岩压力的时空分布规律

(1)围岩压力的时间变化特征

根据 19 座隧道 24 个断面的围岩压力随时间的监测曲线可知:

①围岩压力时间效应显著,随时间变化可分为快速增大、缓慢增大、逐渐稳定 3 个阶段,其中快速增大阶段通常占最终稳定值的三分之二以上。围岩压力由初始监测到趋于稳定所需要的时间各有不同,但大多在隧道开挖后 30 天左右趋于稳定。

②当前条件下,分部开挖仍是软弱隧道施工的主要工法。受分部施工多次扰动围岩的影响,围岩压力监测值随之变化。因此,围岩压力随时间延长在波动变化的过程中增大并趋于稳定。

③隧道施工采用台阶法时,下台阶施工对上台阶围岩压力监测值影响较大。若下台阶开挖后及时施作初期支护,支护结构能够及时承担围岩应力释放带来的压力,围岩压力立即增大。

(2)围岩压力的空间分布规律

根据 20 座隧道的 32 个断面的围岩压力空间分布可知:

①绝大部分围岩压力监测值为正值,即表现为压力,这与隧道开挖后围岩向洞内挤压变形受到支护结构的抑制产生围岩压力的理论分析是相符的。

②围岩压力沿隧道开挖轮廓分布普遍较为离散,如洞周的任一位置都可能出现围岩压力的最大值。围岩条件的复杂性和现场施工作业环境的不确定性给围岩压力的准确量测带来了一定的难度,且地层初始应力状态并不均匀,偏压现象普遍,隧道开挖轮廓周边围岩软硬不均,这些因素都造成了围岩压力沿隧道开挖轮廓分布的不均匀性。

③围岩压力统计数据中极个别测点值接近于零甚至出现了负值,即表现为拉应力。当围

岩完整性较好且硬度较大时，隧道开挖后地层应力迅速释放，在压力盒布设前已基本释放完毕，支护结构对围岩变形的抑制作用较小。隧道开挖轮廓面的不均匀性造成了支护结构与围岩间不能完整密贴造成了一定的应力集中，混凝土水泥及粗细骨料拌和不均匀、水化热影响等因素都对压力盒的准确测量造成了一定的影响。

3.3 本章小结

针对规范和在和现场测试荷载，在对 4 种铁路隧道断面形式调研后，利用铁路隧道规范的推荐公式对各个断面形式分别在Ⅳ、Ⅴ级围岩及深埋、浅埋条件共 16 种情况进行了围岩荷载计算。计算结果表明，在其他条件相同时，高速铁路的荷载大于普速铁路；同样，双线隧道荷载大于单线隧道荷载。而Ⅴ级围岩条件下的断面荷载要远大于相同断面在Ⅳ级围岩条件下的荷载。后将各个断面计算出的荷载值代入了 midas GTS 软件进行了隧道衬砌受力分析，得出了内力图。对具有代表性的贺家庄隧道，将其实测荷载与规范计算荷载进行了对比分析，画出对比图发现规范计算结果包络了实测荷载平均值，证明使用规范的荷载计算结果较为安全和保守，但实测的个别监测点仍有大于计算结果的情况。同时可以发现与围岩压力类似，高速、双线的隧道断面内力分别大于普速、单线隧道内力。针对贺家庄隧道，选取较为均匀的实测断面进行数据模拟分析并与规范计算荷载下的分析相比较，并分别计算了两者的安全系数，发现除个别点外大多数部位尤其是隧道底部实测荷载的安全系数远大于规范计算荷载，这仍证明按规范所计算出的荷载较为安全和保守。

围岩压力现场监测值分布十分离散，但总体而言，围岩条件越差围岩压力越大；隧道围岩压力和侧压力系数随隧道埋深总体呈增大趋势，且围岩条件越差时，增大趋势越明显。围岩压力时间效应显著，经历快速增大、缓慢增大、逐渐稳定三个阶段，多在隧道开挖后 1 个月左右趋于稳定。围岩条件的复杂性和工程活动的不确定性造成了围岩压力隧道开挖轮廓分布的离散性，围岩压力的最大值可能出现在洞周任一位置。

第 4 章
预制装配式仰拱结构设计选型及受力特征分析

4.1 预制装配式波纹板仰拱结构设计及受力特征分析

预制装配式波纹板仰拱结构的应用情况如图 4.1-1 所示,其在拼装方案上采用错缝拼装。装配式基底波纹板的结构形式及连接方式如图 4.1-2、图 4.1-3 所示。

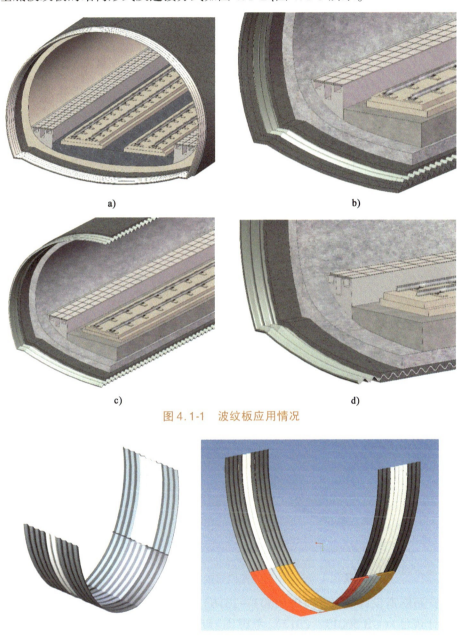

图 4.1-1 波纹板应用情况

图 4.1-2 装配式基底波纹板结构形式

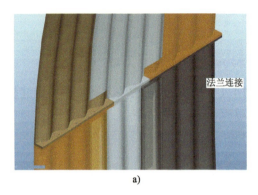 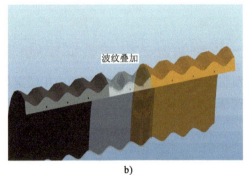

图 4.1-3　装配式基底波纹板结构连接方式

波纹板分块形式如图 4.1-4 所示。

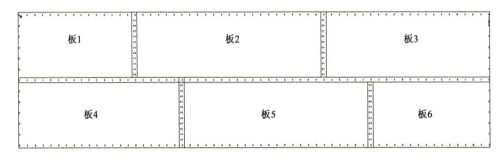

图 4.1-4　波纹板分块形式

对拟选定的波纹板方案进行模板、连接部位的结构设计,结构验算分析图示如图 4.1-5 所示。

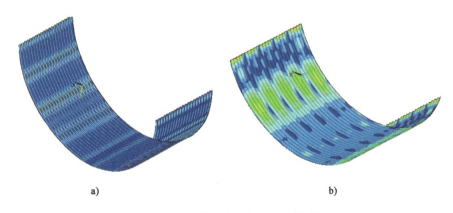

图 4.1-5　装配式基底波纹板结构验算分析图示

依据《铁路隧道设计规范》(TB 10003—2016)、《铁路工程设计技术手册-隧道》,以及《钢结构设计规范》(GB 50017—2017),考虑围岩压力、波纹板自重、衬砌自重以及空洞填充荷载,经验算分析,波纹板内力小于板材的容许应力,波纹板变形较小,整体满足安全要求。

4.2 预制装配式钢筋混凝土仰拱结构设计及受力特征分析

4.2.1 断面形式设计

在运行速度 250km/h 的客运专线上，不同围岩级别下的隧道断面形式如图 4.2-1、图 4.2-2 所示。

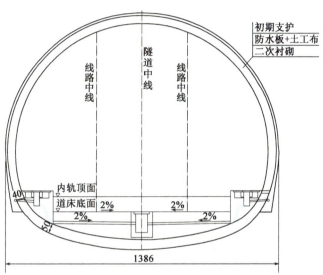

图 4.2-1　Ⅲ级围岩客运专线断面图（尺寸单位：cm）

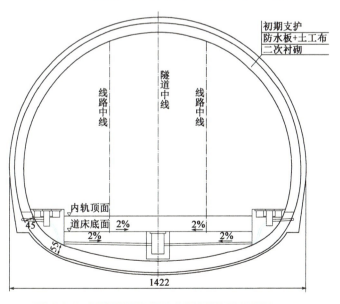

图 4.2-2　Ⅳ级围岩客运专线断面图（尺寸单位：cm）

客运专线断面图（250km/h，Ⅳ级地段）拱墙、仰拱混凝土厚度见表 4.2-1。

装配式预制基底结构底部混凝土厚度　　　　　　　表 4.2-1

设计速度（km/h）	围 岩 级 别	拱墙厚度（cm）	仰拱厚度（cm）
250	Ⅲ	40	50
	Ⅳ	40	50
	Ⅴ	50	60

从表中可以看出，Ⅲ、Ⅳ级围岩可采用同一尺寸进行分析，Ⅴ级围岩可单独进行分析。通过资料调研，确定基底采用装配式预制混凝土基底结构，并采用错缝拼装方案。具体预制混凝土基底结构效果如图 4.2-3～图 4.2-9 所示。

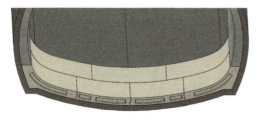

图 4.2-3　装配式预制仰拱二次衬砌底部效果图

图 4.2-4　装配式预制仰拱二次衬砌拼装效果图

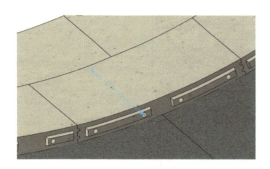

图 4.2-5　装配式预制仰拱二次衬砌
纵向连接效果图

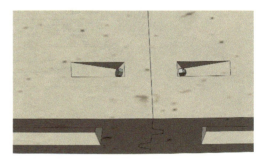

图 4.2-6　装配式预制仰拱二次衬砌
环向连接效果图

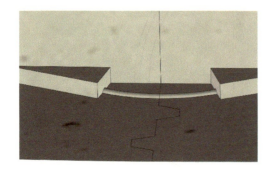

图 4.2-7　装配式预制仰拱二次衬砌
环向榫槽连接效果图

图 4.2-8　装配式预制仰拱二次衬砌
预留钢筋效果图

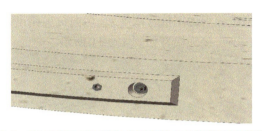

图 4.2-9　装配式预制仰拱二次衬砌纵向连接锚索孔道效果图

依据受力特点，确定装配式预制仰拱二次衬砌分块方案见表 4.2-2、表 4.2-3。

双线隧道偶数环分块（Ⅲ、Ⅳ级围岩）　　　　　表 4.2-2

构件编号	构件尺寸				
	总长度(m)	投影长度(m)	投影宽度(m)	厚度(m)	构件质量(t)
1号	3.413	2.79	1.2	0.5	5.32
2号	3.412	3.39	1.2	0.5	5.32
3号	3.412	3.39	1.2	0.5	5.32
4号	3.413	2.79	1.2	0.5	5.32

双线隧道奇数环分块（Ⅲ、Ⅳ级围岩）　　　　　表 4.2-3

构件编号	构件尺寸				
	总长度(m)	投影长度(m)	投影宽度(m)	厚度(m)	构件质量(t)
1号	4.55	3.87	1.2	0.5	7.01
2号	4.55	4.51	1.2	0.5	7.01
3号	4.55	3.87	1.2	0.5	7.01

4.2.2　预制装配式结构力学特性

4.2.2.1　计算模型

采用"荷载-结构"法计算衬砌结构的内力状态。其中，隧道基底预制结构接头位置计算模型主要采用梁-弹簧模型进行模拟。为了明确衬砌结构内力状况，衬砌采用三维梁单元模拟，而围岩与衬砌的相互作用采用"无拉链杆"模拟，网格划分情况如图 4.2-10 所示。

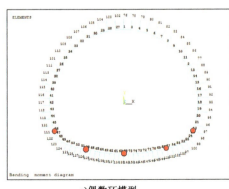
a) 偶数环模型

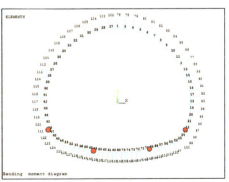
b) 奇数环模型

图 4.2-10　计算模型

接头处的梁—弹簧模型法分别运用抗弯刚度 k_s、切向抗剪刚度 k_t 和径向抗剪刚度 k_n 描述了接头的转动、切向和径向效应,接头模型如图 4.2-11 所示。

图 4.2-11　接头处力学模型

4.2.2.2　计算参数

根据隧道施工设计图,拱墙及仰拱为 C35 钢筋混凝土,而仰拱填充为 C25 钢筋混凝土结构。计算中,不计初期支护厚度(作用为安全储备),混凝土衬砌的弹性模量按表 4.2-4 取值。

衬砌混凝土的弹性模量　　　　　　　表 4.2-4

衬砌混凝土强度等级	C15	C20	C25	C30	C40	C50
弹性模量(GPa)	26	28	29.5	31	33.5	35.5

按照《铁路隧道设计规范》(TB 10003—2016)要求,不同围岩级别计算参数见表 4.2-5。

围岩力学参数表　　　　　　　表 4.2-5

设计速度 (km/h)	围岩级别	拱墙厚度 (cm)	仰拱厚度 (cm)	围岩重度 γ (kN/m³)	围岩弹性抗力系数 K (MPa/m)	泊松比 ν
250	Ⅲ	40	50	24.0	850	0.28
	Ⅳ	40	50	21.5	350	0.33
	Ⅴ	50	60	18.5	150	0.40

通过资料调研,不同接头处转动刚度计算参数见表 4.2-6。需要说明的是,由于盾构隧道接头往往为非对称结构,接头在正、负弯矩作用下的转动刚度并不一致。因此,表中同时给出了正、负弯矩作用下的两组转动刚度。

接头力学参数表　　　　　　　表 4.2-6

盾构项目	管片外径 (m)	管片厚度 (m)	管片宽度 (m)	接头转动刚度 (MN·m/rad)
南京长江隧道工程	14.5	0.6	2	300～750;-400～-950
武汉长江隧道工程	11	0.5	2	400;-240 (数值模拟)
成都火车站北站北延工程	11	0.5	2	400;-240
广深港狮子洋盾构项目	10.8	0.5	2	400;-500 (数值模拟)
某水工盾构隧道工程	8.9	—	—	12～85 (接头试验)

续上表

盾 构 项 目	管片外径（m）	管片厚度（m）	管片宽度（m）	接头转动刚度（MN·m/rad）
南水北调中线穿黄隧道工程	8.7	0.4	1.6	45~61；-45~52（接头试验）
南京地铁区间盾构项目	6.2	0.35	1	50；-30（数值模拟）

4.2.2.3 验算荷载

验算荷载主要考虑基本荷载和验算荷载，其中验算荷载主要考虑不利地质条件下的围岩荷载，主要为高地应力、膨胀力、高水压以及偏压荷载。

(1) 结构自重

①衬砌混凝土重度 $\gamma = 25 \text{kN/m}^3$，衬砌结构自重由 ANSYS 程序自动计算。

②无砟轨道结构混凝土重度 $\gamma = 25 \text{kN/m}^3$，其中，底座厚度为 50cm，轨道板及 CA 砂浆层厚度取为 25cm，钢轨采用 60kg/m，上部轨道结构取单位长度计算自重荷载。

(2) 围岩压力

根据《铁路隧道设计规范》(TB 10003—2016)，垂直均布土压力按式(3.1-1)计算确定，水平均布土压力按表 3.1-1 确定。隧道衬砌计算时，Ⅱ、Ⅲ级围岩二次衬砌作为安全储备，按照承受围岩松弛荷载的 30% 验算结构强度；Ⅳ、Ⅴ级围岩二次衬砌作为承载结构，分别按照承受围岩松弛荷载、浅埋荷载、偏压荷载(地形偏压)的 50%、70% 计算。

(3) 高地应力

兰渝铁路木寨岭隧道地应力测试表明，测试深度域内最大水平主应力为 24.95~27.16MPa，最小水平主应力为 14.95~16.16MPa。另外，后期实测围岩压力如图 4.2-12 所示。

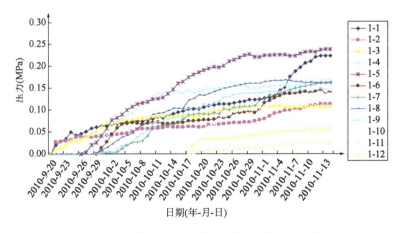

图 4.2-12 兰渝铁路木寨岭隧道围岩应力监测值

从检测数据可以看出，监测点压力均小于 300kPa，因此本次计算初步拟定由于构造应力产生的围岩压力为 0.3MPa。

(4)膨胀力

膨胀岩的判别目前还没有统一的标准,国内外大多采用反映膨胀性能的指标来进行判别。铁路工程通过膨胀岩的野外地质特征及室内判定指标(自由膨胀率、膨胀力和饱和吸水率)进行判定。《客货共线铁路隧道工程施工技术规程》(Q/CR 9653—2017)、《铁路工程设计技术手册-隧道》和《铁路膨胀岩隧道技术规范》(送审稿)中的判定标准见表4.2-7、表4.2-8。

膨胀岩的判定标准　　　　　　　　　　　　　　　　表4.2-7

项 目	指 标	项 目	指 标
极限膨胀力	>100kPa	自由膨胀率(F_s)	>30%
极限膨胀率(P_e)	>3%	矿物质成分(蒙脱石、伊利石含量)	≥15%
干燥饱和吸水率(R_{dw})	>10%		

膨胀岩的分级标准　　　　　　　　　　　　　　　　表4.2-8

项 目	极限膨胀力(kPa)	极限膨胀率(%)	干燥饱和吸水率(%)	自由膨胀率(%)
弱膨胀岩	100~300	3~5	10~30	30~50
中膨胀岩	300~500	15~30	30~50	50~70
强膨胀岩	>500	>30	>50	>70

膨胀岩的物理力学指标,一般采用试验数据,在无试验数据的情况下,结构设计可采用表4.2-9的数据。

膨胀岩物理力学参数参考值　　　　　　　　　　　　表4.2-9

项 目	膨胀力(kPa)	弹性模量($\times 10^2$ MPa)	泊松比	内摩擦角(°)	黏聚力(kPa)	重度(kN/m³)
弱膨胀岩	400	15	0.35	45	6.5	18.5
中膨胀岩	600	5.0	0.40	35	2.0	16.0
强膨胀岩	800	5.5	0.45	30	1.5	16.0

此次膨胀力按照0.8MPa考虑,作用方式为静水压力形式。

(5)水压力

依据蒙华铁路中条山隧道设计水压力,隧底水压力幅值按照1.0MPa考虑,作用方式为静水压力形式。

(6)荷载组合

按照破损阶段设计,考虑不良地质条件,并借鉴以往测试结果,其荷载组合形式见表4.2-10、表4.2-11。

不同荷载组合工况(Ⅲ、Ⅳ级围岩)　　　　　　　　　表4.2-10

计算工况	地质情况	荷载组合	备 注
工况1	普通地质	50%围岩压力+结构自重	普通地段
工况2	高地应力地段	50%松弛荷载+结构自重+高地应力(兰渝实测)	不良地质
工况3	膨胀岩地段	50%松弛荷载+结构自重+膨胀力(三联隧道实测)	不良地质

续上表

计算工况	地质情况	荷载组合	备注
工况4	富水地段	50%松弛荷载+结构自重+水头压力(蒙华设计)	不良地质
工况5	高地应力地段+膨胀岩地段	50%松弛荷载+结构自重+高地应力+膨胀力	不良地质
工况6	偏压地段	50%松弛荷载+结构自重+顺层偏压(隧道规范)	不良地质

不同荷载组合工况(Ⅴ级围岩) 表4.2-11

计算工况	地质情况	荷载组合	备注
工况1	普通地质	70%围岩压力+结构自重	普通地段
工况2	高地应力地段	70%松弛荷载+结构自重+高地应力(兰渝实测)	不良地质
工况3	膨胀岩地段	70%松弛荷载+结构自重+膨胀力(三联隧道实测)	不良地质
工况4	富水地段	70%松弛荷载+结构自重+水头压力(蒙华设计)	不良地质
工况5	高地应力地段+膨胀岩地段	70%松弛荷载+结构自重+高地应力+膨胀力	不良地质
工况6	偏压地段	70%松弛荷载+结构自重+顺层偏压(隧道规范)	不良地质

4.2.2.4 不同接头刚度下截面受力特性

Ⅳ级围岩条件下,偶数环分块后弯矩、剪力及轴力云图如图4.2-13所示。

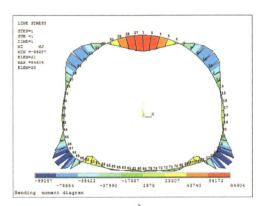
a)

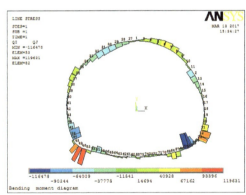
b)

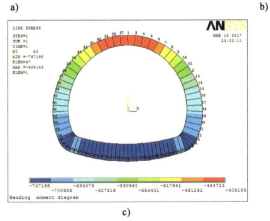
c)

图4.2-13 分块后双线衬砌受力图(偶数环)

由衬砌内力计算结果可知,隧道基底存在分块时,拱墙受力特性与无分块情况下的受力基本一致,但隧道基底仰拱受力有所不同,无分块情况下的仰拱内侧受拉,为正弯矩,分块情况下,除靠近填充层位置处外,其他部位呈现外侧受拉状态,为负弯矩。

Ⅳ级围岩在不同接头刚度下控制截面弯矩见表4.2-12。

不同接头刚度下控制截面弯矩(偶数环)(单位:kN·m)   表4.2-12

接头刚度 (kN·m/rad)	节点编号				
	1	2	3	4	5
6800	67.89	-57.59	-104.67	12.32	-0.39
12500	67.87	-57.57	-104.56	12.45	-0.54
45000 (南水北调隧道)	67.84	-57.53	-104.32	12.71	-0.69
240000 (武汉长江隧道)	67.76	-57.43	-103.71	13.39	-1.20
500000 (广深狮子洋隧道)	67.73	-57.40	-103.50	13.62	-1.38
950000 (南京长江隧道)	67.71	-57.38	-103.38	13.76	-1.49
无接头	67.08	-56.62	-97.91	55.41	-2.23

从表中可以看出,偶数环接头刚度在6800~950000kN·m/rad范围内变化,控制界面处的弯矩值变化幅度不大,说明偶数环接头转动刚度的变化对隧道整体结构的受力影响较小。

奇数环分块后弯矩、剪力以及轴力典型云图如图4.2-14所示。

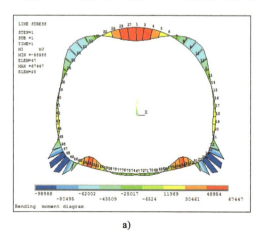

a)

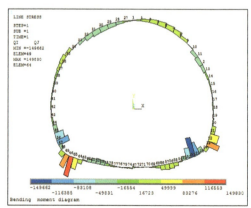

b)

图 4.2-14

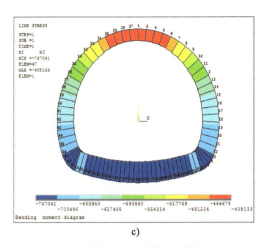

c)

图 4.2-14 分块后双线衬砌受力图(奇数环)

Ⅳ级围岩条件下,奇数环不同接头刚度下控制节点弯矩见表 4.2-13。

不同接头刚度下控制截面弯矩(奇数环)(单位:kN·m)　　表 4.2-13

接头刚度 (kN·m/rad)	节点编号				
	1	2	3	4	5
6800	67.45	-57.06	-98.94	11.93	-7.05
12500	67.45	-57.06	-98.93	11.94	-6.67
45000 (南水北调隧道)	67.44	-57.05	-98.91	11.95	-5.77
240000 (武汉长江隧道)	67.42	-57.03	-98.85	11.98	-3.44
500000 (广深狮子洋隧道)	67.42	-57.02	-98.83	11.99	-2.61
950000 (南京长江隧道)	67.41	-57.02	-98.82	12.00	-2.12
无接头	67.08	-56.62	-97.91	55.41	-2.23

从表中可以同样看出,奇数环接头刚度在 6800~950000kN·m/rad 范围内变化,拱顶、拱腰截面处的弯矩变化最小,墙脚、分块位置次之;仰拱中心处变化最大;尽管将隧道基底进行了分块,但总体控制界面处的弯矩值变化幅度不大,说明奇数环接头转动刚度的变化对隧道整体结构的受力影响较小。另外,无接头隧道基底除剪力较分块情况大之外,其他指标均较小。

通过上述分析可以看出,无论偶数环还是奇数环,其接头转动刚度的变化对隧道整体结构的受力影响均较小。因此,隧道基底装配式结构的分块主要受加工制造、运输以及现场拼装可行性控制。

奇数环情况下,不同控制界面弯矩与接头刚度的关系曲线如图 4.2-15 所示。

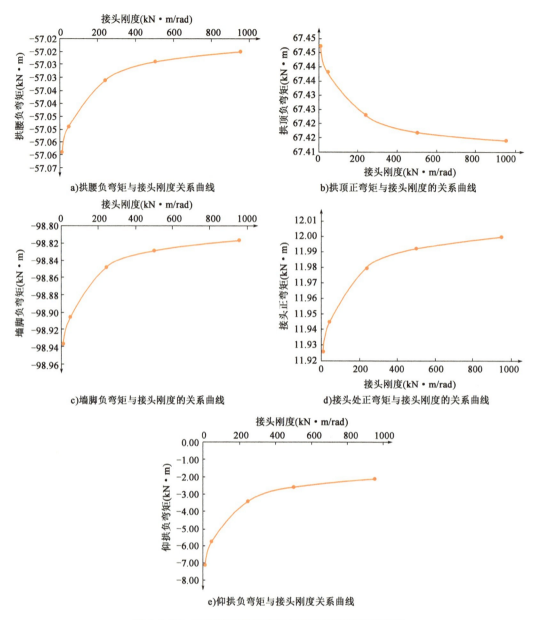

图 4.2-15 不同控制界面弯矩与接头刚度的关系曲线

从表及图中可以看出,奇数环情况下,拱顶、拱腰、墙脚以及仰拱位置处弯矩(正弯矩或者负弯矩)均随着接头转动刚度的增大,呈非线性减小趋势。接头刚度在 6800～950000kN·m/rad 范围内变化,控制界面处的弯矩值变化幅度不大。

4.2.3 预制装配式结构受力验算

4.2.3.1 预制装配式隧道仰拱二次衬砌安全系数

按照《铁路隧道设计规范》(TB 10003—2016)的相关规定,采用破损阶段法对隧道衬砌结构进行验算。根据隧道衬砌轴向力偏心距的不同,隧道仰拱二次衬砌的承载能力分别由抗压强度和抗拉强度来控制,分别采用式(3.1-10)和式(3.1-11)来计算衬砌的安全系数。

由于接头刚度较小时衬砌结构受力较大,故以最小接头刚度(6.8MN·m/rad)分别对偶数环和奇数环的预制装配式衬砌结构的安全系数进行验算,见表4.2-14、表4.2-15。

内力计算结果(偶数环) 表4.2-14

节点编号	轴力(kN)	弯矩(kN·m)	剪力(kN)	安全系数	控制标准
1	−407.69	67.89	3.03	2.87	拉
2	−555.90	−57.59	−23.75	5.68	拉
3	−736.16	−104.67	−25.72	8.45	拉
4	−717.47	12.32	29.86	17.91	压
5	−731.21	−0.39	1.75	17.45	压

内力计算结果(奇数环) 表4.2-15

节点编号	轴力(kN)	弯矩(kN·m)	剪力(kN)	安全系数	控制标准
1	−408.13	67.45	3.00	2.90	拉
2	−556.18	−57.06	−24.10	5.84	拉
3	−733.06	−98.94	−36.06	10.24	拉
4	−718.15	11.93	34.51	17.90	压
5	−724.89	−7.05	5.68	17.73	压

由表4.2-14、表4.2-15的计算结果可知,偶数环与奇数环控制节点受力相差不大,拱部受拉控制,衬砌最小安全系数为2.87,衬砌两侧拱腰最小安全系数为5.68,受拉控制。墙脚均为受拉控制,且安全系数较大,仰拱为受压控制,最小安全系数为17.45。总体而言,拱顶部分截面最小安全系数不满足规范要求,需要对结构进行配筋及裂缝宽度验算。

4.2.3.2 预制装配式隧道仰拱二次衬砌配筋计算

按照《铁路隧道设计规范》(TB 10003—2016)及《铁路工程设计技术手册-隧道》的相关规定:矩形截面偏心受压构件进行混凝土的抗压和抗拉强度验算及钢筋混凝土的配筋计算,隧道衬砌采用双面对称配筋(图4.2-16),故混凝土受压区高度可近似用以下公式求得。

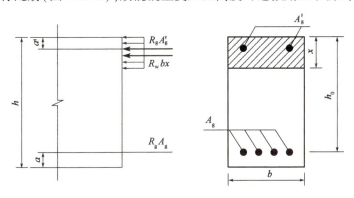

图4.2-16 钢筋混凝土构件配筋计算图

$$x = \frac{K \cdot N}{R_w \cdot b} \quad (4.2\text{-}1)$$

当 $x > 0.55h_0$ 时,按照钢筋混凝土小偏心受压构件验算,此时,

$$A'_g = A_g = \frac{KNe - 0.5R_a bh_0^2}{R_g(h_0 - a')} \quad (4.2\text{-}2)$$

当 $x \leqslant 0.55h_0$ 时,按照钢筋混凝土大偏心受压构件验算,此时,

$$A'_g = A_g = \frac{KNe}{R_g(h_0 - a')} \quad (x \leqslant 2a') \quad (4.2\text{-}3)$$

$$A'_g = A_g = \frac{KN(e - h_0 + x/2)}{R_g(h_0 - a')} \quad (x \geqslant 2a') \quad (4.2\text{-}4)$$

式中:K——安全系数,按规范,非地震工况取2.0;
N——轴力(N);
x——混凝土受压区高度(m);
R_a——混凝土抗压极限强度(N/m²);
R_w——混凝土弯曲抗压极限强度(N/m²),按混凝土抗压极限强度 R_a 的1.25倍计算;
R_g——钢筋的抗拉或抗压计算强度(N/m²);
A_g、A'_g——受拉和受压区钢筋的截面积(m²);
h_0——截面有效高度(m),$h_0 = h - a$;
a、a'——自受拉和受压区钢筋重心分别至截面最近边缘的距离(m);
h——截面高度(m);
b——矩形截面的宽度(m),按单位长度1m计算;
e——自受拉区钢筋重心至轴向力作用点的距离(m)。

Ⅳ级围岩控制截面配筋计算结果见表4.2-16、表4.2-17。

Ⅳ级围岩控制截面配筋计算(偶数环)　　　　表4.2-16

节点编号	轴力(kN)	弯矩(kN·m)	剪力(kN)	配筋面积(mm²)	配筋型号及根数(每延米)
1	-407.69	67.89	3.03	128	6φ22@150
2	-555.90	-57.59	-23.75	491	6φ22@150
3	-736.16	-104.67	-25.72	907	6φ22@150
4	-717.47	12.32	29.86	1874	6φ22@150
5	-731.21	-0.39	1.75	2084	6φ22@150

Ⅳ级围岩控制截面配筋计算(奇数环)　　　　表4.2-17

节点编号	轴力(kN)	弯矩(kN·m)	剪力(kN)	配筋面积(mm²)	配筋型号及根数(每延米)
1	-408.13	67.45	3.00	119	6φ22@150
2	-556.18	-57.06	-24.10	502	6φ22@150

续上表

节点编号	轴力(kN)	弯矩(kN·m)	剪力(kN)	配筋面积(mm²)	配筋型号及根数（每延米）
3	-733.06	-98.94	-36.06	964	6φ22@150
4	-718.15	11.93	34.51	1881	6φ22@150
5	-724.89	-7.05	5.68	1970	6φ22@150

4.2.3.3 预制装配式隧道仰拱二次衬砌抗裂验算

根据《混凝土结构设计规范》(GB 50010—2010)、《铁路隧道设计规范》(TB 10003—2016)、《混凝土结构耐久性设计规范》(GB/T 50476—2019)，衬砌配筋首先要满足承载力要求，在结构满足承载力要求前提下还需要满足最大裂缝宽度要求。按荷载标准组合或准永久组合并考虑长期作用影响的预制装配式隧道仰拱二次衬砌最大裂缝宽度 ω_{max} 可按下式计算。

$$\omega_{max} = \alpha_{cr}\psi\frac{\sigma_s}{E_s}\left(1.9c_s + 0.08\frac{d_{eq}}{\rho_{te}}\right) \tag{4.2-5}$$

$$\psi = 1.1 - 0.65\frac{f_{tk}}{\rho_{te}\sigma_s} \tag{4.2-6}$$

$$\rho_{te} = \frac{A_s}{A_{te}} \tag{4.2-7}$$

$$d_{eq} = \frac{\sum n_i \nu_i d_i^2}{\sum n_i \nu_i d_i} \tag{4.2-8}$$

$$\sigma_s = \frac{M}{0.87h_0 A_s} \tag{4.2-9}$$

式中：α_{cr}——构件受力特征系数，对于受弯及偏心受压的钢筋混凝土构件取 $\alpha_{cr} = 1.9$；

ψ——裂缝间纵向受拉钢筋应变不均匀系数，当 $\psi < 0.2$ 时取 $\psi = 0.2$，当 $\psi > 1.0$ 时取 $\psi = 1.0$，对直接承受重复荷载的构件取 $\psi = 1.0$；

σ_s——按荷载准永久组合计算的钢筋混凝土构件纵向受拉普通钢筋应力或按标准组合计算的预应力混凝土构件纵向受拉钢筋等效应力(Pa)；

E_s——受拉钢筋的弹性模量(Pa)；

c_s——最外层纵向受拉钢筋保护层厚度(mm)；当 $c_s < 20$mm 时，取 $c_s = 20$mm；当 $c_s > 65$mm 时，取 $c_s = 65$mm；

ρ_{te}——按有效受拉混凝土截面积计算的纵向受拉钢筋配筋率；当 $\rho_{te} < 0.01$ 时，$\rho_{te} = 0.01$；

f_{tk}——混凝土轴心抗拉强度的标准值(Pa)；

A_{te}——有效受拉混凝土截面面积(mm²)；对于受弯、偏心受压构件，$A_{te} = 0.5bh + (b_f - b)h_f$，此处，$b_f$、$h_f$ 为受拉翼缘的宽度、高度；

A_s——受拉区纵向普通钢筋截面面积(mm²)；

d_{eq}——受拉区纵向钢筋的等效直径(mm)；

d_i——受拉区第 i 种纵向钢筋的公称直径(mm)；

n_i——受拉区第 i 种纵向钢筋的根数;

ν_i——受拉区第 i 种纵向钢筋的相对黏结特性系数;光圆钢筋取0.7,带肋钢筋取1.0;

其他符号意义同前。

对于初始偏心距与截面有效高度之比 $e_0/h_0 \leq 0.55$ 的偏心受压构件,可不验算裂缝宽度。预制装配式隧道仰拱二次衬砌裂缝按照标准组合的弯矩和轴力进行验算,衬砌最大弯矩为 $M = -104.67 \text{kN} \cdot \text{m}$。本次计算最大裂缝宽度采用0.2mm的控制标准,根据《混凝土结构耐久性设计标准》(GB/T 50476—2019)的相关规定,裂缝验算时,取混凝土保护层厚度 $c_s = 50\text{mm}$。由于控制截面处 $e_0/h_0 = 0.24 \leq 0.55$,所以可不进行裂缝宽度验算。

4.3 本章小结

本章给出了装配式波纹板基底结构设计选型,静动力荷载条件下受力验算及施工工艺,丰富了当前铁路隧道基底结构设计类型,并建立了理论分析框架。给出了时速200～250km下的铁路隧道预制装配式仰拱结构设计选型、力学特征及受力验算步骤及结论,探讨了此类结构合理性及适用性,给出了普通地质构造区域和不良地质构造区域基底结构细部设计特征,为此类结构的应用提供了理论储备。

KEY TECHNOLOGY RESEARCH OF
RAILWAY TUNNEL
PREFABRICATED BASE STRUCTURE

铁路隧道预制装配式基底结构关键技术研究

第 5 章

钻爆法铁路隧道预制装配式基底结构设计选型关键技术

5.1 典型轨下结构设计断面

国内铁路隧道设计主要依据《高速铁路设计规范》(TB 10621—2014)和《铁路隧道设计规范》(TB 10003—2016),并发布有铁路工程建设通用参考图《时速 350 公里客运专线铁路双线隧道复合式衬砌》(通隧〔2008〕0301)。复合式衬砌分为有仰拱和无仰拱两种,其中无仰拱多用于Ⅰ、Ⅱ级围岩(图 5.1-1),有仰拱多应用于Ⅲ、Ⅳ、Ⅴ级围岩(图 5.1-2)。

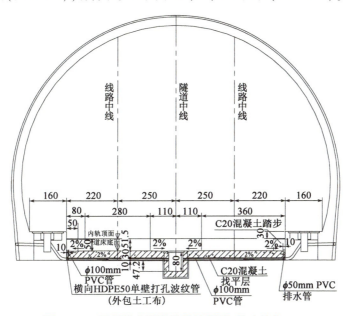

图 5.1-1　无仰拱典型隧道设计断面(尺寸单位:cm)

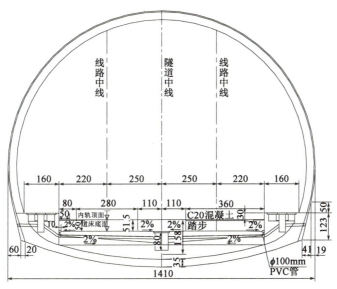

图 5.1-2　有仰拱典型隧道设计断面(尺寸单位:cm)

时速350km的高速铁路一般都采用无砟轨道,目前国内用得比较多的是无砟轨道有双块式、CRTS Ⅰ型板式、CRTS Ⅲ型板式三种形式,如图5.1-3~图5.1-5所示。

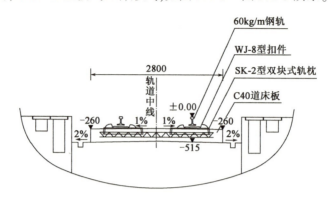

图5.1-3　高515mm双块式无砟轨道(尺寸单位:mm;高程单位:mm)

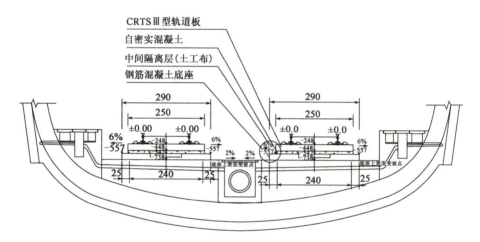

图5.1-4　高738mm CRTS Ⅲ型板式无砟轨道(尺寸单位:cm;高程单位:mm)

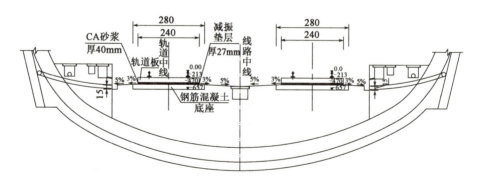

图5.1-5　高657mm CRTS Ⅰ型板式无砟轨道(尺寸单位:cm;高程单位:mm)

通过调研得知,当前无砟轨道结构最高的是合福铁路,高度为779mm。所有的无砟轨道都设有底座或道床板,均采用钢筋混凝土结构,用于调整超高和施工误差,且提高了无砟轨道的纵向刚度。

5.2 预制装配式基底结构形式设计及适宜性分析

5.2.1 设计方案

仰拱填充预制拼装设计出发点是通过结构预制,使仰拱填充内形成架空层,从源头上避免仰拱填充承压上拱。按照时速 350km 双线隧道通用参考图设计断面,轨道按照最大高度 779mm 设计。由于轨道结构高,因此不考虑轨下垫层设置找平层,利用无砟轨道底座进行找平,不同轨道结构高度按照调整预制块支撑高度来实现。如果必须设置找平层,则考虑仅适用于 515mm 高的双块式无砟轨道,通过结构尺寸调整,可以在预制结构上面铺设一定厚度的找平层。

(1)方案一

预制装配式基底结构的方案一如图 5.2-1 所示。具体施工工法如下:

①初期支护稳定后制作二次衬砌,基底底板为钢筋混凝土预制结构,在底部的初期支护结构稳定后进行拼装。混凝土预制块采用错缝的形式,利用预应力螺栓进行拼装。拼装后,结合预制块预留钢筋对顶拱支模现浇二次衬砌混凝土。

②放置预制的含有排水系统的预制底板,并打孔将预制底板块与初期支护预埋的排水管连接,利用逆排水原理减小初期支护及底部围岩静水压力。在隧道底板预制块的制作时分两层浇筑,以排水系统的横向排水管为界。

③待中部预制底板安置后,两侧分别放置预制侧沟块,预制侧沟块有三道侧沟,其中一条为纵向排水沟,连接预制底板块的排水系统。

④放置后通过浇筑混凝土固定连接预制块,待混凝土凝固后在侧沟上铺设盖板,在基底上铺设轨道板和轨道。

图 5.2-1 预制装配式基底结构方案一

(2)方案二

预制装配式基底结构的方案二如图 5.2-2 所示。具体施工工法如下:

①在初期支护稳定后制作二次衬砌,基底底板为钢筋混凝土预制结构,在底部的初期支护结构稳定后进行拼装。混凝土预制块拼接采用错缝的形式,利用预应力螺栓进行拼装。拼装

后,结合预制块预留钢筋对顶拱支模现浇二次衬砌混凝土。

②在拼装板上安放预制中间结构 N 形板,并在安放若干后开始安放两侧搭接在 N 形板的 L 形板,N 形板和 L 形板通过钢筋接驳器连接紧密,并在所形成的平面现浇一层找平层,在方便轨道的铺设同时可以密封 N 形板和 L 形板的接缝。

③在现浇混凝土凝固后,两侧安置预制侧沟并铺设侧水沟盖板,铺设轨道板和轨道。在安置预制侧沟时,注意不要堵塞横向排水盲管与侧水沟的连接。

图 5.2-2 预制装配式基底结构方案二

(3)方案三

预制装配式基底结构的方案三如图 5.2-3 所示。具体施工工法如下:

①在初期支护稳定后制作二次衬砌,基底底板为钢筋混凝土预制结构,在底部的初期支护结构稳定后进行拼装。混凝土预制块拼接采用错缝的形式,利用预应力螺栓进行拼装。拼装后,结合预制块预留钢筋对顶拱支模现浇二次衬砌混凝土。

②在预制底板上现浇一层找平层,并在找平层上预埋钢筋锚杆。待混凝土凝固后,在找平层上安放预制中间结构箱形板,并通过预埋钢筋锚杆固定。

③在安放若干后开始安放两侧搭接在箱形板的 T 形板,箱形板和 T 形板通过钢筋接驳器连接紧密,并在所形成的平面现浇一层找平层,方便轨道的铺设同时可以密封箱形板和 T 形板的接缝。

④在现浇混凝土凝固后,在两侧安放预制侧沟并铺设侧水沟盖板,铺设轨道板和轨道。在安置预制侧沟时,注意不要堵塞横向排水盲管与侧水沟的连接。

图 5.2-3 预制装配式基底结构方案三

(4)方案四

预制装配式基底结构的方案四如图 5.2-4 所示。具体施工工法如下:

①在初期支护稳定后制作二次衬砌，基底底板为钢筋混凝土预制结构，在底部的初期支护结构稳定后进行拼装。混凝土预制块拼接采用错缝的形式，利用预应力螺栓进行拼装。拼装后，结合预制块预留钢筋对顶拱支模现浇二次衬砌混凝土。

②在拼装板上的突起处，安放预制中间结构箱形板，通过拼装板上的预埋锚杆固定。在安放若干箱形板后开始安放两侧搭接在箱形板的 T 形板，同样通过拼装板上的预埋锚杆固定箱形板和 T 形板通过钢筋接驳器连接紧密，并在所形成的平面现浇一层找平层，方便轨道的铺设同时可以密封箱形板和 T 形板的接缝与锚杆孔。

③在现浇混凝土凝固后，在两侧安放预制侧沟并铺设侧水沟盖板，铺设轨道板和轨道。在安置预制侧沟时，不要堵塞横向排水盲管与侧水沟的连接。

图 5.2-4　预制装配式基底结构方案四

5.2.2　各设计方案结构受力特征及稳定性分析

5.2.2.1　FLAC3D 动力计算概述

FLAC3D 程序可以进行动态三维平面应变或者完全动力学分析，基于显式有限差分法求解系统动力学方程，以及方程可与结构单元模型进行耦合求解，从而可以求解动态作用下的土壤-结构交互作用问题。

在动态模型建立中要考虑以下三个关键方面。

（1）动态荷载和边界条件。

（2）力学阻尼。

（3）通过模型的波的传播。

在 FLAC3D 动力分析中，动力荷载可以是加速度时程、速度时程、应力（压力）时程及变力时程。动荷载可以加在模型的边界上也可以加在模型内部的节点上。FLAC3D 动态分析边界包含两个主要的边界：静态（黏滞）边界和自由边界。在模型动态分析中力学阻尼有瑞利阻尼、局部阻尼。

FLAC3D 处理实际动态问题包括以下四个过程：

（1）确保建立的模型（包括网格、确定材料性质及边界条件）满足波传播的要求（可以通过 GEN 来调整地域的尺寸）。

（2）根据模型的性质和输入的频率范围来选择合适的力学阻尼。

（3）施加动态荷载和边界条件。

（4）建立工具来监控模型的动态反应情况，结合其他资料对运行结果进行评价。

5.2.2.2 列车动力激励的模拟

目前国内外对列车动力激励模拟进行了较多的研究，取得了不少的成果，具有代表性的为梁波等从引起车辆振动的几何不平顺条件入手，用一不平顺管理标准相应的激振力来模拟列车竖向振动荷载，通过非线性数值分析，探讨了路基在不平顺条件下的动态响应，揭示了路基不同部位刚度变化对基面变形、动应力及加速度的影响规律。然而列车的动力对隧道底部的动力激励与钢轨的强度、刚度及列车本身的振动密切相关，单独考虑列车不平顺性等因素引起的动力激励有无假设钢轨为刚性结构，计算结构较真实状态偏大，不能与现场实测相对应，本节通过引入连续弹性支承梁模型，进行动力激励的推导。

无砟轨道板采用预制轨枕在现场安装并浇筑，钢轨通过扣件固定在轨枕上，钢轨轨枕间通过垫层互相连接，如图5.2-5所示。列车行进时，动力荷载通过钢轨依次传递给轨枕、砂浆层、轨道板基础、混凝土填充层、仰拱、初期支护、围岩。本文主要研究列车动力荷载对隧道基底结构的动力响应，将轨枕作为外部荷载的输入位置。为求解作用于钢轨上的振动荷载在轨枕处的受力，将钢轨与轨枕结构简化成无限连续弹性基础梁，并对无限连续弹性基础梁模型进行了假定：①轨道和机车车辆均处于正常状态，符合铁路技术规程及有关规定；②钢轨为支承在弹性基础上的等截面无限长梁，钢轨基础的竖向位移与其反力成线形比例关系；③轮载作用于钢轨对称面上，两股钢轨的荷载相等；④不考虑计钢轨本身自重。

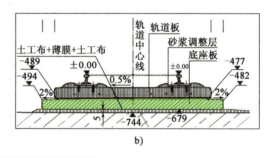

a) b)

图 5.2-5　CTRS Ⅱ型无砟轨道板（高程单位：mm）

基于钢轨的抗弯刚度作用，将轨枕对钢轨的支承视为连续支承，从而简化为连续弹性支承梁模型。假定钢轨上作用有集中荷载，表示钢轨的挠度曲线。计算模型如图5.2-6所示。

图5.2-6中，p表示列车荷载作用在钢轨上的集中荷载，u为钢轨基础弹性模量，表示钢轨基础的弹性特征，定义为使单位长度的钢轨基础产生单位下沉所需施加在其上的分布力。假定反力D均匀地分布在两枕跨间，则钢轨基础弹性模量可以通过下式计算：

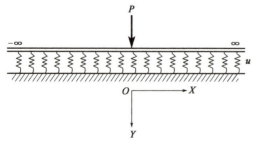

图 5.2-6　连续弹性支承梁模型

$$u = \frac{D}{a} \quad (5.2\text{-}1)$$

式中：a——轨枕间距（m）。

根据材料力学可知：

$$\begin{cases} M = -EJ\dfrac{d^2y}{dx^2} = -EJy'' \\ Q = \dfrac{dM}{dx} = -EJy^{(3)} \\ q = \dfrac{dQ}{dx} = -EJy^{(4)} \end{cases} \qquad (5.2\text{-}2)$$

式中：E——钢轨钢的弹性模量（Pa）；

J——钢轨截面对水平中性轴的惯性矩（m^4）；

M——钢轨截面弯矩（N·m）；

Q——钢轨截面剪力（N）；

q——基础分布反力（N/m）。

由温克尔假定 $q = uy$ 可知，$uy = -EJy^{(4)}$，则：

$$y^{(4)} + \dfrac{u}{EJ}y = 0 \qquad (5.2\text{-}3)$$

令 $k = \sqrt[4]{\dfrac{u}{4EJ}}$，$k$ 为钢轨的刚比系数，该参数反映了轨道结构自身的特性，其值为 0.9～2.0/m。将式(5.2-3)用 k 来表示，可得连续弹性支撑梁微分方程为：

$$y^{(4)} + 4k^4 y = 0 \qquad (5.2\text{-}4)$$

其特征方程为：

$$\lambda^4 + 4k^4 = 0 \qquad (5.2\text{-}5)$$

其中，λ 的四个根为：

$$\begin{cases} \lambda_{1,2} = (1 \pm i)k \\ \lambda_{3,4} = (-1 \pm i)k \end{cases} \qquad (5.2\text{-}6)$$

将上述根代入式(5.2-4)中，即可解得方程的通解，及其二阶、三阶导数的表达式分别为：

$$y = C_1 e^{kx}\cos kx + C_2 e^{kx}\sin kx + C_3 e^{-kx}\cos kx + C_4 e^{-kx}\sin kx \qquad (5.2\text{-}7)$$

$$y'' = -2\sin kx\, k^2 (C_1 e^{kx} - C_3 e^{-kx}) + 2\cos kx\, k^2 (C_2 e^{kx} - C_4 e^{-kx}) \qquad (5.2\text{-}8)$$

$$y^{(3)} = 2k^3 \cos kx(-C_1 e^{kx} + C_3 e^{-kx} + C_2 e^{kx} + C_4 e^{-kx}) - \\ 2k^3 \sin kx(C_1 e^{kx} + C_3 e^{-kx} + C_2 e^{kx} - C_4 e^{-kx}) \qquad (5.2\text{-}9)$$

其中，C_1、C_2、C_3、C_4 为积分常数，需要通过边界条件来确定。由于边界条件关于 $x = 0$ 轴对称，因此可以分 $x > 0$ 和 $x < 0$ 两种情况分别求解钢轨的挠度表达式。

（1）$x > 0$ 时钢轨的挠度表达式

当 $x \to +\infty$ 时，$y = 0$，可得 $C_1 \cos kx + C_2 \sin kx = 0$，因此 $C_1 = C_2 = 0$。

当 $x = 0$ 时，$dy/dx = 0$，可得 $C_3 = C_4$。

当 $x = 0$ 时，$EJy^{(3)} = p/2$，可得 $2EJk^3(-C_1 + C_2 - C_3 + C_4) = p/2$。令 $C_3 = C_4 = C$，则 $C = p/(8EJk^3)$。

因此，结合 $u = 4EJk^4$，式(5.2-7)可化为：

$$y(x) = \dfrac{pk}{2u} e^{-kx}(\cos kx + \sin kx) \qquad (5.2\text{-}10)$$

(2) $x < 0$ 时钢轨的挠度表达式

当 $x \to -\infty$ 时,$y = 0$,可得 $C_3 \cos kx + C_4 \sin kx = 0$,因此 $C_3 = C_4 = 0$。

当 $x = 0$ 时,$dy/dx = 0$,可得 $C_1 = -C_2$。

当 $x = 0$ 时,$EJy^{(3)} = p/2$,可得 $2EJk^3(-C_1 + C_2 + C_3 + C_4) = p/2$。令 $C_1 = -C_2 = C$,则 $C = -p/(8EJk^3)$。

因此,结合 $u = 4EJk^4$,式(5.2-7)可化为

$$y(x) = \frac{pk}{2u} e^{kx}(\cos kx - \sin kx) \tag{5.2-11}$$

作用在轨枕上的钢轨压力或轨枕反力 R 近似等于基础反力集度 q 与轨枕间距 a 的乘积,得

$$R = qa = uya = \begin{cases} \dfrac{pka}{2} e^{-kx}(\cos kx + \sin kx) & (x > 0) \\ \dfrac{pka}{2} e^{kx}(\cos kx - \sin kx) & (x < 0) \end{cases} \tag{5.2-12}$$

由于计算列车动力荷载时,$x > 0$,此时

$$R = qa = uya = \frac{pka}{2} e^{-kx}(\cos kx + \sin kx) \tag{5.2-13}$$

令 $\varphi(x) = e^{-kx}(\cos kx + \sin kx)$,则 $R = 0.5pka\varphi(x)$,可用 MATIAB 绘制反力系数 $\varphi(x)$ 随变量 kx 的变化曲线如图 5.2-7 所示。由图可见,反力系数 $\varphi(x)$ 最大值为 1.0,且随 kx 呈两头小中间大的趋势。

因此一旦确定 p,即可求得作用在轨枕上的钢轨压力或轨枕反力 R。p 与列车振动密切相关,而列车振动是由车辆与轨道两个方面的因素所造成的。车辆方面的因素较为单一,主要是车轮擦伤、车轮踏面几何不圆顺及车轮偏心等。而轨道方面的因素较为复杂,大体包括三个方面:一是轨道几何不平顺,如高低、水平、方向等不平顺;二是轨面波浪或波纹磨耗等钢轨接头状态不良,如低接头、错牙接头等;三是轨下基础缺陷,如轨枕空吊板、道床板结等。由于高速铁路客运线路采用的是无缝线路与整体道床,因而轨道几何不平顺,尤其是随机不平顺,在所有因素中占主导地位,因此本文仅考虑因不平顺性引起的动力荷载。

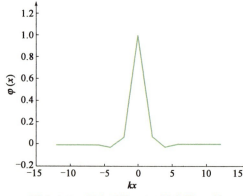

图 5.2-7 反力系数 $\varphi(x)$ 随变量 kx 的变化曲线

轨道不平顺产生列车振动荷载机理如下:

车轮通过轨道不平顺时,在不平顺范围内产生强迫振动,在不平顺范围外产生自由振动,引起钢轨的附加沉陷与作用于车轮上的附加动压力。当列车通过一段完全平顺的轨道时,钢轨有一个均匀下沉量,此时,钢轨既无附加沉陷,车轮也无附加动压力。但当列车通过轨道不平顺时,出现了新的动力平衡条件。车轮进入不平顺前,车轮中心保持与原轨面平行,而在进入不平顺后,车轮重心突然下降相当于不平顺的深度,使车轮连同部分轨道产生强迫振动,结果使钢轨产生附加沉陷,车轮产生附加动压力。这个强迫振动,一直延续到不平顺终点为止。

当车轮到达不平顺终点时,还有一定的竖向振动速度及位移,因此,将在不平顺范围外继续产

生自由振动,直到某一点为止,不平顺的影响才完全消失,钢轨沉陷回复到原来的位置,车轮上也不再有任何附加动压力。

由于钢轨磨耗、路基刚度不均匀等因素使得轨道存在不平顺,运行中的车辆将产生振动。根据车辆轨道路基耦合动力学原理,车辆的振动反过来作用于轨道,从而引起轨道路基系统的振动。所以,轨道不平顺是车辆轨道路基系统的激励源之一。轨道的不平顺主要有高低、水平、方向和轨距不平顺四种基本形式。

轨道高低不平顺是指由于钢轨顶面沿轨道延长的高低不平顺,是由于轨面不均匀的磨耗、低接头、弹性垫层和轨枕、道床、路基的弹性不均、各扣件和部位的扣紧程度与间隙不等、轨枕底部的暗坑、路基的永久变形等原因造成的。轨道水平不平顺是指由于左右钢轨对应点的高差所形成的沿轨长方向的不平顺。轨道的水平不平顺是使机车车辆产生侧滚的主要原因。它会导致车辆产生侧倾振动,使车辆一侧轮载增大,另一侧减小,因而容易导致列车脱轨。轨道方向不平顺是指由于两股钢轨横向偏移引起的线路中心线的横向偏移。方向不平顺会引起机车车辆的横移、侧滚和摇头振动,使得轮对产生很大的横向水平力和侧滚力矩。轨道轨距不平顺是指由于左右两股钢轨横向偏移而引起的轨距变化。以上四种不平顺中,对路基结构影响最大的是轨道高低不平顺,因此下面仅讨论高低不平顺的影响。

列车在运行过程中,作用在钢轨上的集中荷载不单纯只由静轴重引起,还要考虑运行过程产生的振动荷载。无缝线路影响轮轨力的主要原因在于轨道不平顺和轨面波形磨耗效应。竖向轮轨力主要出现在低频范围(0.5~10Hz)、中频范围(30~60Hz)和高频范围(100~400Hz),分别是由车体对悬吊部分的相对运动、簧下轮对质量对于钢轨的回弹作用以及钢轨的运动受到轮轨接触面的抵抗所产生的。高频范围主要影响车体的动力响应,轮轨作用力在中频范围内较为激烈。英国对于时速200km的轨道,建立了轨道几何不平顺管理标准参数值,见表5.2-1。

轨道几何不平顺管理标准参数值　　　　表5.2-1

控 制 条 件	波长(m)	正矢(mm)
按行车平顺性(Ⅰ)	50.0	16.0
	20.0	9.0
	10.0	5.0
作用到线路上的动力附加荷载(Ⅱ)	5.0	2.5
	2.0	0.6
	1.0	0.3
波形磨耗(Ⅲ)	0.5	0.1
	0.05	0.005

《京沪高速铁路设计暂行规定》中规定,为了确保行车安全并有良好的旅客乘坐舒适度,对于无砟轨道平顺度铺设精度,应满足表5.2-2的要求。

无砟轨道平顺度铺设精度标准　　　　表5.2-2

项 目	高 低	轨 向	水 平	轨 距
幅值(mm)	2	2	2	±1
弦长(m)	10	10	—	—

在分析造成列车振动荷载产生机理的基础上,借鉴文献中对于列车振动荷载的定义,拟采用可以同时反映不平顺、附加动载和轨面波磨效应的激振力来实现对列车振动荷载的模拟,列车振动荷载的表示式如下:

$$\begin{cases} p = p_0 + \sum_{i=1}^{n=3} p_i \sin\omega_i t \\ p_i = m a_i \omega_i^2 \\ \omega_i = 2\pi \dfrac{v}{L_i} \end{cases} \quad (5.2\text{-}14)$$

式中:p——列车动荷载(N);

p_0——车轮静载(N);

p_i——分别对应于表 5.2-1 中 Ⅰ、Ⅱ 和 Ⅲ 控制条件中某一典型值的振动幅值(N);

ω_i——钢轨振动圆频率(rad/s);

v——列车速度(m/s);

L_i——分别对应于表中 Ⅰ、Ⅱ 和 Ⅲ 控制条件下的典型波长(m);

m——列车簧下质量(kg);

a_i——波长 L_i 对应的矢高(m)。

为了合理确定型列车运行时的振动荷载,在表 5.2-1 的基础上,对 Ⅰ、Ⅱ、Ⅲ 控制条件所对应的典型波长以及矢高进行取值,见表 5.2-3。

无砟轨道不平顺度参数值　　　　　　　　　　　　　　表 5.2-3

控制条件	波长(m)	正矢(mm)
按行车平稳性(Ⅰ)	10	2
按作用到线路上的动力附加荷载(Ⅱ)	2	0.38
波形磨耗(Ⅲ)	0.5	0.06

取簧下质量 $m = 750\text{kg}$,根据式(5.2-14),结合表 5.2-3 选取的数据,计算列车时速 340km 时列车振动荷载表达式对应的参数,计算结果见表 5.2-4。

荷载参数计算值　　　　　　　　　　　　　　表 5.2-4

列车速度 (km/h)	p_0 (kN)	p_1 (kN)	p_2 (kN)	p_3 (kN)	ω_1 (rad/s)	ω_2 (rad/s)	ω_3 (rad/s)
340	70	5.60	26.59	67.17	61.09	305.43	1221.73

将式(5.2-13)代入式(5.2-14)中,取 $k = 1.4$,可得作用在轨枕上的钢轨压力或轨枕反力 R。由于列车在运行时,同一节车厢前后转向架间产生的动力响应存在叠加情况。当列车运行速度 $v = 250\text{km/h}$ 时,简化一个转向架两个轮对的动力荷载及加速度的模拟结果如图 5.2-8、图 5.2-9 所示。按照一列高铁 16 个编组,则整个列车通过一个点时,列车动力荷载及加速度的模拟结果如图 5.2-10、图 5.2-11 所示。

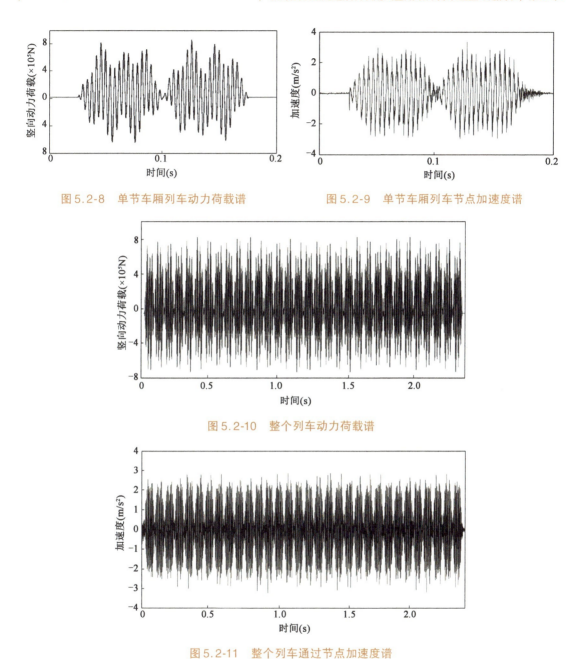

图 5.2-8 单节车厢列车动力荷载谱

图 5.2-9 单节车厢列车节点加速度谱

图 5.2-10 整个列车动力荷载谱

图 5.2-11 整个列车通过节点加速度谱

5.2.2.3 计算单元及网格划分

首先采用有限元计算程序 midas GTS NX 建立四节点平面应变单元,然后将建好的模型网格组导入 FLAC3D 5.0 程序中。地层为均质地层,采用莫尔-库仑(Mohr-Coulomb)本构模型模拟;初期支护、二次衬砌、混凝土填充层均采用随机动力损伤本构模型模拟,为避免锚杆设置对动力分析时步的影响而不建立锚杆单元。计算范围为:水平方向上(X 轴)以隧道中线为轴线向两侧各取 4 倍隧道跨度,竖直方向上(Y 轴)取距离隧道底部向下取 4 倍隧道跨度,向上取至地表,隧道埋深取为 10m。计算模型网格划分见表 5.2-5。

表 5.2-5 计算模型网格划分

模型	结构示意图	模型总视图	模型局部放大图	备 注
模型一				该隧道结构以二次衬砌基底板块预制、侧沟预制、排水系统预埋底板预制为预制装配式特点，排水系统采用逆水法
模型二				隧道采用类似桥箱涵结构的底板预制拼装结构，由 N 形板和 L 形板拼装而成，侧沟同样采用预制底板块
模型三				隧道采用同模型二类似的结构，优化了底板结构，在二次衬砌底板处预制突起预埋锚杆，固定新型底板预制板 T 形板和箱形板，板块之间采用钢筋接驳器连接，结构更加稳固整体化

5.2.2.4 材料参数

并根据《铁路隧道设计规范》(TB 10003—2016)确定相关力学参数。计算时选择了Ⅳ级和Ⅴ级两种围岩条件,具体力学参数见表5.2-6。隧道衬砌及轨道板等结构力学参数见表5.2-7,损伤模型计算参数见表5.2-8。

围岩地层物理力学参数 表5.2-6

围岩级别	密度 (kN/m³)	弹性模量 (MPa)	泊松比	黏聚力 (kPa)	内摩擦角 (°)
Ⅳ	22.0	600	0.35	100	30
Ⅴ	19.5	200	0.35	50	25

初期支护、二次衬砌、填充层、混凝土基础、轨道板物理力学参数 表5.2-7

材料	密度 (kN/m³)	弹性模量 (MPa)	泊松比	黏聚力 (kPa)	内摩擦角 (°)
初期支护(C25)	23.0	28.0	0.2	1.30	12.5
二次衬砌(C35)	26.3	31.5	0.2	1.65	17.5
填充层(C25)	23.0	28.0	0.2	1.30	12.5
混凝土基础(C30)	25.0	30.0	0.2	1.50	15.0
轨道板(C50)	27.0	33.5	0.2	1.90	21.5

二次衬砌、填充层、混凝土基础、轨道板损伤模型计算参数 表5.2-8

材料	$\bar{f}^+$ (MPa)	$\bar{f}^-$ (MPa)	A^+	A^-	B^+	B^-
二次衬砌(C35)	1.57	16.7	0.0	0.65	1.1	0.17
填充层(C25)	1.27	11.9	0.0	0.50	0.8	0.14
混凝土基础(C30)	1.43	14.3	0.0	0.60	1.0	0.15
轨道板(C50)	1.89	23.1	0.0	1.00	1.4	0.18

5.2.2.5 边界条件

由于模型计算域为有限域,动力计算过程中应力波会在截断边界上反射,这有悖于客观现实,为消除此反射,引入黏滞边界来考虑无限域的动力影响。FLAC3D中用的黏滞边界最早由Lysmer和Kuhlemeyer(1969年)提出,基本原理为:在边界法向和切向两个方向上分别设置独立的黏性阻尼器,以吸收传至边界处的应力波。这些阻尼器的作用效应相当于在模型边界上施加法向和切向两个方向的黏性阻尼力,大小为:

$$\begin{cases} \sigma_n = -\rho_0 C_p v_n \\ \sigma_s = -\rho_0 C_s v_s \end{cases} \quad (5.2\text{-}15)$$

式中:σ_n、σ_s——阻尼器提供的切向和法向应力(Pa);
v_n、v_s——边界节点法向和切向速度分量(m/s);

C_p、C_s——P 波和 S 波的波速(m/s);

ρ_0——边界土体材料密度(kg/m³)。

其中,C_p 和 C_s 由下式决定:

$$\begin{cases} C_p = \sqrt{\dfrac{K + 4\dfrac{G}{3}}{\rho_0}} \\ C_s = \sqrt{\dfrac{G}{\rho_0}} \end{cases} \qquad (5.2\text{-}16)$$

式中:K、G——岩土体的体积模量和剪切模量(Pa)。

5.2.2.6 计算步骤

本文的动力计算建立在静力计算的基础之上,首先进行初始地应力场和施工开挖模拟,得到动力分析前的初始应力场,然后施加列车荷载激励,计算结构动力响应。考虑有水工况与无水工况,计算Ⅳ级、Ⅴ级围岩条件下速度分别为 250km/h、300km/h、350km/h 时,单向列车加载的动力响应。

值得说明的是,有水工况时,动力流固耦合计算前需要考虑初始静水压力场的平衡,因为自然界中土体的固结是一个长期过程,因此采用透水边界,计算至平衡,当进行动力激励条件下流固耦合分析时,因为列车速度快,作用时间很短(如 CRH380A 类列车,按照时速 350km 计算,可计算列车整体通过钢轨上一点的时间为 2.088s),因此采用不透水边界,具体计算步骤如图 5.2-12 所示。

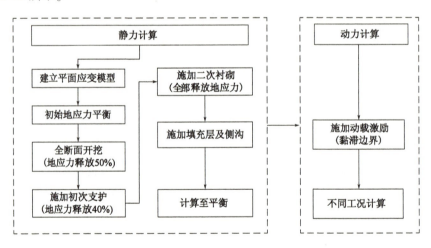

图 5.2-12　数值分析计算步骤

5.2.2.7 静力计算荷载组合

(1)混凝土运输车荷载(两个均布荷载各为 1.42MPa,作用宽度 0.6m,间距 1.8m)

与一般施工车辆荷载比较,混凝土运输车的轴重和轴距都非常不利,所以以实际使用中最重车辆 9m³ 的混凝土运输车作为计算荷载。1 台 9m³ 的混凝土运输车车辆荷载分布如图 5.2-13 所示,参考车型为海诺集团生产的 HNJ5253GJB(9m³)。

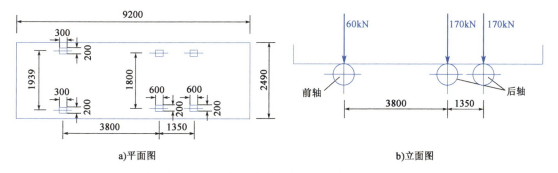

图 5.2-13　混凝土运输车荷载分布示意图(尺寸单位:mm)

(2)汽车-10级荷载(两个均布荷载,各为0.83MPa,作用宽度0.6m,间距1.8m)

施工期间,按照汽车-10级荷载(150kN汽车最不利荷载位置)作为车辆荷载进行计算,荷载分布如图5.2-14所示。

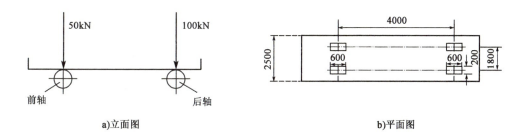

图 5.2-14　150kN汽车荷载分布示意图(尺寸单位:mm)

本次荷载按照验算荷载进行验算,荷载工况均按《公路桥涵设计通用规范》(JTG D60—2015)进行组合。

承载力极限状态组合:单个混凝土运输车;两个混凝土运输车;单个汽车-10级荷载;两个汽车-10级荷载;混凝土运输车+汽车-10级荷载。

静力计算结果见表5.2-9。

模型静力加载位移变化图　　　　　　　　　　　表5.2-9

模型编号	位移云图	位移曲线
模型一	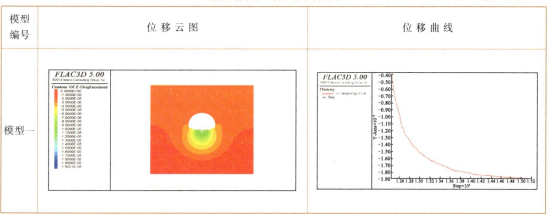	

续上表

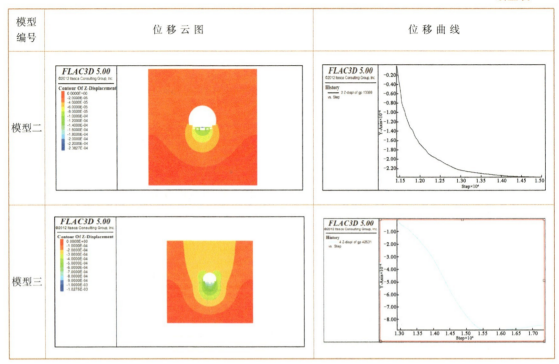

5.2.2.8 动力计算评价标准

动态荷载作用下,建筑结构的动力响应在宏观上主要以位移、动应力、速度、加速度等指标来衡量。对于建筑物结构的安全振动控制标准,由于受振对象不同,其承受振动的能力和相应的振动指标,限制也不同,即使对于同一类受振对象,各国采取的评价标准也不尽相同。目前国内外实施的标准与法规有中国国家标准《爆破安全规程》(GB 6722—2014),联邦德国标准 DIN 4150—1999、瑞士标准 SN 640312—1992 等。在参照国内外地面建筑振动评价标准以及相关研究成果的基础上,本文采用以下指标和标准对隧道结构的振动响应进行初步分析和评价。

(1)位移或变形

研究学者们从不同角度出发,将建筑物进行结构分类,并针对各种结构类型提出了各自的振动位移允许值。Westwater R 将建筑物归纳为强度一般和强度特好两大类,认为前者的振动位移容许限值为 0.203mm,后者容许限值为前者的两倍,即 0.406mm。Reid A G 将建筑物分为基础结构、可以轻微受损结构、住宅结构和旧纪念馆四类,其规定的振动位移容许限值分别为 0.406mm,0.406mm,0.203mm 和 0.127mm。这些振动位移限值均在某一场地条件下,通过对特定结构物进行实验得到的,如果直接应用到地下结构显然是不合适的。在不考虑人体舒适性和结构外观影响(如装饰层脱落)时,对于有地层约束的隧道结构而言,振动位移容许限值可以适当提高。

我国目前对运营期间列车荷载引起的衬砌结构振动位移尚未提出相应的安全控制标准。但根据相关文献研究成果,运营期间衬砌结构周边收敛变形一般应控制在 $(2 \sim 10\text{mm})R$‰ 范围内(R 表示隧道洞跨半径)。鉴于高速列车高标准的行车要求,本文计算条件下,衬砌结构的振动变形容许限值取下限 $2R$，即 13.3mm。

(2) 加速度

结构振动响应一般以加速度较为显著，它能够反映结构的破坏烈度和结构振动能量大小。因此，很多建筑振动规范采用加速度或加速度级作为振动评价指标。我国颁布的《城市区域环境振动标准》(GB 10070—1988)，从环境保护的角度，规定了住宅建筑物的振动加速度限制标准，并且对铁路干线两侧也做了规定(表5.2-10)。但这些规定主要从人的舒适性方面考虑的，即为人承受建筑物内振动和冲击的评价标准，并不能作为结构振动安全性控制标准。

我国城市区域环境振动标准　　　　　　　　表 5.2-10

适用地带范围	昼间(dB)	夜间(dB)
特殊住宅区	65	65
居民、文教区	70	67
混合区商业中心区	75	72
工业集中区	75	72
交通干线道路两侧	75	72
铁路干线两侧	70	80

日本的烟中元弘在总结已有建筑物振动允许界限的基础上，归纳的建筑物加速度界限为 10.2m/s^2，认为当结构的振动加速度超过这一规定限值时，结构就可能产生破坏，本文即取此限值作为衬砌结构的加速度控制标准。

(3) 动应力

运营期衬砌结构主应力限值参照《铁路桥涵混凝土结构设计规范》(TB 10092—2017)，对列车重复荷载作用下混凝土衬砌结构的拉、压主应力作出如下规定：

$$\begin{cases} \sigma_{ct} \leqslant 0.7 f_{ct} \\ \sigma_{c} \leqslant 0.55 f_{c} \end{cases} \quad (5.2\text{-}17)$$

式中：σ_{ct}、σ_c——混凝土衬砌结构拉应力和压应力(MPa)；

f_{ct}、f_c——混凝土抗拉与抗压极限强度(MPa)，按表5.2-11取值。

混凝土抗拉与抗压极限强度(单位：MPa)　　　　　表 5.2-11

强度种类	符号	混凝土极限强度等级								
		C20	C25	C30	C35	C40	C45	C50	C55	C60
轴心抗压强度	f_c	13.5	17.0	20.0	23.5	27.0	30.0	33.5	37.0	40.0
轴心抗拉强度	f_{ct}	1.70	2.00	2.20	2.50	2.70	2.90	3.10	3.30	3.50

值得说明的是，在忽略混凝土材料损伤的情况下，衬砌结构的拉、压主应力限值分别取为：1.75MPa 和 12.93MPa。对于考虑损伤的情况，衬砌结构拉、压主应力限值应相应考虑强度的折减，大小可取为：$(1-D) \times 1.75\text{MPa}$，$(1-D) \times 12.93\text{MPa}$($D$ 为评估对象的损伤量)。

动力计算结果见表 5.2-12。

表 5.2-12 模型动力荷载下计算位移和加速

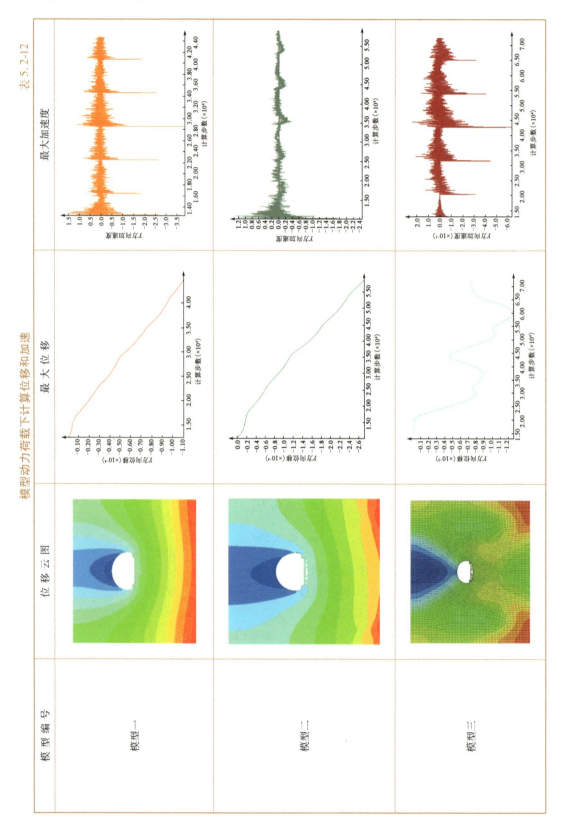

5.2.2.9 静力计算结果分析

通过对表 5.2-9 中三种模型静力加载下的位移结果进行分析,可得到的静力加载下各个监测点的最大位移量,各监测点及最大位移量见表 5.2-13。可以看出,模型一的位移最大处为节点 2,位移量是 0.019mm;模型二中位移量最大处为节点 1,位移量是 0.238mm;模型三位移量最大处为节点 3,位移量是 0.82mm,远高于另外两个模型的最大位移量。

模型静力荷载监测点及其位移值　　　　　　　表 5.2-13

模型	监测点位置示意图	监测点	最大位移量(mm)
模型一		节点 1	0.015
		节点 2	0.019
		节点 3	0.011
		节点 4	0.012
		节点 5	0.010
		节点 6	0.019
		节点 7	0.015
		节点 8	0.011
模型二		节点 1	0.238
		节点 2	0.236
		节点 3	0.237
		节点 4	0.235
		节点 5	0.233
		节点 6	0.232
		节点 7	0.237
		节点 8	0.234
模型三		节点 1	0.520
		节点 2	0.560
		节点 3	0.820
		节点 4	0.800
		节点 5	0.750
		节点 6	0.75
		节点 7	0.76
		节点 8	0.75

因此，模型三结构在静力加载的情况下会产生较大的位移量，结构的变形量比模型一、模型二更大，结构的稳定性比模型一、模型二有所降低。

5.2.2.10 动力计算结果分析

通过对表5.2-12中三种模型动力荷载作用下的位移结果进行分析，可得到的动载作用下各个监测点的最大位移量见表5.2-14。

模型动力荷载监测点及其位移量、最大加速度　　　　表5.2-14

模型	监测点位置示意图	最大加速度（m/s²）	监测点 编号	最大位移量（mm）
模型一		3.8	1	0.110
			2	0.112
			3	0.113
			4	0.112
			5	0.111
			6	0.111
			7	0.114
			8	0.112
模型二		2.5	1	0.272
			2	0.274
			3	0.273
			4	0.275
			5	0.272
			6	0.272
			7	0.273
			8	0.273
模型三		6.3	1	0.121
			2	0.122
			3	0.126
			4	0.124
			5	0.122
			6	0.121
			7	0.124
			8	0.123

可以看出,模型一在动载作用下的最大位移处为节点7,位移量是0.114mm;模型二最大位移处为节点4,位移量是0.275mm;模型三最大位移处为节点3,位移量是0.126mm。经计算,模型三和模型二的监测节点最大位移量相比模型一分别增大141%和10.5%;模型三和模型二的监测节点最大加速度相比模型一分别增大65.8%和减小34%。因此,模型三比模型一的位移量、最大加速度都大,模型二比模型一的位移量大,而最大加速度却变小。

5.3 预制装配式基底结构受力特性及稳定性分析

5.3.1 预制装配式基底结构的设计形式

新型隧道轨下装配式预制结构采用时速300km以上的高速铁路隧道断面(图5.3-1)进行设计,共有两种设计形式,均分为基底部分和轨下结构两部分,本次主要验算的对象为其轨下结构(图5.3-2)。新型隧道轨下装配式预制结构采用钢筋混凝土预制而成,两种设计形式预制结构的主体结构形式均为M形拱,预制构件的水平厚度均为300mm,每块预制板的纵向长度均为1980mm。设计形式一的预制构件分为四种板型:F形预制板、门形预制板、左(右)仰拱预制板及中仰拱预制板(图5.3-3),接头形式为螺栓连接。设计形式二的预制构件分为两种板型:F形预制板和门形预制板(图5.3-4),接头形式为榫槽式接头。两种预制装配式基底结构均以隧道中线为对称轴,每幅装配式预制结构均由2块F形预制板和1块门形预制板组成。

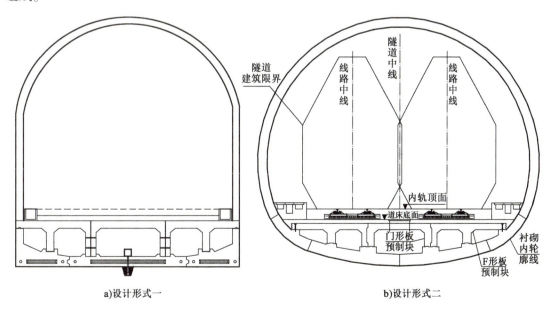

图5.3-1 时速300km以上的高速铁路隧道断面

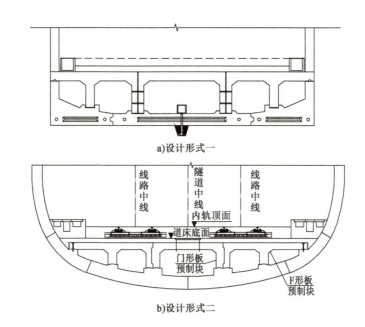

图 5.3-2 新型隧道轨下装配式预制结构轨下结构

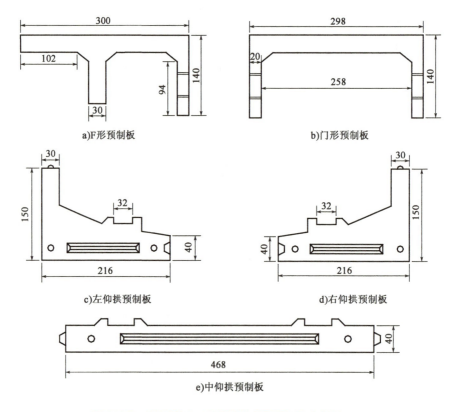

图 5.3-3 设计形式一的预制块示意图(尺寸单位:cm)

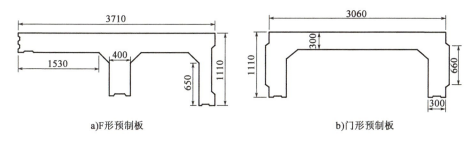

图5.3-4 设计形式二的预制块示意图(尺寸单位:mm)

下面主要分析在重力和不同工况的组合作用下两种设计形式的预制板以及预制板接头受力情况。

5.3.2 形式一的受力特性及稳定性分析

5.3.2.1 数值模拟工况及荷载

本次数值模拟采用大型有限元分析软件 midas GTS NX 建立三维有限元模型进行分析,通过对模型设置实际情况来进行模拟。

隧道结构上的荷载主要有永久荷载、可变荷载、偶然荷载,其中,永久荷载和可变荷载的一部分为主要荷载。主要荷载包括恒载和活载。恒载有结构自重、结构附加恒载(包括设备荷载)、围岩(地层)压力、土压力、浅埋隧道上部及破坏棱体范围内的设施及建筑物荷载、混凝土收缩和徐变的影响、静水压力及浮力、基础变位影响力;活载包括与隧道立交的铁路列车荷载及其动力作用、与隧道立交的公路车辆荷载及其动力作用、隧道内列车荷载及其制动力、渡槽流水压力(设计渡槽明洞时)。

新型隧道轨底装配式预制结构主要为轨下与基底之间的部分装配预制,主要受到的恒载和动载分别为施工期的结构、混凝土罐车自重与运营期结构、轨道自重和列车的动载。由于在隧道结构上可能同时出现的永久荷载、可变荷载和偶然荷载应分别按承载能力和满足正常使用要求进行组合,并按最不利组合进行荷载计算与结构设计,故运营期间荷载应将轨道板与钢轨的自重、列车荷载(将列车动载取为恒载均匀的加在轨道上,取最不利荷载)按最不利组合形成均布荷载,并加在结构上轨道板的位置。无砟轨道荷载分布宽度为支承层底部宽度(这里以 CRTSⅢ型板式无砟轨道为例)3.1m,轨道自重荷载为 $13.7kN/m^2$,列车荷载取 $40.4kN/m^2$,总荷载为 $54.1kN/m^2$(忽略线间荷载)。根据隧道设计为双线单洞铁路隧道,相应的工况分为两种:双线过车和单线过车(图5.3-5)。

施工期的主要荷载为混凝土运输车荷载,按第5.2.2.7小节中的运输车荷载进行加载。而列车的动力荷载的施加主要是模拟装配式结构在运营期的受力特点,分析结构在列车的循环动力作用下的加速度、应力及应变特征反应。列车荷载大小取 170kN,即对结构的动荷载,列车车速取复兴号正常时速250km、300km、350km。本文模仿两个工况,分别是单线列车经过受力分析和双线列车经过受力分析(图5.3-6),轮轨间距均为标准轨距。

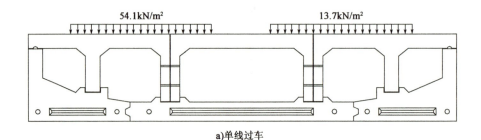

a)单线过车

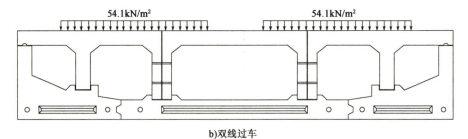

b)双线过车

图 5.3-5　过车荷载示意图

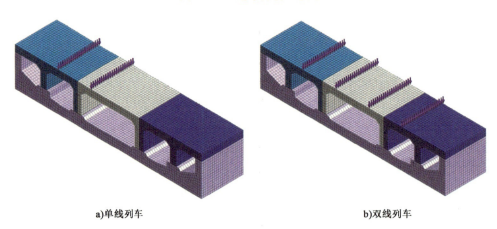

a)单线列车　　　　　　　　　　　b)双线列车

图 5.3-6　模型动载示意图

5.3.2.2　装配式结构模型模拟原理及接触单元概述

本次模拟分析计算主要采用材料均匀性与各向同性假定、紧密接触假定。

(1)材料均匀性与各向同性假定：在模型中不考虑钢筋的存在以及由于混凝土搅拌不均等因素造成的材料差异，假定模型内部是均质的各向同性的材料。

(2)紧密接触假定：假定模型的各种榫槽接触部位在初始状态是彼此完全接触的。

因此假定整个三维实体结构为均质各向同性材料；模型中的榫槽部位的相互接触在初始状态是彼此完全接触。接触单元考虑法向和剪切方向相对位移和接触力来模拟面/面或线/线的接触行为。midas GTS NX 把接触单元划分为线接触单元和面接触单元。线接触单元通常用来模拟平面单元之间的接触行为(平面应力，平面应变)或面单元与桁架/梁单元之间的接触行为，而面接触单元则用来模拟实体单元之间的接触或面单元与实体单元之间的接触行为。

在 midas GTS NX 中，线接触单元可为 4 节点单元或 6 节点单元。面接触单元可以是三角形(6节点、12节点)或矩形(8节点、16节点)。线和平面接触单元的单元坐标系和节点顺序如图5.3-7和图5.3-8所示。

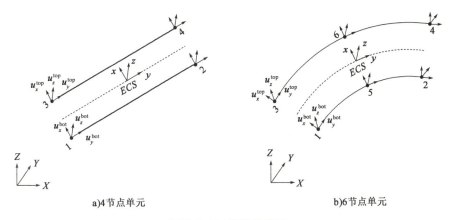

图 5.3-7　线接触单元

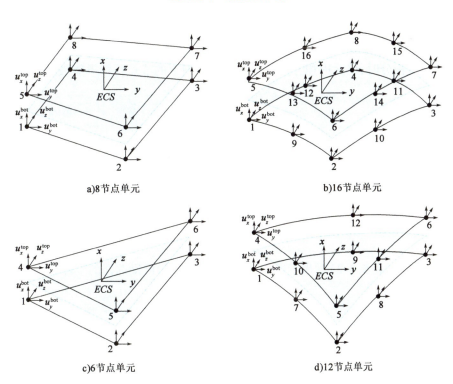

图 5.3-8　面接触单元

接触单元在单元坐标系(ECS)有3个平移自由度。有限元方程以ECS坐标系为参照,建立接触单位的坐标系如图5.3-9所示。

在该坐标系下,接触单位在各方向上的接触力与相对位移可表示为:

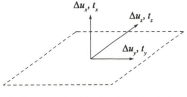

图 5.3-9　接触单元坐标系示意图

$$t = \begin{Bmatrix} t_x \\ t_y \\ t_z \end{Bmatrix}, \Delta u = \begin{Bmatrix} \Delta u_x \\ \Delta u_y \\ \Delta u_z \end{Bmatrix} = \begin{Bmatrix} u_x^{top} - u_x^{bot} \\ u_y^{top} - u_y^{bot} \\ u_z^{top} - u_z^{bot} \end{Bmatrix} \tag{5.3-1}$$

式中： t_x——法向接触力（N）；

t_y、t_z——法向接触力（N）；

Δu_x——法向相对位移（m）；

Δu_y、Δu_z——切向相对位移（m）。

相对位移 Δu 和接触力 t 之间的关系可以用接触线性本构方程来定义：

$$t = D \cdot \Delta u \tag{5.3-2}$$

$$D = \begin{bmatrix} k_x & 0 & 0 \\ 0 & k_y & 0 \\ 0 & 0 & k_z \end{bmatrix} \tag{5.3-3}$$

式中：D——接触面刚度矩阵（N/m）。

数值积分采用 Newton-Cotes 积分法，根据单元形状确定的积分点的数量见表 5.3-1。对接触单元采用高斯积分时，单元内积分点的位置和接触面上的节点特性不能被准确模拟。

接触面的积分点数（单位：个） 表 5.3-1

接触单元	节点数	积分点数
线单元	4 节点	2
	6 节点	4
三角形面单元	6 节点	3
	12 节点	6
四边形面单元	8 节点	4
	16 节点	16

接触单元结果（表 5.3-2）输出参照用户指定的坐标系，可供选择的坐标系有 ECS 和 GCS。

接触单元的结果 表 5.3-2

接触单元	位置
应力分量	单元节点/中心点 σ_{xx}、σ_{yy}、σ_{zz}
孔隙应力（总应力和超孔隙应力）	单元节点/中心点 $\sigma_{p,total}$、$\sigma_{p,excessive}$
应变	单元节点/中心点 Δu_x、Δu_y、Δu_z

接触单元可考虑几何非线性，库伦摩擦材料也同样适用。非线性分析的结果见表 5.3-3。

接触单元的非线性分析结果 表 5.3-3

结果	位置
应变	单元节点/中心点 Δu_x^p、Δu_y^p、Δu_z^p

该数值模拟中,采用界面模型模拟接头榫槽处的受力分析。界面模型是为模拟不同材料或相同材料之间边界行为的力学模型,不仅适用于岩土模型,而且适用于整个建筑及桥梁领域的各种界面行为。界面模型根据 Coulomb 摩擦法则(1785),遵循界面摩擦力和作用于界面的法向约束力大小成比例的假设,其比例为界面的摩擦系数。该模型多用于模拟岩石节理或结构-土的各种界面,如摩擦桩-土的界面、挡土墙-岩土的界面、衬砌-岩石的界面等。

界面模型的主要非线性参数如下(界面设置为不透水层)。

(1)法向刚度模量(K_n)

法向刚度模量是界面单元在法线方向接合及非接合行为的弹性模量。一般取值范围是较小相邻单元的弹性模量值的 10~100 倍。

(2)剪切刚度模量(K_t)

剪切刚度模量是界面单元在切线方向滑动行为的弹性模量。一般取值范围是较小相邻单元的剪切模量的 10~100 倍。界面的非线性行为,需要通过 Coulomb 摩擦准则并结合试验曲线(相对位移-摩擦力曲线)的刚度参数来计算实现。但也可以利用经验公式来预测两种材料间的界面行为,参数为虚拟厚度系数(t_v)和强度折减系数(R)。节理界面单元的材料参数,可结合两个设定的参数(t_v 和 R)和邻近土体单元的单元属性自动进行计算得到。

$$K_n = \frac{E_{oed,i}}{t_v} \tag{5.3-4}$$

$$K_t = \frac{G_i}{t_v} \tag{5.3-5}$$

$$C_i = R \cdot C_{soil} \tag{5.3-6}$$

$$E_{oed,i} = \frac{2G_i(1-i)}{1-2v_i} \tag{5.3-7}$$

$$G_i = RG_{soil} \tag{5.3-8}$$

$$G_{soil} = \frac{E}{2(1+v_{soil})} \tag{5.3-9}$$

式中:v_i——界面的泊松比,用于分析非压缩摩擦行为,一般均取 0.45。

t_v——虚拟厚度系数,一般取值范围为 0.01~0.1;岩土和结构构件的强度差越大,该值越小。

R——强度折减系数。一般结构构件和相邻土体特性的强度折减系数取值:沙土/钢材 $R=0.6~0.7$;黏土/钢材 $R=0.5$;沙土/混凝土 $R=1.0~0.8$;黏土/混凝土 $R=1.0~0.7$。

5.3.2.3 装配式预制结构模型分析

(1)计算模型

模型的主体部分为 F 形预制板、门形预制板和仰拱基础的三维实体模型,采用四面体实体单元模拟,模型中的榫槽部位的接触部分使用接触单元模拟。在数值模拟的模型中,采用的是通缝模型,最终形成如图 5.3-10 所示的有限元计算模型,接触单元模型如图 5.3-11 所示。

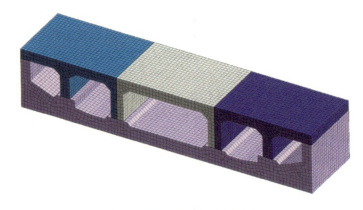

图 5.3-10　有限元计算模型

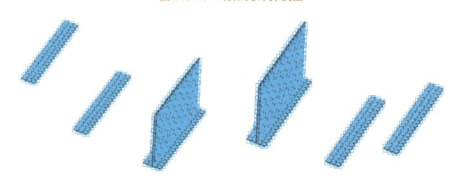

图 5.3-11　接触单元模型

(2) 材料参数与边界条件

模型单元采用 C40 混凝土，接触面采用混凝土-混凝土接触面，模型材料物理力学参数见表 5.3-4，接触面物理力学参数见表 5.3-5。

混凝土物理力学参数　　　　　　表 5.3-4

项　目	强度等级	弹性模量(GPa)	泊　松　比	重度(kN/m³)	黏聚力(kPa)	抗拉强度(kPa)
参数	C40	32.5	0.2	25	1000	1.54

接触面物理力学参数　　　　　　表 5.3-5

项目	单元类型	黏聚力(kPa)	摩擦角(°)	法向刚度(kN/m³)	切向刚度(kN/m³)	抗拉强度(kPa)
参数	接触面	0	50	34.5×10^{-6}	13.8×10^{-6}	0

(3) 计算工况与计算步骤

本文荷载计算分为静力计算和动力计算，静力计算为对模型进行加载模拟，施加荷载为重力和前节所述工况静力荷载，动力计算为对模型施加列车荷载激励，计算结构动力响应，设置速度分别为 250km/h、300km/h、350km/h 时，单向与双线列车加载的动力响应。值得说明的是，由于对模型施加列车动力荷载是将荷载直接加在预制块模型上，实际情况会有轨道板、钢轨等缓冲结构，计算结果均为最不利情况。

5.3.2.4 静力荷载工况受力特征及稳定性分析

(1)单线过车静荷载工况

对基底结构模型在图5.3-5a)所示的单线过车均布荷载工况下进行静力计算,可得到如图5.3-12~图5.3-15所示的结构应力和位移情况、接触单元的应力情况。

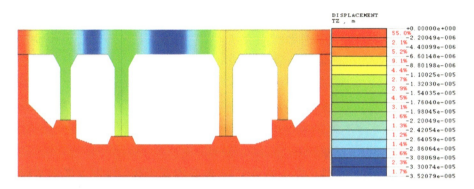

图5.3-12 模型竖向位移云图

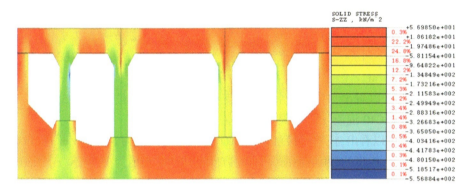

图5.3-13 模型竖向应力云图

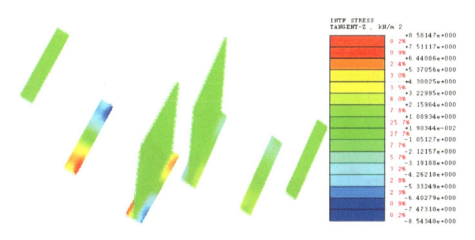

图5.3-14 接触单元隧道横断面应力云图

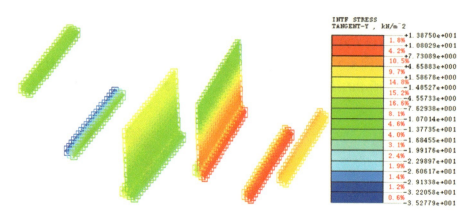

图 5.3-15　接触单元隧道轴向应力云图

从图中可分析得到以下结果:

①从结构的稳定性和耐久性的角度来考虑,在加载均布荷载的情况下考虑结构的竖向位移。由图 5.3-12 可以看出,模型中的门形预制板中部的竖向位移最大,为 3.52079×10^{-5} m;模型中,F 形预制板和简化基础接触的边界处的竖向位移最小(除简化基础外,简化基础由于存在约束,不发生位移),为 2.2×10^{-6} m。

根据《铁路桥涵设计规范》(TB 10002—2017)中第 5 章 5.2 节表 5.2.2 中,双线简支梁 $L<40$m 的挠度限值为 $L/1600$,门形预制块的长度为 3m,故挠度限值为 $3/1600 = 0.001875$m,远大于 3.52079×10^{-5}m。

②由图 5.3-13 可以看出,F 形预制块的短支柱处应力最大,最大值为 5.57×10^2 kN/m²(0.557MPa),远低于 C40 混凝土的极限抗压强度 19.1MPa。

③由图 5.3-14 可以看出,模型的接触面横断面的应力最大值为 8.58kN/m²(0.00858MPa),由图 5.3-15 可以看出,模型的接触面沿隧道轴向方向的应力最大值为 35.3kN/m²(0.0353MPa)。此处考虑螺栓的剪切强度,4.8 级 M24 螺栓的抗剪强度为 100MPa,远大于所受应力最大值。

(2)双线过车静荷载工况

对基底结构模型进行如图 5.3-5b)所示的双线过车均布加载并进行静力计算,可得到如图 5.3-16 ~ 图 5.3-19 所示的结构应力和位移情况、接触单元的应力情况。

图 5.3-16　模型位移变化

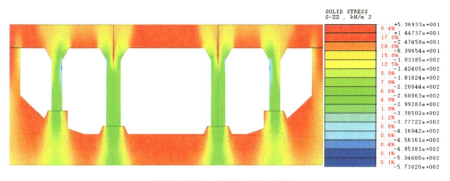

图 5.3-17　模型应力变化

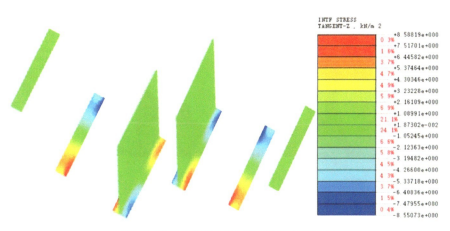

图 5.3-18　接触单元隧道横断面应力变化

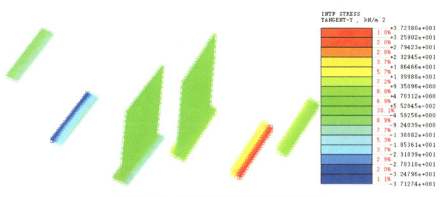

图 5.3-19　接触单元隧道轴向应力变化

对图分析可得到：

①由图 5.3-16 可以看出，模型中的门形预制板中部的竖向位移最大，为 4.032×10^{-5} m，远低于《铁路桥涵设计规范》（TB 10002—2017）中所规定 $L/1600 = 3/1600$ m $= 0.001875$ m 挠度限制。

②由图 5.3-17 可以看出，模型中门形预制块跨中应力最大，最大值为 5.74×10^2 kN/m² （0.574MPa），远低于 C40 混凝土的极限抗压强度 19.1MPa。

③由图 5.3-18 可以看出,模型的接触面横断面的应力最大值为 8.55kN/m²,方向为 X 轴负方向;由图 5.3-19 可以看出,结构模型的接触面沿隧道轴向方向的应力最大值为 3.72kN/m² (0.00372MPa),此处考虑螺栓的剪切强度,4.8 级 M24 螺栓的抗剪强度为 100MPa(1×10^5 kN/m²),远大于所受应力最大值。

(3)混凝土罐车通过时静荷载分析

在施工期的主要荷载为混凝土罐车重量对预制块的垂直应力与其他机械施工设施所产生的垂直应力,忽略施工荷载,主要验算罐车对预制块造成的受力特征。

对基底结构模型进行混凝土罐车均布荷载加载,通过静力计算得到如图 5.3-20 ~ 图 5.3-23 所示的模型应力和位移情况、接触单元的应力情况。

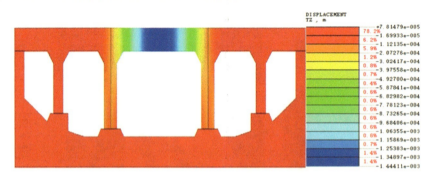

图 5.3-20　模型位移变化

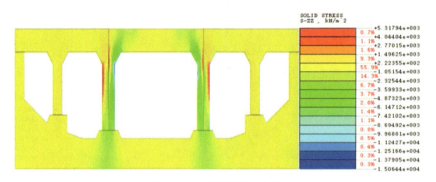

图 5.3-21　模型应力变化

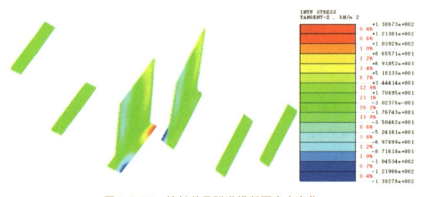

图 5.3-22　接触单元隧道横断面应力变化

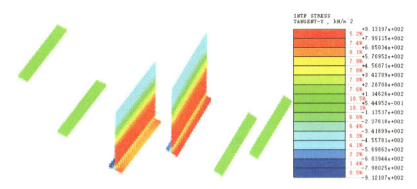

图 5.3-23 接触单元隧道轴向应力变化

由图 5.3-20～图 5.3-23 可得以下结果。

①由图 5.3-20 可以看出,模型中的门形预制板中部的竖向位移最大,为 1.44×10^{-3}m,小于《铁路桥涵设计规范》(TB 10002—2017)中所规定 $L/1600 = 0.001875$m 的挠度限制。

②由图 5.3-21 可以看出,模型的应力最大值为 1.506×10^4kN/m^2(15.06MPa),小于 C40 混凝土的极限抗压强度 19.1MPa。

③由图 5.3-22 可以看出,模型的接触面横断面方向的应力最大值为 1.39×10^2kN/m^2(0.139MPa);由图 5.3-23 可以看出,模型的接触面沿隧道轴向方向的应力最大值为 9.13×10^2kN/m^2(0.913MPa),此处考虑螺栓的剪切强度,4.8 级 M24 螺栓的抗剪强度为 100MPa,远大于所受应力最大值。

5.3.2.5 动力荷载工况受力特征及稳定性分析

为了模拟运营期间列车对结构的受力影响,验算结构在运营期阶段的稳定性,利用线性时程计算(直接积分法)对结构进行动力荷载计算。

计算步骤主要是采用先对结构进行特征值计算,然后利用计算得到的第一振型和第二振型的周期,加载结构动力荷载后,进行结构的线性时程(直接积分法)计算。

对模型设置检测点,位置如图 5.3-24 所示。用于检测节点的位移、加速度以及单元的应力。

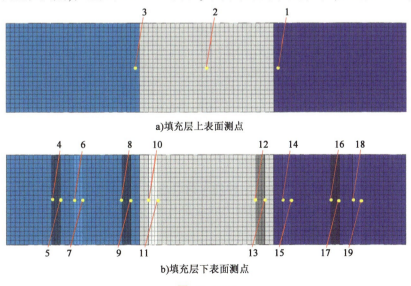

图 5.3-24

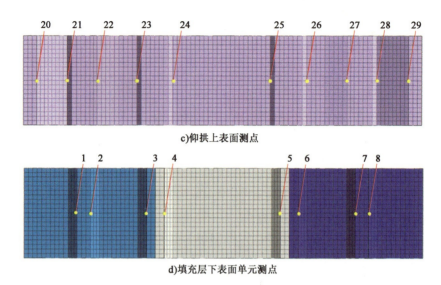

图 5.3-24 监测点示意图

1~29-测点编号

(1) 单线过车时动荷载分析

为了模拟单线过车时的动荷载,将列车荷载速度分为 250kM/h、300km/h、350km/h 三种不同工况,根据图 5.3-6a)将不同过车速度下的列车动力荷载施加在基底结构模型上,从而实现对其不同过车速度下动力响应的模拟。不同速度下单线过车基底结构各测点的位移、加速度和单元应力等动力响应结果见表 5.3-6。

单线过车各速度下基底结构动力响应结果　　　表 5.3-6

速度 (km/h)	监测点	最大位移量 (m)	评价 结果	监测点	最大加速度 (m/s^2)	评价 结果	监测点	最大单元应力 (MPa)	评价 结果
250	测点2	4.935×10^{-5}	均低于《铁路桥涵设计规范》(TB 10002—2017)中所规定$L/1600 = 0.001875m$的挠度限制	测点2	4	均符合评价标准	测点1	0.079	均低于C40混凝土的极限抗压强度19.1MPa
300	测点1	4.943×10^{-5}		测点2	5		测点1	0.078	
350	测点2	4.875×10^{-5}		测点2	5		测点1	0.081	

(2) 双线过车时动荷载分析

在 250km/h、300km/h 和 350km/h 三种列车荷载速度下,采用图 5.3-5b)所示的加载列车动力荷载对双线过车时基底结构模型的动力响应进行模拟,各速度下的结果见表 5.3-7。

(3) 单双线动力荷载数据对比

单双线过车速度 250km/h、300km/h、350km/h 的列车荷载下模型的应力、位移以及单元应力监测相关数据对比见表 5.3-8。

双线过车各速度下基底结构动力响应结果　　　　表 5.3-7

速度 (km/h)	监测点	最大位移量 (m)	评价 结果	监测点	最大加速度 (m/s²)	评价 结果	监测点	最大单元应力 (MPa)	评价 结果
250	测点2	9.861×10^{-5}	均低于《铁路桥涵设计规范》(TB 10002—2017)中所规定 $L/1600 = 0.001875\text{m}$ 的挠度限制	测点2	8	均符合评价标准	测点4	0.113	均低于C40混凝土的极限抗压强度19.1MPa
300	测点2	9.878×10^{-5}		测点2	10		测点4	0.116	
350	测点2	9.742×10^{-5}		测点2	10		测点4	0.117	

单双线过车各速度下监测数据对比图　　　　表 5.3-8

速度 (km/h)	项目	单线	双线	差值百分比 (%)
250	最大竖向位移($\times 10^{-5}$m)	4.935	9.861	50
	最大加速度(m/s²)	4	8	50
	最大竖向单元应力(kN/m²)	79	113	43
300	最大竖向位移($\times 10^{-5}$m)	4.943	9.878	50
	最大加速度(m/s²)	5	10	50
	最大竖向单元应力(kN/m²)	78	116	33
350	最大竖向位移($\times 10^{-5}$m)	4.875	9.742	50
	最大加速度(m/s²)	5	10	50
	最大竖向单元应力(kN/m²)	81	117	31

综上所述，装配式基底结构在动载作用下的受力特性主要有如下规律：

①在双线过车荷载的工况下，结构和接触面的应力、位移都有变化，但远小于混凝土的承载能力，对结构的影响很小；在单线过车荷载的工况下，同样结构和接触面的应力都有变化，但依旧都远小于混凝土、螺栓的承载能力。

②对比单线过车和双线过车荷载两种工况下，双线过车荷载工况下的结构和接触面的应力均较单线过车荷载工况下的结构和接触面的应力大，但由于数量级较小，故差距几乎可以忽略不计。

③新型隧道轨下装配式结构在两种工况的模拟下，结构几乎没有变化，结构的承载能力可以保证正常的通车荷载。

5.3.3　形式二的受力特性及稳定性分析

在预制装配式基底结构设计形式二的数值模拟模型中，采用的是通缝模型，通缝结构相比较错缝模型结构更加不稳定，最终形成如图 5.3-25 所示的模型。

图 5.3-25 计算模型

本次模拟分析计算假定整个三维实体结构为均质各向同性材料;模型中的榫槽部位的相互接触在初始状态是彼此完全接触。模型的主体部分为 F 形预制板、门形预制板和简化基础的三维实体模型,采用四面体实体单元模拟,模型中的榫槽部位的接触部分使用接触单元模拟。计算模型如图 5.3-26、图 5.3-27 所示。

模型采用 C50 混凝土,计算中采用弹性模型,弹性模量 $34.5 \times 10^6 \text{kN/m}^2$,泊松比为 0.2,重度为 25kN/m^3。对于接触面,则采用混凝土-混凝土接触面,法向刚度模量为 $34.5 \times 10^6 \text{kN/m}^2$,剪切刚度模量为 $13.8 \times 10^6 \text{kN/m}^2$,黏聚力为 0,内摩擦角为 50°,抗拉强度为 0。

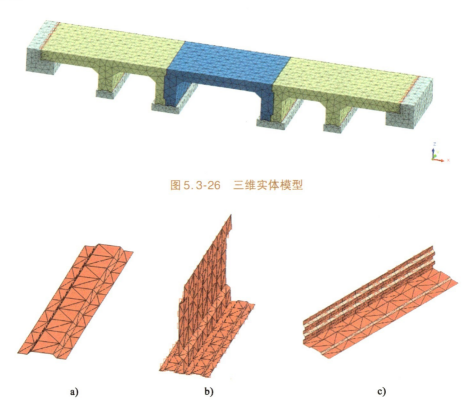

图 5.3-26 三维实体模型

a) b) c)

图 5.3-27 接触单元模型

(1)两边同时过车荷载工况

对前面的模型进行加载两边同时过车荷载工况均布荷载,并对最后的结果进行分析。为了便于观察混凝土应力和应变的情况,同时也为了分析接头处在加载均布荷载情况下的受力和形变,对所计算完的结果分别进行不同结构的调试,得到结构应力和应变情况(图 5.3-28、图 5.3-29)以及接触单元的应力和应变情况(图 5.3-30、图 5.3-31)。

图 5.3-28　结构模型应变情况

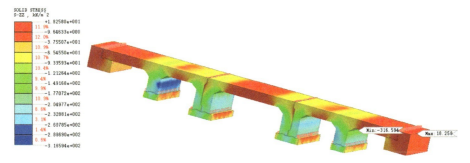

图 5.3-29　结构模型应力情况

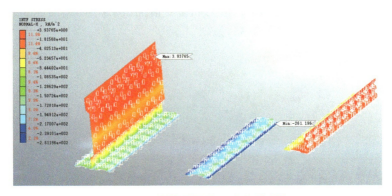

图 5.3-30　接触单元沿 X 方向应力情况

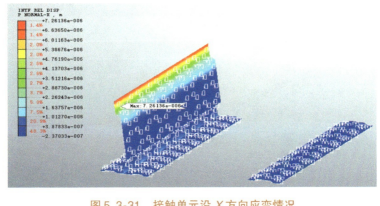

图 5.3-31　接触单元沿 X 方向应变情况

由图 5.3-28 ~ 图 5.3-31 可得如下结果。

①从结构的稳定性和耐久性的角度来考虑,在加载均布荷载的情况下考虑结构的竖向位移,即 Z 轴方向的位移。由图 5.3-28 可以看出,模型结构中的门形预制板中部的竖向位移最大,为 2.76181×10^{-5} m,方向为 Z 轴负方向;模型结构中,F 形预制板和简化基础接触的边界处的竖向位移最小(除简化基础外,简化基础由于存在约束,不发生位移),为 5.34066×10^{-7} m,方向为 Z 轴正方向。

②考虑结构模型上的应力情况,取结构模型 σ_{zz} 为参考应力,由图 5.3-29 可以看出,应力最大值为 3.16594×10^{2} kN/m² 的压力。

③由图 5.3-30 可以看出,结构模型的榫槽接触面沿 X 方向的应力最大值为 2.61×10^{2} kN/m²,方向为 X 轴负方向。

④为了考虑结构在接触面的分离距离,由图 5.3-31 可以看出,结构模型的榫槽接触面沿 X 方向的相对应变最大值为 7.261×10^{-6} m,方向为沿 X 轴方向分离。

由以上的数据可知,在正常的列车荷载下,结构的变形和受力都是远远小于结构的承载能力,荷载对结构的影响十分小,接触面的应变和应力都在可承受范围内,故结构在双向列车荷载下是稳定的。

(2)单线过车荷载工况

对结构模型进行单线过车荷载工况的加载均布荷载,并对最后的结果进行分析。对计算结果分别进行不同结构的调试,得到结构应力和应变情况(图 5.3-32、图 5.3-33)及接触单元的应力和应变情况(图 5.3-34、图 5.3-35)。

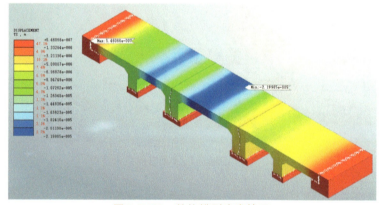

图 5.3-32　结构模型应变情况

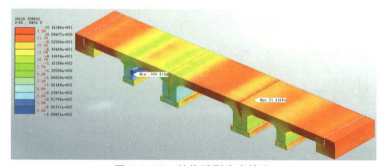

图 5.3-33　结构模型应力情况

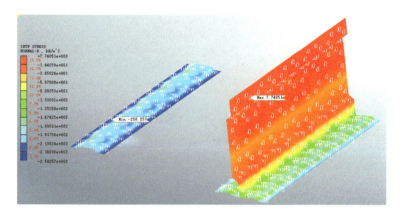

图 5.3-34　接触单元沿 X 方向应力情况

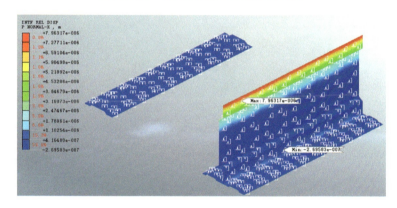

图 5.3-35　接触单元沿 X 方向应变情况

由图 5.3-32～图 5.3-35 可得如下结果。

①由图 5.3-32 可以看出,模型结构中的门形预制板中部的竖向位移最大,为 2.199×10^{-5} m,方向为 Z 轴负方向。

②取结构模型 σ_{zz} 为参考应力,由图 5.3-33 可以看出,结构模型的应力最大值为 3.084×10^2 kN/m² 的压力。

③由图 5.3-34 可以看出,结构模型的榫槽接触面沿 X 方向的应力最大值为 2.582×10^2 kN/m²,方向为 X 轴负方向。

④考虑结构在接触面的分离距离,由图 5.3-35 可以看出,结构模型的榫槽接触面沿 X 方向的相对应变最大值为 7.96×10^{-6} kN/m²,方向为沿 X 轴方向分离。

由以上的数据可知,在正常的单边列车荷载下,结构的变形和受力同样远小于结构的承载能力,故结构在单向列车荷载下是稳定的。

(3) 混凝土罐车通过门型板预制块工况

对结构模型进行混凝土罐车通过门型板预制块工况的加载均布荷载,并对最后的结果进行分析。对计算结果分别进行不同结构的调试,得到结构应力和应变情况(图 5.3-36、图 5.3-37)及接触单元的应力和应变情况(图 5.3-38、图 5.3-39)。

图 5.3-36　结构模型应变情况

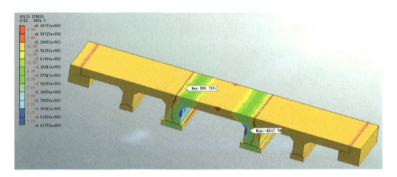

图 5.3-37　结构模型应力情况

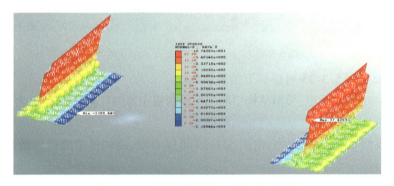

图 5.3-38　接触单元沿 X 方向应力情况

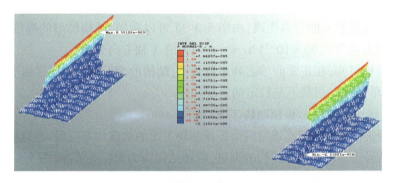

图 5.3-39　接触单元沿 X 方向应变情况

5.4 本章小结

采用有限元计算程序 midas GTS NX 程序与 FLAC3D 5.0 程序,以新型隧道轨底装配式预制结构建立计算模型,探究新型隧道轨底装配式预制结构在双线过车荷载、单线过车荷载以及混凝土罐车荷载等多种工况的作用下动、静力学的荷载响应。

通过多种荷载工况下的基底结构模拟计算,新型隧道轨底装配式预制结构在各荷载组合工况下的动、静力学各参数均满足相应规范要求,可以保证正常的隧道施工及运营期间的通车需求。

第 6 章 盾构隧道装配式轨下结构设计选型关键技术

6.1 项目概况

清华园隧道位于北京市海淀区,于学院南路南侧入地,于五环内出地面,全长6020m,隧道直径12.2m,拱顶最大埋深为28.6m。该隧道依次下穿学院南路、北三环路、知春路(地铁10号线)、北四环路、成府路、双清路、清华东路7条重要市政道路,并于北三环路下上跨地铁12号线、于清华东路下上跨地铁15号线,如图6.1-1所示。全隧近距离并行下穿地铁13号线,穿越3处地铁、6处主要市政道路及大量重要市政管线,是目前国内位于城市核心区穿越地层复杂、重要建(构)筑物最多的国铁单洞双线大直径盾构高风险隧道。

图6.1-1 清华园隧道地理位置示意图

隧址区地层主要为第四系全新统人工堆积层杂填土和第四系全新统冲洪积层,自上至下依次为粉质黏土、粉土、粉砂、中砂、卵石土。隧道洞身主要为粉质黏土和卵石土,其中粉质黏土占比约26%,卵石土占比约63%,卵石土中含有粒径较大的漂石和孤石。地下水位埋深约16.5m,约1km长的隧道拱顶位于地下水位以下。

6.2 装配式轨下结构设计

6.2.1 轨下结构布置形式

清华园隧道轨下结构利用圆形盾构轨下断面富余度大的特点,于中间设置贯通全隧的救援通道,两侧分别设置风道及设备管道。每隔100m设置一处疏散楼梯,将人员由轨上疏散到轨下救援通道。因此,轨下预制拼装结构分为两种结构形式:标准段和疏散楼梯段,如图6.2-1和图6.2-2所示。

该轨下预制拼装结构由三部分预制件组成:中箱涵(标准段和疏散楼梯段2种形式)、两侧边箱涵,各预制件间采用螺栓进行机械连接。为适应曲线地段拼装要求,预制件纵向环宽取1.980m,与2.0m的管片环宽对应,纵向采用异形橡胶垫调整后期拼装误差。另外,在轨下结构与轨道板间设置20cm的C40钢筋混凝土现浇填充板,以找平中箱涵及侧板顶部的拼装误差并加强结构的整体性。

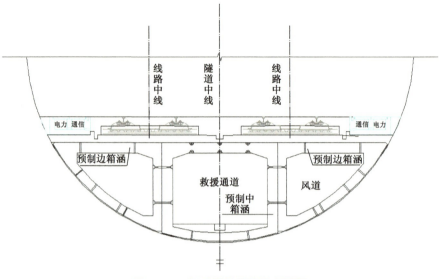

图 6.2-1　标准段轨下结构断面图

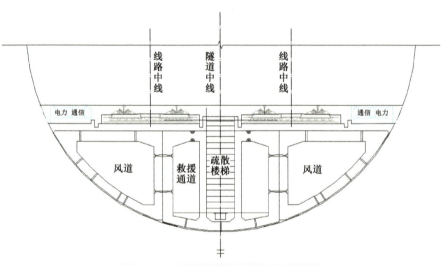

图 6.2-2　疏散楼梯段轨下结构断面图

6.2.2　预制构件连接形式

盾构隧道轨下结构采用全预制结构,各预制构件原则上采用螺栓进行机械连。预制构件环向连接方式主要是中箱涵与边箱涵连接;采用直螺栓对穿连接方式,设置 4 根 M24 螺栓,轨下结构共通过环向 8 根螺栓将其连接成为一个整体,使上部结构受力在闭合体系中传递。

预制构件纵向连接(顶部边箱涵与边箱涵、中箱涵与中箱涵)采用直螺栓对穿连接方式,4 根 M24 螺栓(其中,疏散楼梯段 2 根 M24 螺栓),呈 X 形布置;中箱涵侧腿分别采用 2 根 M24 螺栓,也呈 X 形布置;螺栓接缝处设置橡胶垫,如图 6.2-3 所示。

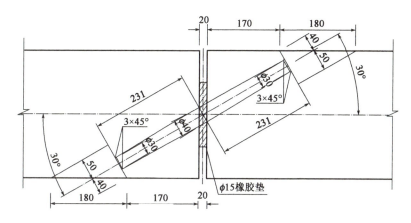

图 6.2-3 预制结构纵向连接示意图(尺寸单位:mm)

为保证轨下整体预制结构不与管片间发生滑移,在每块边箱涵及中箱涵底部分别利用注浆孔设置 4 根 M24 膨胀螺栓,共计 12 根,使轨下结构与管片连接成为整体。为解决盾构管片拼装存在的错台、不平整等问题,在边箱涵外侧螺栓孔处设置 12mm 厚橡胶垫进行调整,中箱涵利用侧腿下方的 12mm 厚减振橡胶垫进行调整。预制结构与管片之间的空隙用 M10 砂浆充填。

6.3 静力稳定性计算

6.3.1 计算模型

数值模型中,轨下预制结构、管片以及周围土体采用实体单元模拟,轨下预制结构与管片间 3cm 的注浆层采用接触面单元模拟。材料特性采用弹塑性增量本构和 Mohr-Coulomb 屈服准则描述。

计算范围为:水平方向上(X 轴)以隧道中线为轴线向两侧各取 45m(约 8 倍开挖宽度);竖直方向上(Y 轴)取距离隧道中心 30m 的地层为底部边界。有限差分网格及接触面如图 6.3-1、图 6.3-2,模型共有 3886 个单元、6138 个节点。

图 6.3-1 计算模型整体图

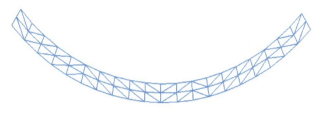

图 6.3-2　接触面

轨下结构及管片采用 C40 混凝土，接触面参数根据既有研究结果确定，见表 6.3-1。

轨下结构及接触面参数　　　　　　　　表 6.3-1

项目	弹性模量（GPa）	黏聚力（MPa）	剪切模量（GPa）	摩擦角（°）	切向刚度（N/m）	法向刚度（N/m）	泊松比
C40 混凝土	32.5	1.1	19.4	45	—	—	0.2
接触面	—	—	—	15	2×10^9	2×10^9	—

清华园隧道实际行车速度为 120km/h，为保守，计算列车速度为 350km/h 时，荷载峰值为 160kN，轨道板基础为 2.8m，计算荷载如图 6.3-3 所示。

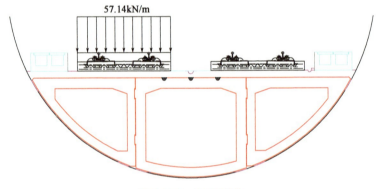

图 6.3-3　计算荷载

位移监测点分布如图 6.3-4 所示，应力监测点布置如图 6.3-5 所示。

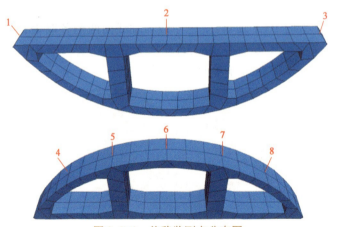

图 6.3-4　位移监测点分布图

1~8-监测点编号

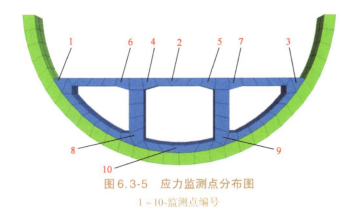

图 6.3-5　应力监测点分布图

1~10-监测点编号

6.3.2　计算结果

各监测点竖向位移时程曲线及总位移云图如图 6.3-6、图 6.3-7 所示，表 6.3-2 为各监测点竖向最大时程位移及模型最大竖向位移值。可知 1 号、2 号、3 号监测点竖向位移均为负值，其最大位移值分别为 0.021mm、0.208mm、0.008mm；4 号、6 号、7 号、8 号监测点竖向时程位移均为正值，其最大位移分别为 0.060mm、0.090mm、0.067mm、0.068mm；5 号监测点位移先向上后向下，最终位移为 0.05mm。

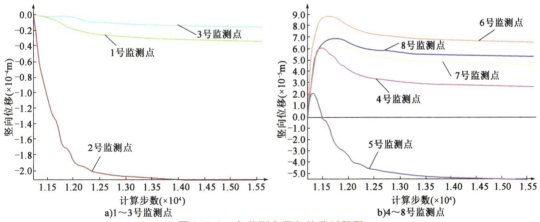

a) 1~3号监测点　　　　b) 4~8号监测点

图 6.3-6　各监测点竖向位移时程图

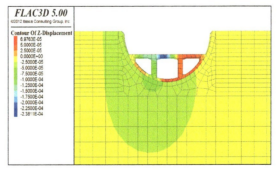

图 6.3-7　模型整体竖向位移云图

监测点竖向最大时程位移及模型最大竖向位移值　　　　表6.3-2

监 测 点	竖向最大位移(mm)	向上向下状态	模型最大竖向位移
1	0.021	下	
2	0.208	下	
3	0.008	下	最大向上位移为0.068mm,最大向下位移为0.208mm
4	0.060	上	
5	0.050	下	
6	0.090	上	
7	0.067	上	
8	0.068	上	

各监测点水平位移时程曲线及总位移云图如图6.3-8、图6.3-9所示,表6.3-3为各监测点水平最大时程位移及模型最大水平位移值。由图表可知,1号、4号、5号、6号监测点水平位移均为正值,其最大位移值分别为0.008mm、0.052mm、0.014mm、0.002mm;2号、3号、7号、8号监测点水平时程位移均为负值,其最大位移分别为0.018mm、0.004mm、0.028mm、0.048mm。

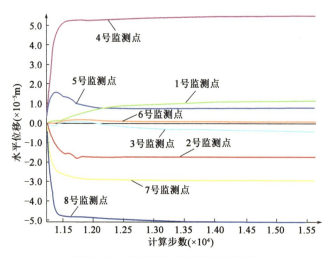

图6.3-8　各监测点水平位移时程图

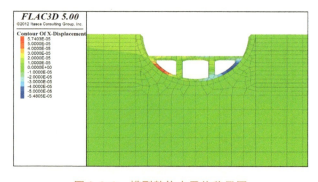

图6.3-9　模型整体水平位移云图

监测点水平最大时程位移及模型最大水平位移值　　　表6.3-3

监　测　点	水平最大位移(mm)	向左向右状态	模型最大水平位移
1	0.008	右	最大向右位移为0.052mm,最大向左位移为0.048mm
2	0.018	左	
3	0.004	左	
4	0.052	右	
5	0.014	右	
6	0.002	右	
7	0.028	左	
8	0.048	左	

计算模型位移矢量如图6.3-10所示,从图中可以看出,轨下预制结构在均布荷载作用下向下移动,且荷载作用位置附近位移量最大;轨下预制结构右端及下端向上运动。

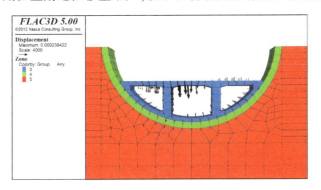

图6.3-10　模型整体矢量位移云图

各监测点应力时程曲线及总应力云图如图6.3-11、图6.3-12所示,表6.3-4为监测点及模型最大竖向应力,可知1号、3号、4号、5号、6号、8号、9号、10号监测点的竖向应力均为负值,其最大应力值分别为0.4MPa、0.08MPa、0.28MPa、0.09MPa、0.17MPa、0.4MPa、0.12MPa、0.18MPa;2号、7号监测点竖向最大应力值均为正值,其最大应力值分别为0.42MPa、0.02MPa。

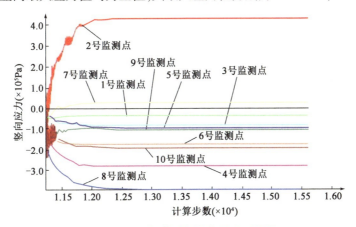

图6.3-11　各监测点竖向应力时程图

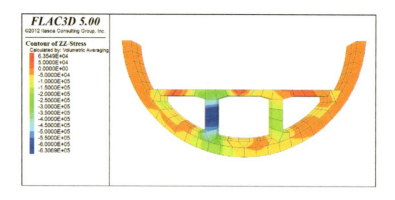

图 6.3-12 模型整体竖向应力云图

监测点及模型最大竖向应力　　　　　　　　　表 6.3-4

监 测 点	竖向最大应力(MPa)	受压或受拉状态	模型最大竖向应力值
1	0.04	受压	
2	0.42	受拉	
3	0.08	受压	
4	0.28	受压	
5	0.09	受压	最大受拉应力值为0.42MPa,最大受压应力值为0.40MPa
6	0.17	受压	
7	0.02	受拉	
8	0.40	受压	
9	0.12	受压	
10	0.18	受压	

6.4 动荷载作用下振动加速度及振级分析

6.4.1 计算模型

采用地层结构法进行数值计算,轨下预制结构、管片以及周围土体采用实体单元模拟,轨下预制结构与管片间注浆层采用壳单元模拟。材料特性采用弹塑性增量本构和 Mohr-Coulomb 屈服准则描述。

在计算范围为上,水平方向上(X轴)以隧道中线为轴线向两侧各取40m(约4倍开挖宽度);竖直方向上(Y轴)取距离隧道中心35m的地层为底部边界,地表为模型上部边界。建立有限差分模型如图6.4-1、图6.4-2所示,该模型共有2672个单元、4062个节点。

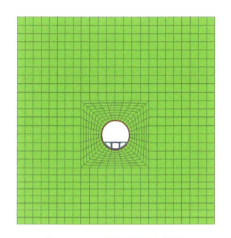

图 6.4-1 计算模型整体图

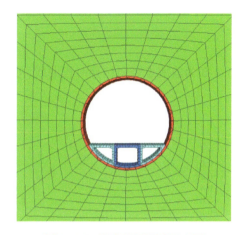

图 6.4-2 计算模型局部放大图

本次计算地层参数见表 6.4-1,结构参数见表 6.4-2。

围岩物理力学参数 表 6.4-1

项目	围岩级别	$\gamma(kN/m^3)$	$E(GPa)$	ν	$f_t(MPa)$	$c(kPa)$	$\varphi(°)$
参数	Ⅳ	23	3.65	0.32	0.3	450	33

隧道结构物理力学参数 表 6.4-2

隧道结构	$\gamma(kN/m^3)$	$E(MPa)$	ν
管片	25.0	34500	0.2
预支结构	24.4	32500	0.2

本次计算属于列车动力计算,要得到较好的计算结果需要先得到一个接近真实的地层应力状态,因此动力计算之前进行了隧道开挖模拟。隧道采用全断面开挖,应力释放 20%;管片以及注浆层做好后,释放应力 60%;预支结构施工结束后,应力释放 20%。静力计算结束后,位移清零并将静力边界条件改成动力边界条件,进行动力计算。

在轨下结构的顶面及底部设置监测点,如图 6.4-3 所示,计算过程中监测各点的位移、应力及加速度。

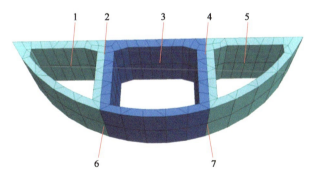

图 6.4-3 监测点分布图

1～7-监测点编号

6.4.2 竖向动位移分析

表 6.4-3 为监测点竖向位移时程曲线,可见各个点的最大位移均满足安全行车要求。

位移时程曲线 表 6.4-3

序号	位移时程曲线	最大位移(m)
1	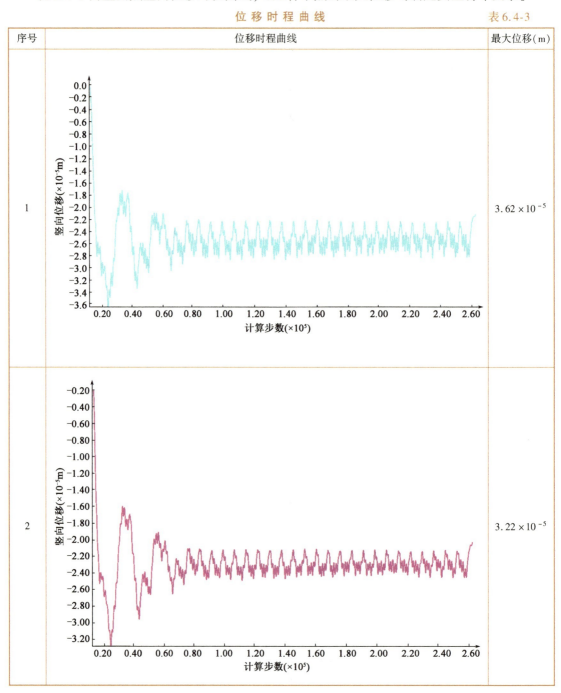	3.62×10^{-5}
2		3.22×10^{-5}

续上表

序号	位移时程曲线	最大位移(m)
3	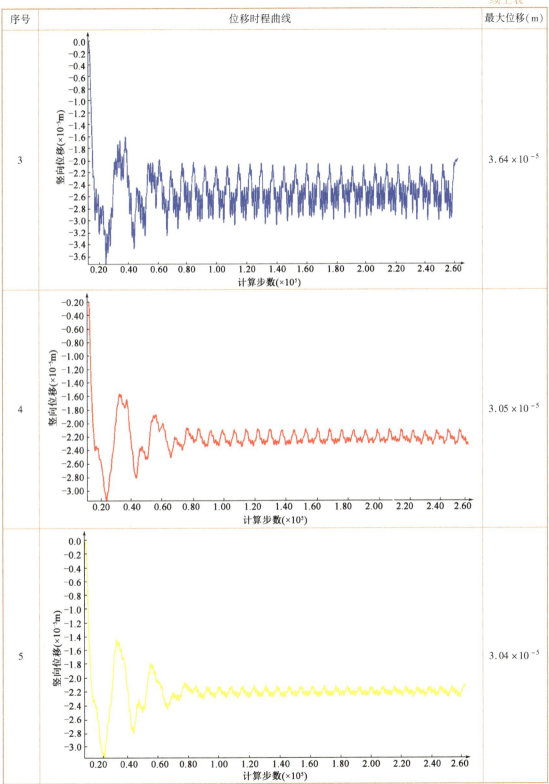	3.64×10^{-5}
4		3.05×10^{-5}
5		3.04×10^{-5}

续上表

序号	位移时程曲线	最大位移(m)
6	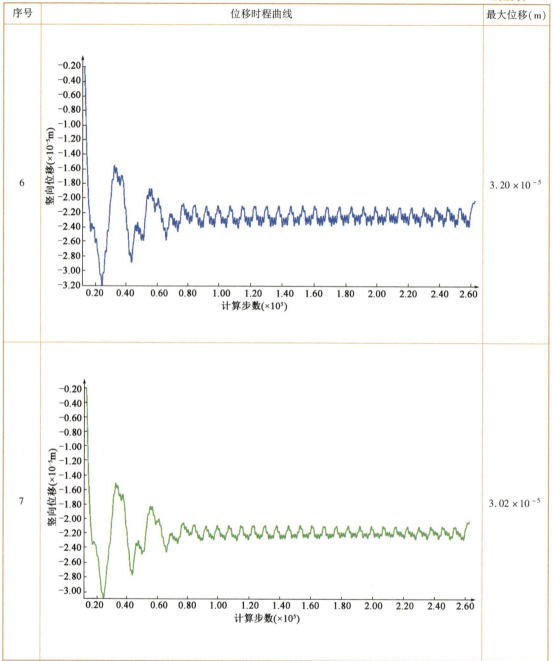	3.20×10^{-5}
7		3.02×10^{-5}

6.4.3 竖向动应力分析

表6.4-4为监测点竖向动应力时程曲线,可见各个测点的最大竖向动应力均满足安全行车要求。

竖向动应力时程曲线　　　　　　　　　　表 6.4-4

序号	竖向动应力时程曲线	最大应力（kPa）
1	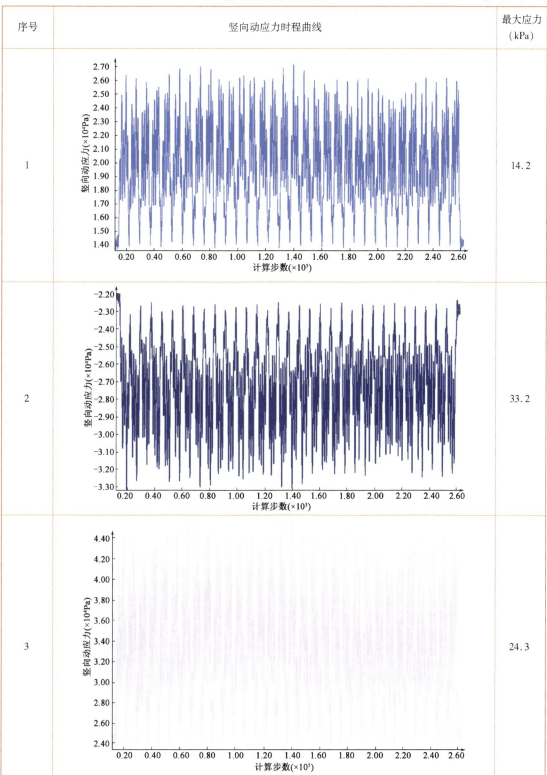	14.2
2		33.2
3		24.3

续上表

序号	竖向动应力时程曲线	最大应力（kPa）
4	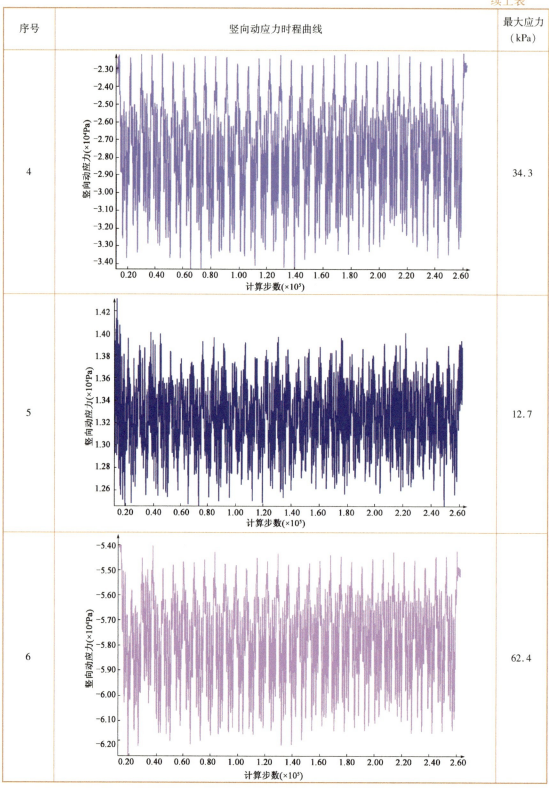	34.3
5		12.7
6		62.4

续上表

序号	竖向动应力时程曲线	最大应力（kPa）
7	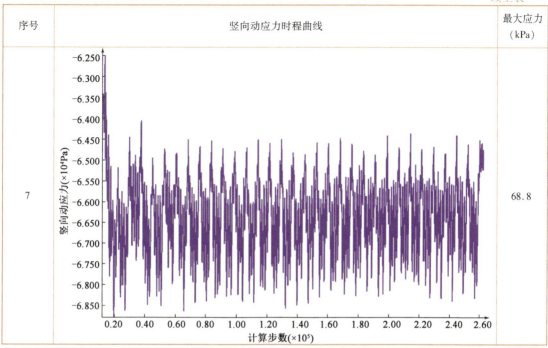	68.8

6.4.4 竖向加速度分析

表6.4-5为监测点竖向加速度时程曲线，可见各个点的最大竖向加速度均满足安全行车要求。

竖向加速度时程曲线　　　　　表6.4-5

序号	竖向加速度时程曲线	最大加速度（m/s²）
1	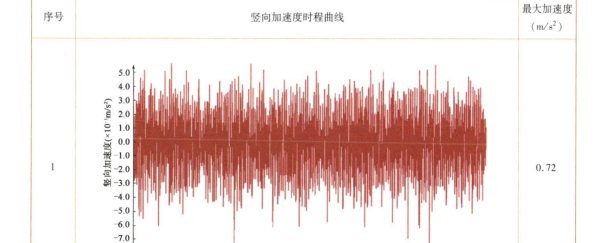	0.72

续上表

序号	竖向加速度时程曲线	最大加速度 (m/s²)
2	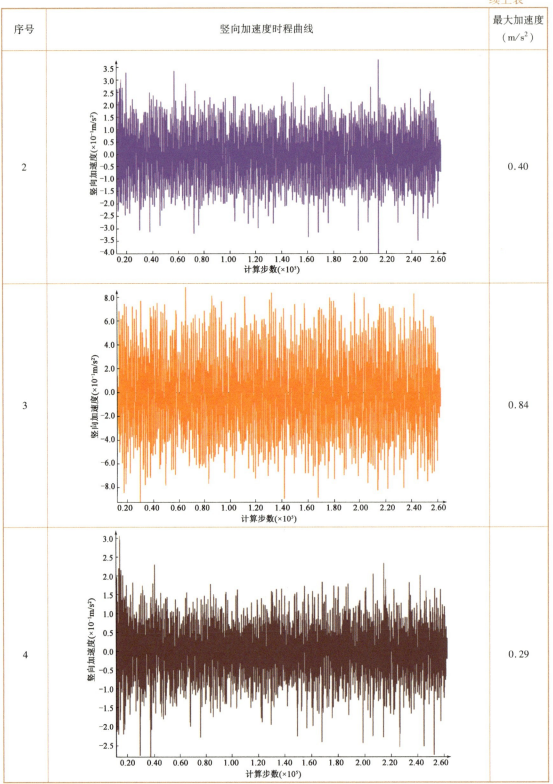	0.40
3		0.84
4		0.29

续上表

序号	竖向加速度时程曲线	最大加速度（m/s²）
5	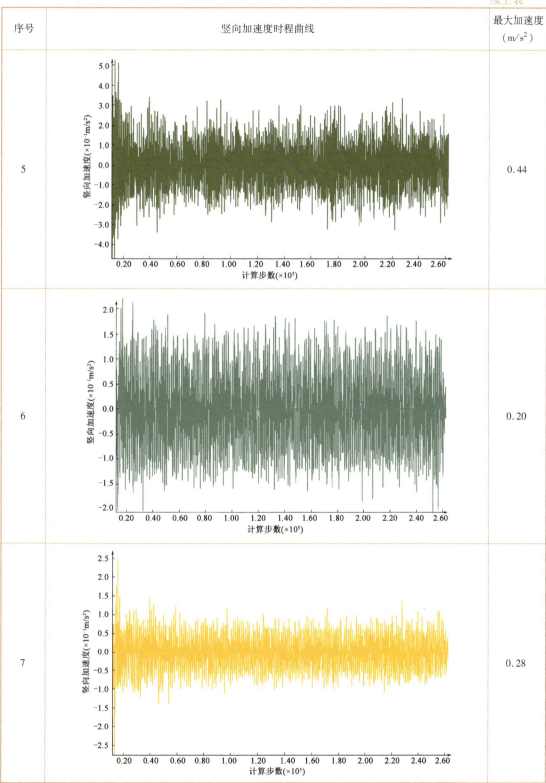	0.44
6		0.20
7		0.28

6.4.5 加速度振级分析

与噪声类似,振动的位移、速度、加速度等也可用分贝数表示它们的相对大小。这个表示相对大小的物理量即为振动加速度级 L_a,单位为 dB,表达式为:

$$L_a = 20\lg \frac{a}{a_0} \tag{6.4-1}$$

式中:a——振动加速度有效值(m/s^2);

a_0——加速度参考值,取 $10^{-6} m/s^2$。

根据计算结果可知,1号点的最大振级为112dB,此分贝值大于人体承受极限,考虑到运营期车体内部人员听觉感受,本部分宜结合车体密封指数等多个指标进行综合分析。

6.5 本章小结

本章提出了一种装配式轨下结构,每环预制结构由两个侧箱涵和一个中箱涵构成,为保证结构整体性,箱涵之间箱涵与管片之间均采用螺栓机械连接。采用有限元软件对结构进行几何建模及数值计算,主要研究对象为轨下结构在不同受力条件下的位移变形、应力分布及加速度值。依据计算结果,从位移、应力和加速度等多方面对两种结构进行综合对比分析。通过数值模拟,对轨下结构分别进行了静、动态稳定性分析,验证了新型轨下结构的可靠性。

第 7 章
隧道装配式结构接头性能试验与数值分析

针对平接头和榫槽接头这两种常见的接头形式,在多种螺栓连接下开展隧道装配式结构接头性能试验,探究接头形式和螺栓连接对结构接头力学性能的影响。

7.1 装配式结构接头试验方案研究

铁路隧道预制装配式衬砌与传统现浇衬砌的最大区别是有接缝的存在,相邻装配式衬砌单元由环向和纵向螺栓连接起来组成衬砌结构,构件接头是衬砌之间受力传递的重要部分。由于接头的存在,铁路隧道预制装配式衬砌结构力学特性较为复杂,接头的力学性能可以直接影响衬砌的安全,因此对装配式衬砌接头力学性能进行研究是很有必要的。本章主要对整体衬砌在不同围岩荷载下的受力进行研究,根据整体衬砌受力特点设计接头足尺试验方案。

7.1.1 衬砌结构受力分析

为分析不同围岩级别下预制装配式衬砌结构的力学响应,需先对不同围岩级别下铁路隧道衬砌所受的围岩压力进行计算,再建立隧道衬砌结构和衬砌接头的力学模型,从而求解得到衬砌结构的力学情况。

7.1.1.1 衬砌荷载计算方法

由于铁路隧道围岩压力的计算方法已在 3.1.2.1 节中有详细阐述,本节不再赘述。

以Ⅲ、Ⅳ、Ⅴ级围岩条件下深埋隧道为研究对象,得到各围岩级别隧道衬砌荷载的计算参数,见表 7.1-1。

计算参数表　　　　表 7.1-1

围岩级别	垂直荷载 q (kPa)	水平荷载 e (kPa)	重度 γ (kN/m³)	弹性模量 E (GPa)	泊松比 ν	弹性反力系数 K (MPa/m)	侧压力系数 λ
Ⅲ级	60	9	24	20	0.275	1200	0.15
Ⅳ级	120	36	21.5	6	0.325	500	0.25
Ⅴ级	200	100	18.5	1	0.4	300	0.4

7.1.1.2 装配式结构接头计算模型及过程

(1) 接头单元

通过梁单元对装配式衬砌进行模拟,而将装配式衬砌之间的接头离散成为具有两节点的接头单元。在计算中,如果单元长度足够小,曲梁模型与直梁模型的计算结果非常接近。

①梁单元模拟

梁单元在局部坐标系下的刚度矩阵表达式为:

$$\overline{F}^e = \overline{K}^e \overline{d}^e \qquad (7.1\text{-}1)$$

$$\overline{K}^e = \begin{bmatrix} \dfrac{EA}{l} & 0 & 0 & -\dfrac{EA}{l} & 0 & 0 \\ 0 & \dfrac{12EI}{l^3} & \dfrac{6EI}{l^2} & 0 & -\dfrac{12EI}{l^3} & \dfrac{6EI}{l^2} \\ 0 & \dfrac{6EI}{l^2} & \dfrac{4EI}{l} & 0 & -\dfrac{6EI}{l^2} & \dfrac{2EI}{l} \\ -\dfrac{EA}{l} & 0 & 0 & \dfrac{EA}{l} & 0 & 0 \\ 0 & -\dfrac{12EI}{l^3} & -\dfrac{6EI}{l^2} & 0 & \dfrac{12EI}{l^3} & -\dfrac{6EI}{l^2} \\ 0 & \dfrac{6EI}{l^2} & \dfrac{2EI}{l} & 0 & -\dfrac{6EI}{l^2} & \dfrac{4EI}{l} \end{bmatrix} \tag{7.1-2}$$

$$\overline{F}^e = [\overline{N}_i^e \quad \overline{Q}_i^e \quad \overline{M}_i^e \quad \overline{N}_i^e \quad \overline{Q}_i^e \quad \overline{M}_i^e] \tag{7.1-3}$$

$$\overline{d}^e = [\overline{u}_i^e \quad \overline{v}_i^e \quad \overline{\varphi}_i^e \quad \overline{u}_i^e \quad \overline{v}_i^e \quad \overline{\varphi}_i^e] \tag{7.1-4}$$

式中：$\overline{F}^e$——局部坐标系下单元 e 的杆端力列向量；

$\overline{d}^e$——局部坐标系下单元 e 的杆端位移列向量；

$\overline{K}^e$——局部坐标系下单元 e 的单元刚度矩阵；

E——梁单元弹性模量(Pa)；

I——梁单元惯性矩(m^4)；

A——梁单元截面积(m^2)；

l——梁单元长度(m)；

$\overline{N}_i^e$、$\overline{Q}_i^e$、$\overline{M}_i^e$——单元 e 杆端所受到的轴力(N)、剪力(N)和弯矩(N·m)；

$\overline{u}_i^e$、$\overline{v}_i^e$、$\overline{\varphi}_i^e$——单元 e 杆端的轴向位移(m)、切向位移(m)和转角(rad)。

根据局部坐标系下的刚度矩阵，通过坐标变换可得到全局坐标系下的刚度矩阵如下：

$$F^e = K^e d^e \tag{7.1-5}$$

$$\overline{F}^e = TF^e \tag{7.1-6}$$

$$\overline{d}^e = Td^e \tag{7.1-7}$$

$$T = \begin{bmatrix} \cos\alpha & \sin\alpha & 0 & 0 & 0 & 0 \\ -\sin\alpha & \cos\alpha & 0 & 0 & 0 & 0 \\ 0 & 0 & 1 & 0 & 0 & 0 \\ 0 & 0 & 0 & \cos\alpha & \sin\alpha & 0 \\ 0 & 0 & 0 & -\sin\alpha & \cos\alpha & 0 \\ 0 & 0 & 0 & 0 & 0 & 1 \end{bmatrix} \tag{7.1-8}$$

式中：F^e——全局坐标系下单元 e 的杆端力列向量；

d^e——全局坐标系下单元 e 的杆端位移列向量；

K^e——全局坐标系下单元 e 的单元刚度矩阵；

T——坐标系转换矩阵，为正交矩阵；

α——全局坐标系和局部坐标系之间的夹角(rad)。

②接头单元模拟

对于局部坐标系下的接头单元有：

$$\Delta u = \bar{u}_1 - \bar{u}_2 \tag{7.1-9}$$

$$\Delta v = \bar{v}_1 - \bar{v}_2 \tag{7.1-10}$$

$$\Delta \varphi = \bar{\varphi}_1 - \bar{\varphi}_2 \tag{7.1-11}$$

式中：Δu、Δv——接头的法向和切向的位移差值(m)；

$\Delta \varphi$——接头的转动方向的弧度差值(rad)；

$\bar{u}_i$、$\bar{v}_i$——节点$i(i=1,2,3\cdots)$处法向和切向的位移(m)；

$\bar{\varphi}_i$——节点$i(i=1,2,3\cdots)$处的转动弧度(rad)。

接头外力与变形之间存在如下关系：

$$\{F\} = [K]\{d\} \tag{7.1-12}$$

同时，有：

$$[K_j] = [A]^T[K][A] \tag{7.1-13}$$

$$[K_G] = [T][K_j][T]^T \tag{7.1-14}$$

式中：$[K_j]$、$[K_G]$——局部坐标系下和全局坐标系下接头单元的刚度矩阵(N/m)；

$[A]$、$[T]$——转换矩阵。

因此，全局坐标系下接头单元刚度矩阵的表达式为：

$$K_G = \begin{bmatrix} A_1 & A_3 & 0 & -A_1 & -A_3 & 0 \\ 0 & A_2 & 0 & -A_3 & -A_2 & 0 \\ 0 & 0 & K_\theta & 0 & 0 & -K_\theta \\ 0 & 0 & 0 & A_1 & A_3 & 0 \\ 0 & 0 & 0 & 0 & A_2 & 0 \\ 0 & 0 & 0 & 0 & 0 & K_\theta \end{bmatrix} \tag{7.1-15}$$

$$A_1 = K_n \sin^2\gamma + K_s \cos^2\gamma$$

$$A_2 = K_n \cos^2\gamma + K_s \sin^2\gamma$$

$$A_3 = (K_s - K_n)\sin\gamma\cos\gamma$$

$$\gamma = \alpha_1 - \varphi$$

式中：K_n、K_s——接头的轴向和切向刚度(N/m)；

K_θ——接头的转向刚度(N·m)；

α_1——梁单元转动方向角(rad)；

φ——两相邻梁单元夹角的一半(rad)。

③管片接触模拟

管片端面的接触分析如图 7.1-1 所示，管片 A 与管片 B 满足如下有限元方程：

$$[K_A]\{u_A\} = \{R_A\} + \{P_A\} \tag{7.1-16}$$

$$[K_B]\{u_B\} = \{R_B\} + \{P_B\} \tag{7.1-17}$$

式中:$[K_A]$、$[K_B]$——管片 A 和管片 B 的刚矩阵;
  $\{u_A\}$、$\{u_B\}$——管片 A 和管片 B 的节点位移向量;
  $\{R_A\}$、$\{R_B\}$——管片 A 和管片 B 的接触力向量;
  $\{P_A\}$、$\{P_B\}$——管片 A 和管片 B 的外部作用力向量。

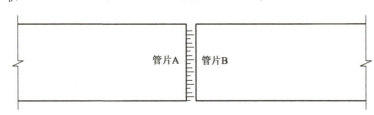

图 7.1-1　管片端面接触分析示意图

假设管片 A、管片 B 接触面上的接触点分别为 i_a 和 i_b,由上式可得管片 A、管片 B 接触面上的接触点的柔度方程分别为:

$$\{u_b\} = \sum_{j=1}^{m}[C_{ij}^a]\{R_j^a\} + \sum_{k=1}^{n_a}[C_{ik}^a]\{P_k^a\} \quad (7.1\text{-}18)$$

$$\{u_b\} = \sum_{j=1}^{m}[C_{ij}^b]\{R_j^b\} + \sum_{k=1}^{n_b}[C_{ik}^b]\{P_k^b\} \quad (7.1\text{-}19)$$

式中:i、j、k——节点编号;
  n_a、n_b——管片 A 与管片 B 的外力作用点数目;
  $[C_{ij}]$——管片上 j 点在 i 点上引起的柔度矩阵。

对于弹性假设的接触体,对其进行有限元离散,则有限元方程可以写成:

$$[K_1]\{u_1\} = \{P_1\} \quad (7.1\text{-}20)$$

式中:$[K_1]$——对应某种接触状态反映接触状态的刚度矩阵,它随着结构接触状态的改变而改变,通常结构的初始接触状态需根据经验假定;
  $\{u_1\}$——节点位移向量;
  $\{P_1\}$——相应的荷载向量。

根据上式可以得到 $\{u_1\} = [K_1]^{-1}\{P_1\}$,在求出节点位移 $\{u_1\}$ 以后,再求出接触点的接触内力 $\{R_1\}$,将 $\{u_1\}$ 和 $\{R_1\}$ 带入相应的接触条件中。

在接触区域中,结构所处的接触面划分为连续、滑动和自由三种边界条件。

a. 连续边界

接触点的位移相容关系为:

$$\{u_i^a\} = \{u_i^b\} + \{\delta_i\}_0 \quad (7.1\text{-}21)$$

式中:$\{\delta_i\}_0$——第 i 点的初始间隙向量。

b. 滑动边界

在接触面的切平面方向上接触力的合力,已经达到摩擦极限值,按照摩擦定理可得:

$$\overline{R}_{jx} = \mu|\overline{R}|_{jZ}\cos\alpha \quad (7.1\text{-}22)$$

$$\overline{R}_{jy} = \mu|\overline{R}|_{jZ}\cos\beta \quad (7.1\text{-}23)$$

c. 自由边界

$$\{\overline{R}_j\} = 0 \quad (7.1\text{-}24)$$

在有限元计算中,求出$\{u_2\}$和接触内力$\{R_2\}$后,再代入接触条件,判断并修改接触状态,经过数次循环之后,当$\{u_n\}$和$\{R_n\}$满足接触条件时即得到真实接触状态的解。

(2)有限元模型

采用有限元程序对整体隧道衬砌结构进行受力分析,使用经典"荷载-结构"模型进行隧道的二次衬砌内力分布计算。断面采用时速350km高速列车单线(图7.1-2)和双线(图7.1-3)隧道复合式衬砌隧道内轮廓,衬砌采用三维梁单元(Beam188)模拟,围岩与衬砌的相互作用采用"无拉链杆"(Link10)模拟。单线隧道结构划分为350个单元,衬砌结构厚0.3m;双线隧道结构划分为432个单元,衬砌结构厚0.45m。计算模型如图7.1-4和图7.1-5所示。

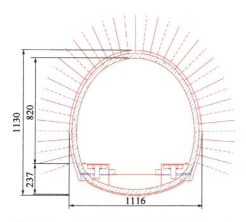

图7.1-2 单线隧道断面图(尺寸单位:cm)

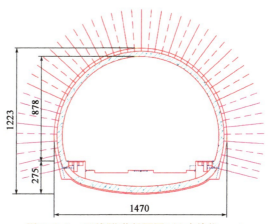

图7.1-3 双线隧道断面图(尺寸单位:cm)

图7.1-4 单线隧道结构计算模型

图7.1-5 双线隧道结构计算模型

7.1.1.3 计算结果

(1)单线隧道

对单线隧道整体衬砌分别施加Ⅲ、Ⅳ、Ⅴ级围岩荷载,计算在不同荷载下衬砌的响应。轴力和弯矩如图7.1-6所示。

单线隧道整体衬砌在Ⅲ、Ⅳ、Ⅴ级围岩荷载下,结构最大位移和受力见表7.1-2。

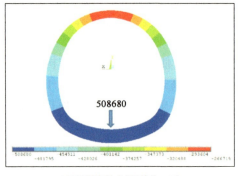
a) Ⅲ级围岩轴力图(单位:N)

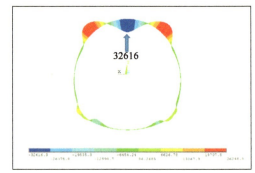
b) Ⅲ级围岩弯矩图(单位:N·m)

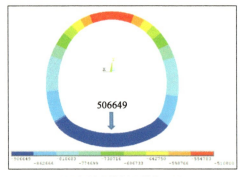
c) Ⅳ级围岩轴力图(单位:N)

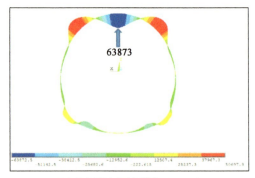
d) Ⅳ级围岩弯矩图(单位:N·m)

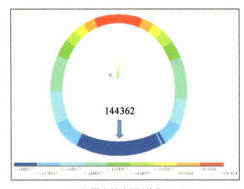
e) Ⅴ级围岩轴力图(单位:N)

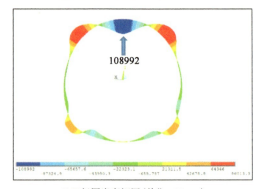
f) Ⅴ级围岩弯矩图(单位:N·m)

图 7.1-6　各级围岩下衬砌受力图

整体衬砌位移和受力表　　　表 7.1-2

围岩级别	轴力(kN)	弯矩(kN·m)	横向位移(mm)	垂向位移(mm)
Ⅲ级	508.7	32.6	-0.6	-1.9
Ⅳ级	906.6	63.9	-1.3	-4.2
Ⅴ级	1437.7	109.0	-2.7	-8.5

注:位移横向为负表示向内移动,竖向为负表示向下移动。

从以上图表中可以看出,在Ⅲ、Ⅳ、Ⅴ级围岩作用下整体衬砌轴力和弯矩受力形式相似,轴力呈对称分布,全部为受压状态,在拱顶位置较小,从上到下逐渐增大,在仰拱位置达到最大值。弯矩也呈对称分布,在不同位置受拉面有所不同。在拱顶和拱肩处弯矩值较大,拱顶下侧受拉,拱肩上侧受拉,其余位置弯矩较小。不同围岩荷载下轴力最大值位于仰拱处,分别为508.7kN、906.6kN、1437.7kN;弯矩最大值位于拱顶处,分别为32.6kN、63.9kN、109.0kN·m。在Ⅲ、Ⅳ、Ⅴ级围岩作用下衬砌横向位移向内最大值分别为0.6mm、1.3mm、2.7mm,衬砌竖向位移向下最大值分别为1.9mm、4.2mm、8.5mm,围岩级别由Ⅲ级到Ⅴ级,衬砌所受轴力、弯矩、横向位移和竖向位移逐渐增加。

(2) 双线隧道

对双线隧道整体衬砌分别施加Ⅲ、Ⅳ、Ⅴ级围岩荷载,计算在不同荷载下衬砌结构的响应。轴力和弯矩如图7.1-7所示。

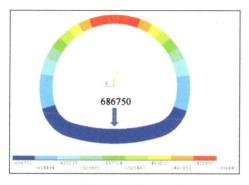
a) Ⅲ级围岩轴力图(单位:N)

b) Ⅲ级围岩弯矩图(单位:N·m)

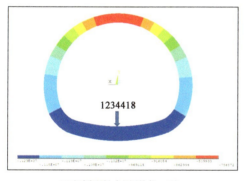
c) Ⅳ级围岩轴力图(单位:N)

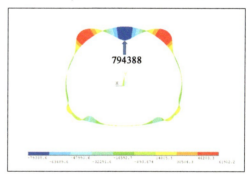
d) Ⅳ级围岩弯矩图(单位:N·m)

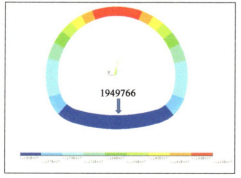
e) Ⅴ级围岩轴力图(单位:N)

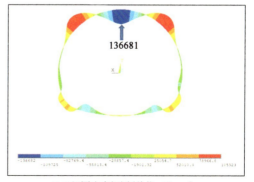
f) Ⅴ级围岩弯矩图(单位:N·m)

图7.1-7 各级围岩下衬砌受力图

双线隧道整体衬砌在Ⅲ、Ⅳ、Ⅴ级围岩荷载下,结构最大位移和受力见表7.1-3。

整体衬砌位移和受力表　　　　　　　表7.1-3

围岩级别	轴力(kN)	弯矩(kN·m)	横向位移(mm)	垂向位移(mm)
Ⅲ级	686.8	40.6	-0.91	-3.57
Ⅳ级	1234.4	79.4	-2.03	-7.55
Ⅴ级	1949.8	136.7	-4.38	-15.31

注:位移横向为负表示向内移动,竖向为负表示向下移动。

从上图表中可以看出,在Ⅲ、Ⅳ、Ⅴ级围岩作用下双线隧道断面与单线隧道断面受力形式相似,轴力均呈对称分布,全部为受压状态;在拱顶位置较小,从上到下逐渐增大,并在仰拱位置达到最大值。弯矩也呈对称分布,在不同位置受拉面有所不同。在拱顶和拱肩处弯矩值较大,拱顶下侧受拉,拱肩上侧受拉,其余位置弯矩较小。不同围岩荷载下轴力最大值位于仰拱处,分别为686.8kN、1234.4kN、1949.8kN;弯矩最大值位于拱顶处,分别为40.6kN、79.4kN、136.7kN。在Ⅲ、Ⅳ、Ⅴ级围岩作用下衬砌横向位移向内最大值分别为0.91mm、2.03mm、4.38mm,衬砌竖向位移向下最大值分别为3.57mm、7.55mm、15.31mm。围岩级别由Ⅲ级到Ⅴ级,衬砌所受轴力、弯矩、横向位移和竖向位移逐渐增加。

7.1.2　试验加载原理及工况

由上节研究结果可知,衬砌结构在围岩压力作用下承受轴力和弯矩。以拱顶位置为例,将该部分衬砌取出一小部分,可以将衬砌视为直线结构,承受压弯荷载,如图7.1-8所示。

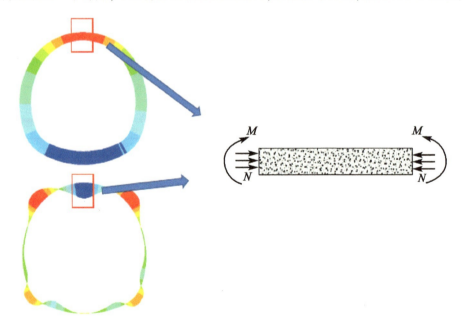

图7.1-8　衬砌受力

实际工程中装配式衬砌接头以曲面形式居多,但是曲面接头会增加试验难度且对试验结果有一定影响。根据以往的研究成果,在评价衬砌接头的抗弯性能时,可以采用直接头进行试验和计算,所以本次试验也采用直接头形式进行试验,接头宽度采用足尺1.5m宽,具体单块接头外形尺寸为1.7m(长)×1.5m(宽)×0.3m(高)。除无螺栓工况外,每个构件端部有两个螺栓孔,分别位于构件侧边0.4m处。模型整体类似简支梁结构,在两端施加支撑,作为铰动支座。在构件两端通过千斤顶施加轴力N,在垂向施加向下荷载F_M用来模拟弯矩$M=F_M \cdot L$。通过调整N和F_M来实现对不同受力组合的加载工况,如图7.1-9所示。

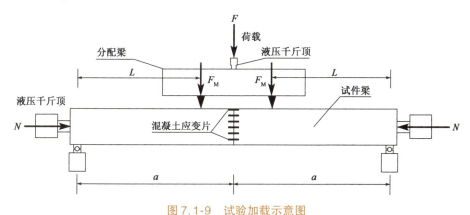

图7.1-9 试验加载示意图

a-构件长度;L-力臂长度;N-轴力;F_M-分配到每个构件上的垂向荷载

试验有螺栓工况均分为正弯矩和负弯矩加载两种加载方式,正弯矩工况为螺栓孔侧受拉,负弯矩工况为螺栓孔侧受压,采用水平荷载施加轴力、竖向荷载施加弯矩的方式。试验中先加载轴力后加载弯矩。由上节可知,铁路隧道整体衬砌在不同围岩荷载下轴力范围为508.7~1949.8kN。试验轴力取值为1000kN、1500kN、2000kN、2500kN四种,正弯矩工况在轴力2000kN和1000kN时进行破坏,负弯矩工况在轴力2000kN时进行破坏。在施加轴力后施加弯矩,每级25kN·m,加载完成后平衡2min,再施加下一级弯矩。加载完成后卸掉竖向荷载,改变水平荷载,进行下一工况测试,直至试验完成。应变和位移采用连续采样,采样频率为1Hz。加载情况见表7.1-4。

试 验 荷 载 加 载　　　　　表7.1-4

荷载类型	工况一	工况二	工况三	工况四
轴力(kN)	1000	1500	2000	2500
正弯矩 (kN·m)	0	0	0	0
	50	50	50	50
	75	75	75	75
	100	100	100	100
	125	125	125	125
	150	150	150	150
	175	175	175	175
	200	200	200	200

续上表

荷载类型	工况一	工况二	工况三	工况四
正弯矩 (kN·m)	—	225	225	225
	—	250	250	250
	—	275	275	275
	—	—	300	300
	—	—	325	325
	—	—	—	350
	—	—	—	375
负弯矩 (kN·m)	0	0	0	0
	−50	−50	−50	−50
	−75	−75	−75	−75
	−100	−100	−100	−100
	−125	−125	−125	−125
	−150	−150	−150	−150
	−175	−175	−175	−175
	−200	−200	−200	−200
	—	−225	−225	−225
	—	−250	−250	−250
	—	−275	−275	−275
	—	—	−300	−300
	—	—	−325	−325
	—	—	—	−350
	—	—	—	−375

7.1.3 预制接头设计

因榫槽接头会增加运输和施工难度,榫槽之间空隙会降低接头力学性能,所以地铁衬砌管片之间连接主要采用平接头。铁路隧道由于外部荷载不同,受力与地铁隧道有一定差异,有必要对预制构件间设置榫槽。本次试验接头分为平接接头和榫槽接头两种形式,其中每种接头形式分别对应无螺栓、曲螺栓、直螺栓和斜螺栓 4 种连接形式,共计 8 种连接形式。每种连接形式制作 3 对试块,用于正弯矩和负弯矩两种加载类型,共计 24 对试块。具体见表 7.1-5。

接头形式及加载类型(单位:对)　　　　　　　　表 7.1-5

接头形式		加载类型	
		正弯矩	负弯矩
平接头	无螺栓	2	1
	曲螺栓	2	1
	直螺栓	2	1
	斜螺栓	2	1
榫槽接头	无螺栓	2	1
	曲螺栓	2	1
	直螺栓	2	1
	斜螺栓	2	1

本试验主要研究装配式衬砌接头力学性能。为减少其他影响因素及便于施加荷载,接头采用直板型平接形式。单个预制接头构件尺寸为 1.7m×1.5m×0.3m。构件采用 C40 商品混凝土进行浇筑。构件浇筑后,按照混凝土养护要求进行养护,养护 28d,混凝土强度满足设计要求后进行试验。斜螺栓、曲螺栓和直螺栓接头构造如图 7.1-10~图 7.1-12 所示。平接头、榫槽接头尺寸如图 7.1-13、图 7.1-14 所示。各接头形式三维模型如图 7.1-15~图 7.1-22 所示。

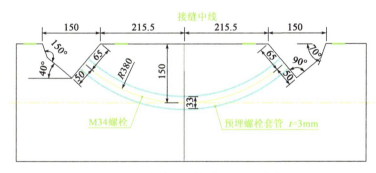

图 7.1-10　曲螺栓接头构造图(尺寸单位:mm)

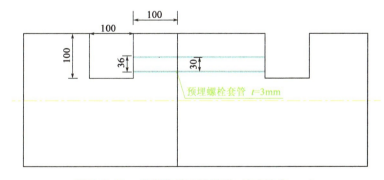

图 7.1-11　直螺栓接头构造图(尺寸单位:mm)

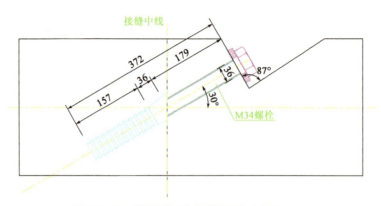

图 7.1-12　斜螺栓接头构造图（尺寸单位：mm）

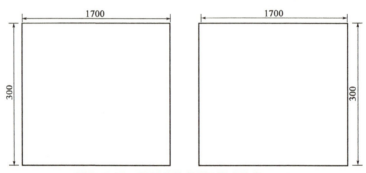

图 7.1-13　平接头构造图（尺寸单位：mm）

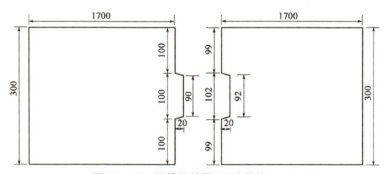

图 7.1-14　榫槽构件图（尺寸单位：mm）

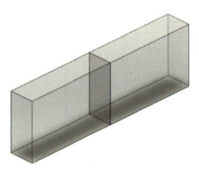

图 7.1-15　平接无螺栓接头

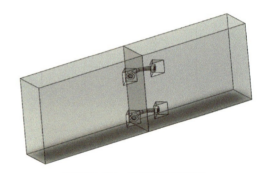

图 7.1-16　平接曲螺栓接头

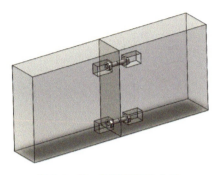
图 7.1-17　平接直螺栓接头

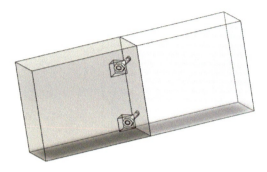
图 7.1-18　平接斜螺栓接头

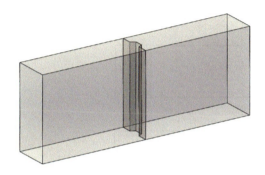
图 7.1-19　榫槽无螺栓接头

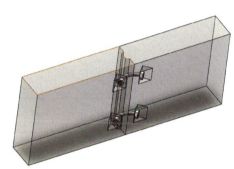
图 7.1-20　榫槽曲螺栓接头

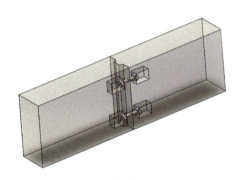
图 7.1-21　榫槽直螺栓接头

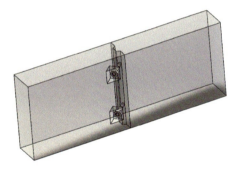
图 7.1-22　榫槽斜直螺栓接头

榫槽接头和平接接头钢筋布置相同。此处仅展示曲螺栓、斜螺栓和无螺栓工况下接头的钢筋图,具体如图 7.1-23 ~ 图 7.1-31 所示。

图 7.1-23　曲螺栓钢筋横断面图

图 7.1-24　曲螺栓榫槽位置钢筋剖面图

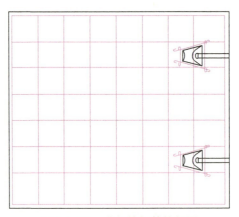

图 7.1-25　曲螺栓钢筋俯视图

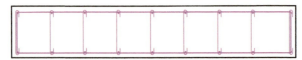

图 7.1-26　斜螺栓钢筋横断面图

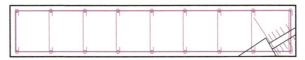

图 7.1-27　斜螺栓榫槽位置钢筋剖面图

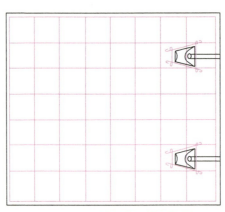

图 7.1-28　斜螺栓钢筋俯视图

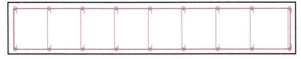

图 7.1-29　直螺栓钢筋横断面图

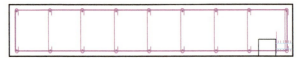

图 7.1-30　直螺栓榫槽位置钢筋剖面图

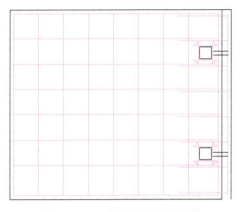

图 7.1-31 直螺栓钢筋俯视图

7.1.4 接头力学性能试验系统

7.1.4.1 主要试验内容

铁路隧道预制装配式衬砌,每环管片之间接缝为环缝,同环环向管片之间接缝为纵缝。本部分研究纵缝间的连接问题,对平接头和榫槽接头两种接头形式的无螺栓、曲螺栓、直螺栓和斜螺栓四种不同连接形式以轴弯加载方式进行系统性的足尺力学性能试验。通过测量接头表面应力、接头张开量和接头垂向位移变化,观察接头破坏模式来了解接头的抗弯承载变化规律。根据试验结果对不同螺栓连接形式进行选型研究,并对不同形式接头的抗弯刚度及破坏机理等指标进行分析及对比。

管片接头在轴力和弯矩作用下张开,产生转角,定义产生单位转角的弯矩值为管片环向接头的抗弯刚度 k。管片抗弯刚度为管片接头的重要力学参数,反映了管片在外荷载作用下的抵抗变形的能力。抗弯刚度受各种因素影响:管片材料、管片尺寸、受力组合、螺栓参数及布置等。不同组合下抗弯刚度差异较大。目前主流管片接头抗弯刚度计算方法主要采用工程类比法和试验研究来得到弯矩-转角(M-θ)的关系曲线,再对关系曲线进行分析从而得到抗弯刚度 k_θ,不同的计算方法可以得到不同的关系抗弯刚度。目前主流的接头抗弯刚度公式主要有以下四种,如图 7.1-32 所示。

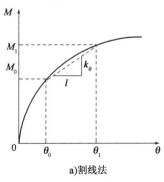
a) 割线法

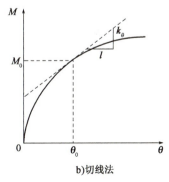
b) 切线法

图 7.1-32

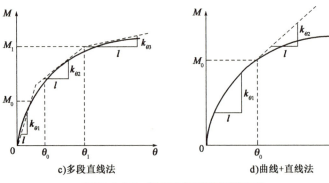

图 7.1-32 接头抗弯刚度计算方法

1）抗弯刚度计算方法

（1）割线法

在弯矩-转角关系曲线上选取两点，两点间连线所对应的斜率即为抗弯刚度 k_θ。

（2）切线法

先在弯矩-转角关系曲线上确定目标弯矩，得到目标弯矩处曲线切线，切线对应的斜率即为管片抗弯刚度 k_θ。

（3）多段直线法

将弯矩-转角关系曲线视为由多条连续的直线组合而成，将各个直线段的曲线的斜率视为该弯矩范围内的抗弯刚度。

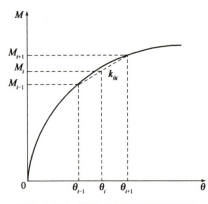

图 7.1-33 接头抗弯刚度计算图示

（4）曲线+直线法

将弯矩-转角关系曲线分为直线段和曲线段，在弯矩较小的时候曲线为直线变化，当弯矩增加到一定值后曲线为直线，分别计算抗弯刚度。

2）采用割线法计算抗弯刚度

现采用割线法计算接头抗弯刚度，在计算过程中，提取了试验测试结果，即在不同轴力、弯矩作用下接头转角的数值，在同一轴力作用下可以得到一条 $M\text{-}\theta$ 关系曲线，分别为施加弯矩 M_1、M_2、M_3、$\cdots$、M_n 所对应的转角 θ_1、θ_2、θ_3、$\cdots$、θ_n，如图 7.1-33 所示。则弯矩 M_i 对应的抗弯刚度 k_i 可以由计算得到。

$$k_i = \frac{M_{i+1} - M_{i-1}}{\theta_{i+1} - \theta_{i-1}} \tag{7.1-25}$$

$$\theta_i = \frac{h_i}{l} \tag{7.1-26}$$

式中：k_i——接头抗弯刚度（N·m）；

θ_i——接头转角（rad）；

M_i——接头承受弯矩（N·m）；

h_i——垂向位移（m）；

l——接头长度(m)。

接头转角 θ 有两种计算方法:

(1) 通过边缘接缝变化量计算转角

在轴弯组合加载作用下,接头可能发生如图 7.1-34 和图 7.1-35 所示的转动。与盾构管片接头转角计算方法类似,可通过接头两侧边缘接缝变化量来计算接头角度,二者所计算出到的接头转角是一样的。

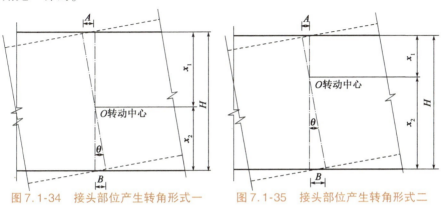

图 7.1-34　接头部位产生转角形式一　　图 7.1-35　接头部位产生转角形式二

利用 A 和 B 的值以及接头简化模型可以推导公式如下:

$$Ax_2 = Bx_1 \tag{7.1-27}$$

$$x_1 + x_2 = H \tag{7.1-28}$$

$$\sin\frac{\theta}{2} = \frac{B}{2x_2} \tag{7.1-29}$$

式中:x_1、x_2——转动中心到两侧边缘的距离(m);

H——接头宽度(m)。

测量出 A 和 B 的值即可利用公式计算出接头的转角 θ。

$$\theta = 2\arcsin\frac{A+B}{2H} \tag{7.1-30}$$

此种方法原理易于理解且测量方便,是进行接头转角测量的首选方法。

(2) 通过接头挠度计算转角

另一种计算方法是利用接头挠度测量计算方法,在轴弯组合加载作用下,通过测定接头边缘的垂向位移,再结合测点与支点的距离来计算转角,如图 7.1-36 所示。

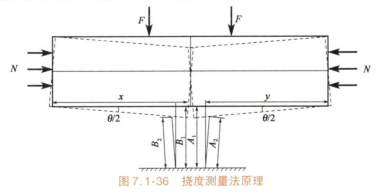

图 7.1-36　挠度测量法原理

图中的虚线表示试件的原始位置,x 和 y 表示位移计与试件铰支点处的水平距离;A_1 和 B_1 表示原始状态时两位移计与地面垂向距离,A_2 和 B_2 表示在轴力和弯矩作用下两位移计与地面的垂向距离。接头转角公式如下:

$$\tan\frac{\theta}{2} = \frac{A_1 - A_2}{y} = \frac{B_1 - B_2}{x} \quad (7.1\text{-}31)$$

$$\theta = 2\arctan\frac{A_1 - A_2}{y} = 2\arctan\frac{B_1 - B_2}{x} \quad (7.1\text{-}32)$$

此种计算方法简单易行,误差较小。本试验中进行接头张开量和接头垂向位移测量,采用第二种方法进行接头转角计算。

7.1.4.2 试验系统要求

根据以上对构件接头试验的分析,接头试验需要有一套能够满足要求的试验系统,其要求如下:

(1) 应具有 50m×100m 试验场地,方便接头试件的运输和吊装。

(2) 应具有轴向力不小于 2000kN,垂向力不小于 1500kN 的轴弯组合加载设备。

(3) 应具有加载过程控制系统,其能够对加载力的最大和最小顶进速度或加载分辨率按精度要满足进行控制。

(4) 应具有能够实时显示和快速记录试验过程及结果,并进行简单数据处理的试验数据采集设备。

为满足上述试验系统要求,经过多方案比选,试验在中国建筑技术中心-工程结构实验室进行。利用自平衡原理在实验中心搭建接头加载试验平台。从试验系统开始设计到建成达到试验条件,共计用时 40d。整个试验系统设置为三大模块,分别为加载模块、监测测试模块、拼接吊装及运输模块,试验系统设计如图 7.1-37 所示。

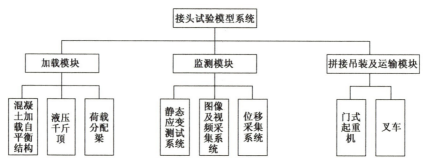

图 7.1-37 试验系统设计图

7.1.4.3 加载模块

轴向荷载采用中心反力墙与钢梁组合成的构件进行加载。轴力由水平方向的液压千斤顶提供,弯矩则由竖直方向的液压千斤顶和荷载分配梁提供。竖直方向的液压千斤顶通过分配梁传递给试件接头的两侧。加载构架示意图如图 7.1-38 和图 7.1-39 所示。本次设计的试验加载系统可以满足试验所需求的一定荷载范围内的各种轴力工况下,不同加载弯矩的轴弯组合试验。

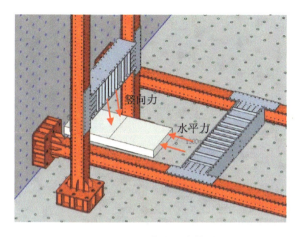
图7.1-38 试验系统模型

图7.1-39 试验系统

试验机液压及控制系统由四部分组成,分别为油缸加载系统(图7.1-40)、液压系统(图7.1-41)、电气系统和计算机控制系统。油缸加载系统由三个液压缸组成,其中两个负责横向力加载,一个负责竖向力加载,单个液压缸最大推力为2000kN,工作行程为500mm。外置荷载传感器,内置位移传感器。

图7.1-40 液压缸加载系统

图7.1-41 液压系统

7.1.4.4 监测模块

(1) DH5921动态应力应变测试分析系统

试验采用胶基10mm应变片测量接头表面应力,采用WTB型位移传感器(最小分辨率为0.01mm)测量接头张开量和接头竖向位移,如图7.1-42、图7.1-43所示。测试系统采用了全智能化的巡回数据采集系统DH5921(浙江东华测试技术股份有限公司生产),单台数采共计128测点,共配备2台,其中1台备用。动态数据采集器,能够完成全桥、半桥、三线制1/4桥(120Ω或350Ω,程控切换)状态的动态应力应变的同步采样检测,配合桥式传感器,可实现力、压力、位移、速度、加速度等物理量的精确测量,完全能够满足试验要求。动态应变测试系统如图7.1-44所示。

图 7.1-42　混凝土应变片

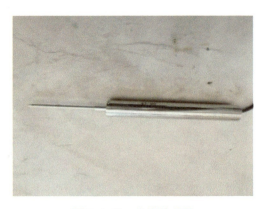

图 7.1-43　位移传感器

a) 采集仪

b) 采集系统界面

图 7.1-44　DH5921 动态应变测试系统

（2）图像及视频采集系统

在试验过程中安设高清摄像头，以便进行整体及局部试验过程的视频记录；同时配备了高清数码相机可随时拍照。摄像头布设位置如图 7.1-45 所示。

图 7.1-45　固定摄像头布设位置

7.1.4.5　吊装系统

装配式衬砌单个试块质量为 1.9t，采用试验中心门式起重机（额定承载 50t）进行试块在试验过程中的吊装和运输工作，能够满足试验要求。

7.2 平接头力学性能试验研究

根据目前地铁盾构隧道设计经验,装配式衬砌接头形式以平接头为主,所以平接头是重点研究的接头形式。

7.2.1 测点布置

本试验主要用于研究装配式衬砌接头在轴弯荷载作用下的位移和应力变化,传感器为应变片和位移传感器。混凝土应变片主要布置在接头位置处,对于无螺栓接头构件,在每个构件前侧面布置 7 个应变片,用于测量在试验过程中侧面接头的混凝土应变;在每个构件上顶面和下底面分别布置 5 个应变片,用于测量接头位置上顶面和下底面的混凝土应变;在接头的后侧面布置有 6 个位移传感器,用于测量实验过程中接头构件不同位置的张开量。在每个接头构件的底部分别布置 1 个位移传感器,用于测量接头位置的垂向位移,具体如图 7.2-1 所示。对于有螺栓接头构件,在无螺栓接头试件应变片和位移传感器的基础上,在螺栓孔位置分别布置应变花,用于测量螺栓孔附近的混凝土应变,具体如图 7.2-2 所示。现场布置如图 7.2-3、图 7.2-4 所示。

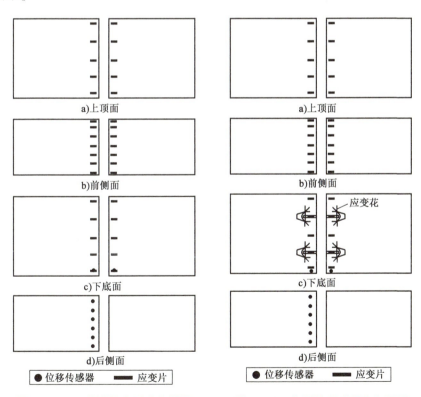

图 7.2-1 无螺栓接头测点布置图　　图 7.2-2 有螺栓接头测点布置图

图7.2-3 现场侧面应变片布置

图7.2-4 现场侧面位移传感器布置

7.2.2 试验结果及分析

对不同接头构件试验结果,主要围绕接头张开量、接头转角、接头抗弯刚度、混凝土侧面应变、混凝土底面应变和接头破坏模式进行分析。

7.2.2.1 无螺栓工况

(1) 接头张开量

对平接头无螺栓工况不同轴力接缝面张开量测试数据进行分析。如图7.2-5~图7.2-8所示,在正弯矩作用下,受拉侧张开,受压侧压紧,不同轴力下接头张开量变化规律相似。相同轴力条件下,弯矩越大张开量越大,张开量基本和弯矩呈线性增长,相同弯矩下,轴力越大张开量越小,轴力的增加可以减小接头张开量。接头最大张开高度随轴力的增加逐渐降低,最大张开量随之减小。轴力为1000kN时,在高度为22.5cm位置张开量为0,在0~22.5cm高度范围内张开量为正,最大张开量为3.05mm;轴力为2500kN时,在高度为17.5cm位置张开量为0,在0~17.5cm高度范围内张开量为正,最大张开量为1.83mm。接头上端部的压缩量随着轴力和弯矩的增加逐渐增加,但量值远小于接头张开量。

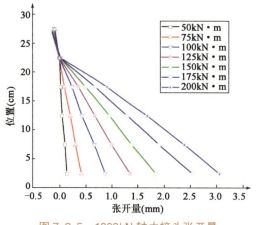
图7.2-5 1000kN轴力接头张开量

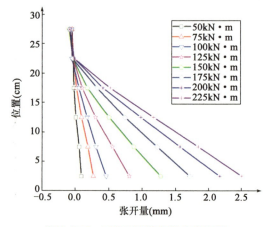
图7.2-6 1500kN轴力接头张开量

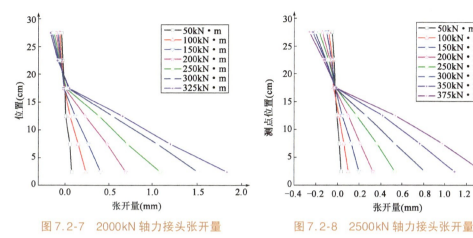

图 7.2-7　2000kN 轴力接头张开量　　图 7.2-8　2500kN 轴力接头张开量

（2）转角

通过接头挠度计算接头转角,不同荷载工况下接头转角如图 7.2-9 所示。从图中可以看出,在不同轴力作用下,随着弯矩的增加接头转角变化可分为基本直线段和曲线段,弯矩较小时为基本直线段,弯矩较大时为曲线段,基本直线段的长度大于曲线段。直线段说明弯矩和转角呈线性关系,接头抗弯能力良好,当转角进入曲线段后曲线迅速向上发展说明接头抗弯刚度降低,接头抗弯性能减弱。从试验现场亦能看出,当接头转角进入曲线段后,接头抗弯性能迅速降低,只能继续增加 2～3 次弯矩荷载,接头便自行破坏。相同弯矩下,轴力越大转角越小,且转角曲线直线段越长,说明轴力越大能承受的弯矩也越大。将弯矩、轴力和转角绘制三维曲面图,如图 7.2-10 所示。从图中可以看出:转角和弯矩呈正相关关系,弯矩越大,转角越大;转角与轴力呈负相关关系,轴力越大,转角越小。

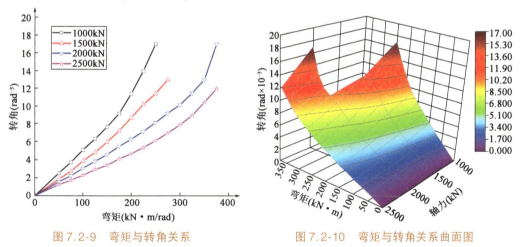

图 7.2-9　弯矩与转角关系　　图 7.2-10　弯矩与转角关系曲面图

（3）抗弯刚度

不同轴力下抗弯刚度与弯矩的关系曲线,如图 7.2-11 所示。由于试验过程中存在的一些随机因素,抗弯刚度个别点存在一些波动,但曲线整体变化趋势比较明显,整体来说轴力越大接头抗弯刚度越大,同一轴力下初始抗弯刚度最大,弯矩越大抗弯刚度越低,将抗弯刚度范围值进行统计见表 7.2-1。

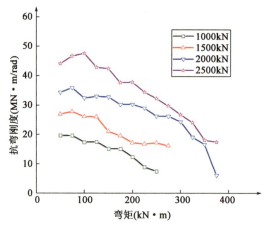

图 7.2-11　割线抗弯刚度

接头抗弯刚度统计表　　　　　　　　　　　　表 7.2-1

序　号	轴力 N(kN)	加载弯矩范围 M(kN·m)	正弯矩抗弯刚度 k_θ(MN·m/rad)
1	1000	50~250	7.6~19.7
2	1500	50~275	16.2~27.9
3	2000	50~375	6.3~36.0
4	2500	50~375	17.5~47.7

(4)混凝土侧面应力

1000kN 和 2000kN 轴力工况不同弯矩作用下接头侧面混凝土应力如图 7.2-12、图 7.2-13 所示。各工况混凝土侧面应力变化规律相似,轴力越大接头侧面混凝土应力越大。在弯矩为 0 时,接头在轴力和重力作用下达到平衡,侧面应力比较均匀;随着弯矩增加,压力侧应力逐渐增加,张开侧应力逐渐减小,最后出现较小的拉应力。应力减小为 0 代表该位置接头张开。最大压应力出现在弯矩施力侧接头顶面,轴力增加接头张开高度减小。轴力为 1000kN 时,初始工况截面受力整体在 3MPa 左右,弯矩最大时压应力最大值为 9.72MPa。轴力为 2000kN 时,初始工况截面受力整体在 6MPa 左右,弯矩最大时压应力最大值为 19.5MPa。

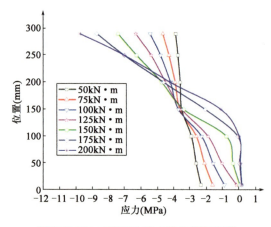

图 7.2-12　1000kN 轴力接头侧面应变

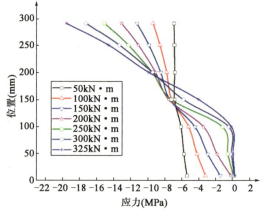

图 7.2-13　2000kN 轴力接头侧面应变

(5)破坏形式

平接头无螺栓构件分别在轴力 1000kN 和 2000kN 下进行破坏试验,接头破坏形态如图 7.2-14 和图 7.2-15 所示。对于 1000kN 轴力工况下,在接头处于弹性阶段即转角曲线在直线段内接头未发生破坏现象;在弯矩达到 200kN·m 时开始在距离接头外表面 5cm 左右出现第一条裂缝,并逐渐沿斜上方发展;随着弯矩增加随后在距离接头外表面 10cm 左右开始出现第二条裂缝,并逐渐沿斜上方发展与第一条裂缝汇合;两条裂缝在距离接头接触面 15cm 左右达到接头表面,即整个压碎破坏面积为 20cm×10cm。两条裂缝贯通后接头失去承载能力,接头破坏。对于 2000kN 轴力工况,破坏形式和 1000kN 工况类似。开始接头曲线为直线段时,接头仅产生垂向位移并未发生破坏;弯矩达到 325kN·m 时开始在距离接头外表面 5cm 左右出现第一条裂缝,随后在距离接头外表面 15cm 左右开始出现第二条裂缝;两条裂缝逐渐向斜上方发展,并在距离接头接触面 20~25cm 左右达到接头表面,两条裂缝贯通后接头失去承载能力,接头破坏。总体来说接头破坏过程可以划分为:接头接触面受力侧压紧,对称侧张开→受压侧产生第一条裂缝→受压侧产生第二条裂缝→裂缝发展并贯通→接头破坏。

a)加载前

b)裂缝出现

c)裂缝发展

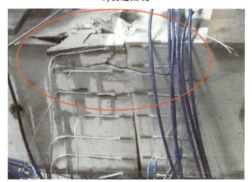
d)接头破坏

e)接头正面破坏情况

图 7.2-14 轴力 1000kN 接头破坏过程

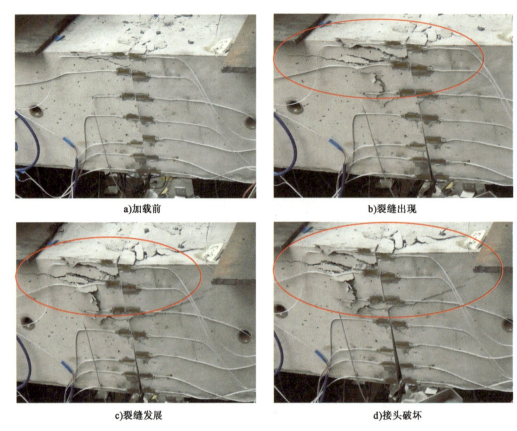

图 7.2-15 轴力 2000kN 情况下接头破坏过程

构件在轴力 2000kN 进行破坏试验的破坏形态如图 7.2-15 所示。当弯矩超过 300kN·m 时，接头开始出现裂缝；当弯矩加载至 350kN·m 时，接缝扩展，上部开始压碎；加载至 375kN·m 时，接头大面积压碎，接头破坏。接头在 2000kN 弯矩下破坏特征为：接头上部混凝土先被压碎，然后接头破坏。

对比 1000kN 和 2000kN 轴力情况下接头破坏过程，两者发展趋势基本相同，仅为破坏区域大小和承载能力有区别。轴力越大，承载能力越大，破坏区域越大。值得说明的是在接头加载过程中大部分是处于弹性阶段，即接头转角与弯矩呈线性关系，在此过程中接头并未发生破坏。当接头进入塑性区后开始出现裂缝，荷载进一步加大后裂缝迅速发展，并发生破坏。弹性阶段占到整个加载过程的 3/4~4/5 的范围。

7.2.2.2 斜螺栓工况

(1) 接头张开量

对平接头斜螺栓工况不同轴力正弯矩下接缝面张开量测试数据进行分析，如图 7.2-16、图 7.2-17 所示。在正负弯矩作用下，接头张开量变化趋势相同，螺栓侧受拉张开，荷载侧受压压紧，不同轴力下接头张开量变化规律相似。相同轴力下，弯矩越大接头张开量越大，接头张开量基本和弯矩呈线性增长。相同弯矩下，轴力越大接头张开量越小，轴力的增加可以减小接头张开量。接头最大张开高度随轴力的增加逐渐降低，最大张开量随之减小。轴力为 1000kN 时，在高度为22.5cm位置张开量为0,0~22.5cm张开量为正,正弯矩工况最大张开量为4.04mm,负弯矩工况最大张开量为2.82mm。轴力为2000kN时,在高度为17.5cm位置张开量为0,0~17.5cm高度范围内张开量为正,正弯矩工况最大张开量为1.67mm,负弯矩工况最大张开量为1.68mm。接头上端部的压缩量随着轴力和弯矩的增加逐渐增加,但量值远小于接头张开量。

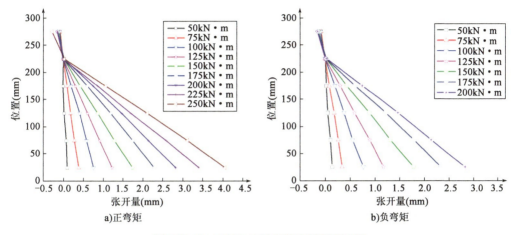

图7.2-16　1000kN轴力接头侧面张开量

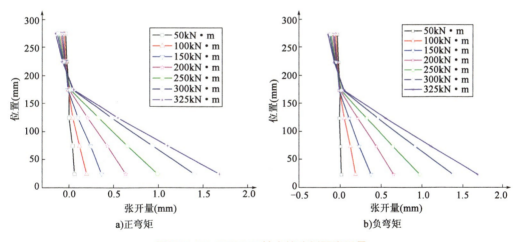

图7.2-17　2000kN轴力接头侧面张开量

（2）转角

通过接头挠度计算接头转角,不同荷载工况下接头转角如图7.2-18所示。第一象限和第三象限分别为正弯矩和负弯矩工况下试验结果。从图中可以看出,在不同轴力作用下,随着弯矩的增加接头转角变化可分为基本直线段和曲线段,弯矩较小时为基本直线段,弯矩较大时为曲线段,基本直线段的长度大于曲线段。直线段说明弯矩和转角呈线性关系,接头抗弯能力良好,当转角进入曲线段后曲线迅速向上发展说明接头抗弯刚度降低,接头抗弯性能减弱。从试验现场也能看出,当接头转角进入曲线段后,接头抗弯性能迅速降低,只能继续增加1~2次弯矩荷载,接头便自行破坏。相同弯矩下,轴力越大转角越小,且转角曲线直线段越长,说明轴力越大能承受的弯矩也越大。

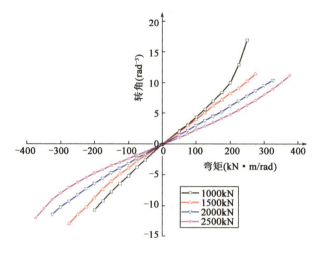

图7.2-18 弯矩和转角关系

将弯矩、轴力和转角绘制三维曲面图,如图 7.2-19 所示。从图中可以看出转角和弯矩呈正相关关系,弯矩越大,转角越大;转角与轴力呈负相关关系,轴力越大,转角越小。

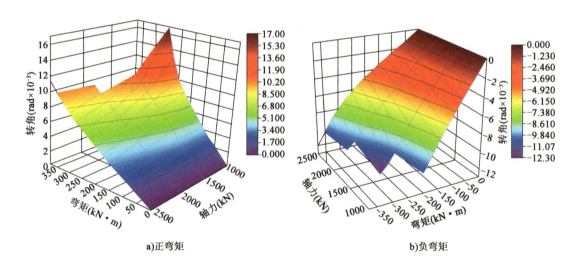

a)正弯矩 b)负弯矩

图7.2-19 弯矩、轴力和转角关系曲面图

(3)抗弯刚度

采用割线法对抗弯刚度进行计算,得到不同轴力下抗弯刚度与弯矩的关系曲线,如图 7.2-20 所示。由于试验过程中存在的一些随机因素,抗弯刚度个别点存在一些波动,但曲线整体变化趋势比较明显,整体来说轴力越大接头抗弯刚度越大,同一轴力下初始抗弯刚度最大,弯矩越大抗弯刚度越低。相比正弯矩和负弯矩,将抗弯刚度范围值进行统计见表 7.2-2。

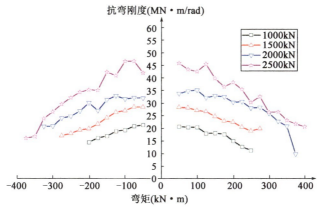

图7.2-20 割线抗弯刚度

接头抗弯刚度统计表 　　　　　　　　　　　　　　　　　表7.2-2

轴力 N (kN)	加载弯矩范围 M (kN·m)	正弯矩抗弯刚度 $k_{\theta+}$ (MN·m/rad)	负弯矩抗弯刚度 $k_{\theta-}$ (MN·m/rad)
1000	50~250	11.4~20.8	14.7~21.5
1500	50~275	19.1~28.5	17.3~28.7
2000	50~375	9.9~35.3	21.0~33.0
2500	50~375	20.8~45.9	16.4~46.7

(4) 混凝土侧面应变

1000kN 和 2000kN 轴力工况不同弯矩作用下接头侧面混凝土应力如图 7.2-21、图 7.2-22 所示。各工况混凝土侧面应力变化规律相似,轴力越大接头侧面混凝土应力越大。在弯矩为 0 时,接头在轴力和重力作用下达到平衡,侧面应力比较均匀;随着弯矩增加,压力侧应力逐渐增加,张开侧应力逐渐减小;最后出现较小的拉应力,应力减小为 0 时代表该位置接头张开。最大压应力出现在弯矩施力侧接头顶面,轴力增加接头张开高度减小。值得说明的是在负弯矩工况下应力最大位置在接头表面以下一定位置,随着弯矩的增加才逐渐转移到接头表面,这种情况可能与拼装精度有关。轴力为 1000kN 时,初始工况截面受力整体在 3MPa 左右,正弯矩工况弯矩最大时压应力最大值为 9.75MPa,负弯矩工况弯矩最大时压应力最大值为 8.81MPa。轴力为 2000kN 时,初始工况截面受力整体在 6MPa 左右,正弯矩工况弯矩最大时压应力最大值为 19.24MPa,负弯矩工况弯矩最大时压应力最大值为 18.31MPa。

(5) 破坏形式

平接头斜螺栓构件分别在轴力 1000kN 进行破坏试验,接头破坏形态如图 7.2-23 所示。在接头处于弹性阶段即转角曲线在直线段内接头未发生破坏现象,在弯矩达到 200kN·m 时开始在距离接头外表面 9cm 左右出现裂缝,并逐渐沿斜上方发展;随着弯矩继续增加裂缝在距离接头接触面 15cm 左右达到接头表面,即整个压碎破坏面积为 10cm × 15cm。裂缝贯通后,螺栓被拉断,接头失去承载能力,接头破坏。总体来说接头破坏过程可以划分为:接头接触面受力侧压紧,对称侧张开→受压侧产生裂缝→裂缝发展并贯通→螺栓被拉断接头破坏。

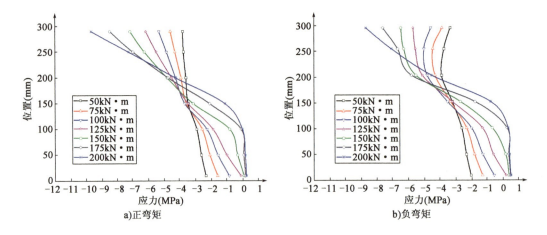

图 7.2-21　1000kN 轴力接头侧面应变

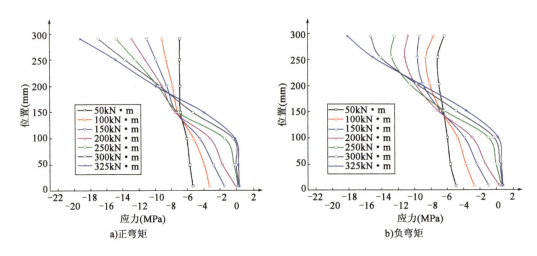

图 7.2-22　2000kN 轴力接头侧面应变

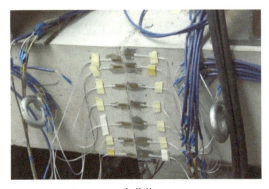

a)加载前

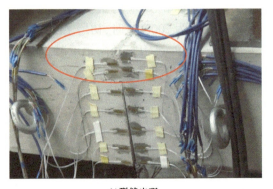

b)裂缝出现

图　7.2-23

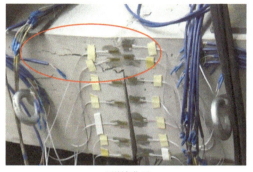
c) 裂缝发展

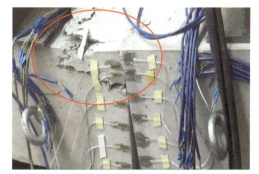
d) 接头破坏

e) 接头破坏

f) 接头破坏

图 7.2-23　轴力 1000kN 接头破坏过程

7.2.2.3　曲螺栓工况

(1) 接头张开量

对平接头曲螺栓工况不同轴力正弯矩下接缝面张开量测试数据进行分析,如图 7.2-24、图 7.2-25 所示,在正负弯矩作用下,接头张开量变化趋势相同,螺栓侧受拉张开,荷载侧受压压紧,不同轴力下接头张开量变化规律相似。相同轴力下,弯矩越大张开量越大,张开量基本和弯矩呈线性增长,相同弯矩下,轴力越大张开量越小,轴力的增加可以减小接头张开量。接头最大张开高度随轴力的增加逐渐降低。轴力为 1000kN 时,在高度为 22.5cm 位置张开量为 0,在 0～22.5cm 高度范围内张开量为正,正弯矩工况最大张开量为 3.05mm,负弯矩工况最大张开量为 3.10mm。轴力为 2000kN 时,在高度为 17.5cm 位置张开量为 0,在 0～17.5cm 高度范围内张开量为正,正弯矩工况最大张开量为 1.83mm,负弯矩工况最大张开量为 1.87mm。接头上端部的压缩量随着轴力和弯矩的增加逐渐增加,但量值远小于接头张开量。

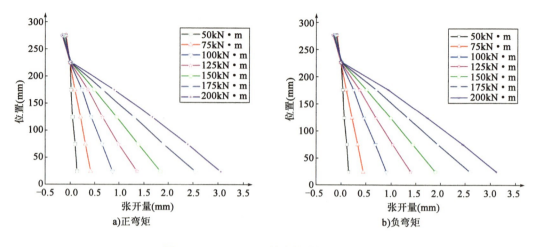

图 7.2-24　1000kN 轴力接头侧面张开量

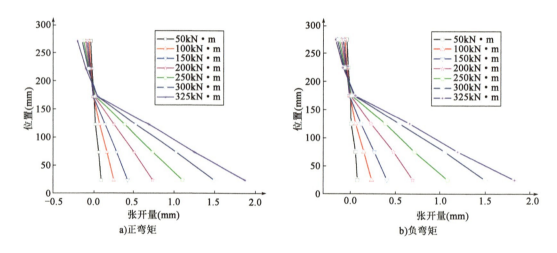

图 7.2-25　2000kN 轴力接头侧面张开量

（2）转角

通过接头挠度计算接头转角,不同荷载工况下接头转角如图 7.2-26 所示。第一象限和第三象限分别为正弯矩和负弯矩工况下试验结果。从图中可以看出,在不同轴力作用下,随着弯矩的增加接头转角变化可分为基本直线段和曲线段,弯矩较小时为基本直线段,弯矩较大时为曲线段,基本直线段的长度大于曲线段。直线段说明弯矩和转角呈线性关系,接头抗弯能力良好,当转角进入曲线段后曲线迅速向上发展说明接头抗弯刚度降低,接头抗弯性能减弱。从试验现场亦能看出,当接头转角进入曲线段后,接头抗弯性能迅速降低,只能继续增加 1 或 2 次弯矩荷载,接头便自行破坏。相同弯矩下,轴力越大转角越小,且转角曲线直线段越长,说明轴力越大能承受的弯矩也越大。

将弯矩、轴力和转角绘制三维曲面图,如图 7.2-27 所示。从图中可以看出转角和弯矩呈正相关关系,弯矩越大,转角越大;转角与轴力呈负相关关系,轴力越大,转角越小。

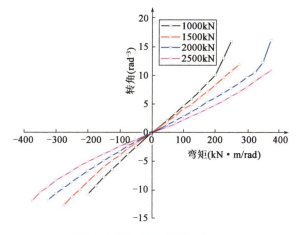

图 7.2-26　弯矩和转角关系

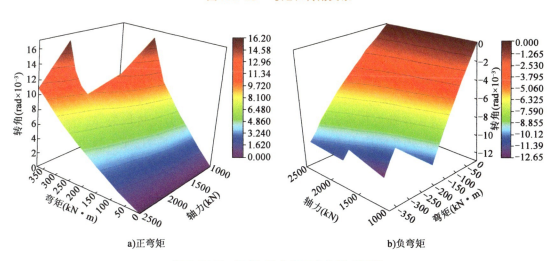

a)正弯矩　　　　　　　　　　　　b)负弯矩

图 7.2-27　弯矩、轴力和转角关系曲面图

(3)抗弯刚度

采用割线法对抗弯刚度进行计算,得到不同轴力下抗弯刚度与弯矩的关系曲线,如图 7.2-28 所示。由于试验过程中存在的一些随机因素,抗弯刚度个别点存在一些波动,但曲线整体变化趋势比较明显,整体来说轴力越大接头抗弯刚度越大,同一轴力下初始抗弯刚度最大,弯矩越大抗弯刚度越低。相比正弯矩和负弯矩,将抗弯刚度范围值进行统计见表 7.2-3。

接头抗弯刚度统计表　　　　　　　　　　　表 7.2-3

轴力 N (kN)	加载弯矩范围 M (kN·m)	正弯矩抗弯刚度 $k_{\theta+}$ (MN·m/rad)	负弯矩抗弯刚度 $k_{\theta-}$ (MN·m/rad)
1000	50~250	9.9~21.4	13.6~21.2
1500	50~275	18.9~29.3	16.7~28.3
2000	50~375	9.1~35.4	21.3~34.0
2500	50~375	19.3~48.1	16.4~46.4

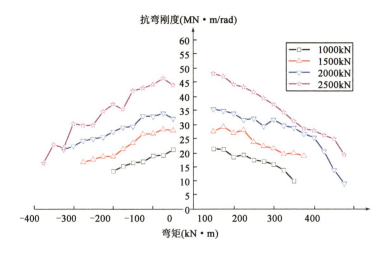

图7.2-28 割线抗弯刚度

(4) 混凝土侧面应变

1000kN 和 2000kN 轴力工况不同弯矩作用下接头侧面混凝土应力如图 7.2-29、图 7.2-30 所示。各工况混凝土侧面应力变化规律相似,轴力越大接头侧面混凝土应力越大,在弯矩为 0 时,接头在轴力和重力作用下达到平衡,侧面应力比较均匀,随着弯矩增加,压力侧应力逐渐增加,张开侧应力逐渐减小,最后出现较小的拉应力,应力减小为 0 时代表该位置接头张开。最大压应力出现在弯矩施力侧接头顶面,轴力增加接头张开高度减小。值得说明的是在负弯矩工况下应力最大位置在接头表面以下一定位置,随着弯矩的增加才逐渐转移到接头表面,这种情况可能与拼装精度有关。轴力为 1000kN 时,初始工况截面受力整体在 3MPa 左右,正弯矩工况弯矩最大时压应力最大值为 9.77MPa,负弯矩工况弯矩最大时压应力最大值为 8.86MPa。轴力为 2000kN 时,初始工况截面受力整体在 6MPa 左右,正弯矩工况弯矩最大时压应力最大值为 18.87MPa,负弯矩工况弯矩最大时压应力最大值为 18.42MPa。

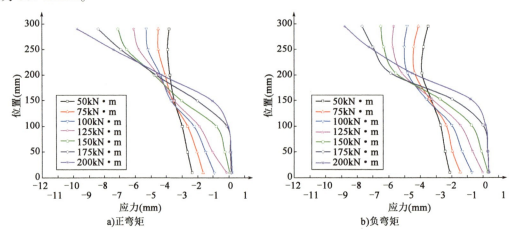

图7.2-29 1000kN 轴力接头侧面应变

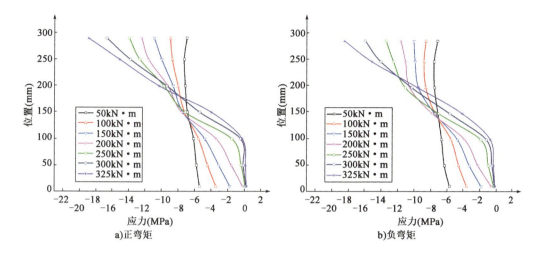

图 7.2-30 2000kN 轴力接头侧面应变

(5) 破坏形式

平接头曲螺栓构件分别在轴力 1000kN 和 2000kN 下进行破坏试验,接头破坏形态如图 7.2-31 和图 7.2-32 所示。对于 1000kN 轴力工况下,在接头处于弹性阶段,即转角曲线在直线段内接头未发生破坏现象;在弯矩达到 200kN·m 时开始在距离接头外表面 5cm 左右出现第一条裂缝,并逐渐沿斜上方发展;随着弯矩增加随后在距离接头外表面 10cm 左右开始出现第二条裂缝,并逐渐沿斜上方发展与第一条裂缝汇合,两条裂缝在距离接头接触面 15cm 左右达到接头表面,即整个压碎破坏面积为 20cm×10cm。两条裂缝贯通后接头失去承载能力,接头破坏。对于 2000kN 轴力工况,破坏形式和 1000kN 工况类似。开始接头曲线为直线段时,接头仅产生垂向位移并未发生破坏,弯矩达到 325kN·m 时开始在距离接头外表面 5cm 左右出现第一条裂缝,随后在距离接头外表面 15cm 左右开始出现第二条裂缝,两条裂缝逐渐向斜上方发展,并在距离接头接触面 20～25cm 达到接头表面,两条裂缝贯通后接头失去承载能力,接头破坏。总体来说接头破坏过程可以划分为:接头接触面受力侧压紧,对称侧张开→受压侧产生第一条裂缝→受压侧产生第二条裂缝→裂缝发展并贯通→接头破坏。

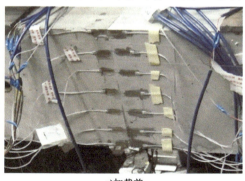
a) 加载前

b) 裂缝出现

图 7.2-31

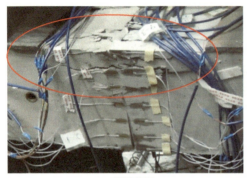
c)裂缝发展
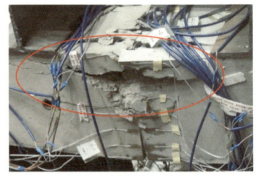
d)裂缝贯穿

e)接头破坏

f)接头破坏

图 7.2-31　轴力 1000kN 接头破坏过程

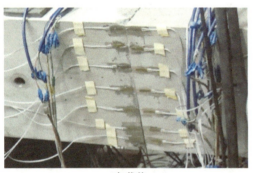
a)加载前
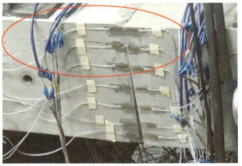
b)裂缝出现

图　7.2-32

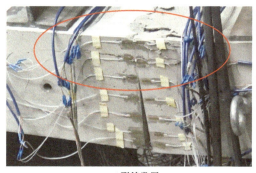

c)裂缝发展　　　　　　　　　　　d)裂缝贯穿

e)接头破坏

f)接头破坏

图 7.2-32　轴力 2000kN 接头破坏过程

对比 1000kN 和 2000kN 轴力下接头破坏过程，两者发展趋势基本相同，仅在破坏区域大小和承载能力方面有区别。轴力越大，承载能力越大，破坏区域越大。值得说明的是在接头加载过程中大部分是处于弹性阶段，即接头转角与弯矩呈线性关系，在此过程中接头并未发生破坏。当接头进入塑性区后开始出现裂缝，荷载进一步加大后裂缝迅速发展，并发生破坏。弹性阶段占到整个加载过程的 3/4～4/5 的范围。

7.2.2.4　直螺栓工况

（1）接头张开量

对平接头直螺栓工况不同轴力正弯矩下接缝面张开量测试数据进行分析，如图 7.2-33、图 7.2-34 所示，在正负弯矩作用下，接头张开量变化趋势相同，但是由于螺栓的作用，正弯矩下张开量小于负弯矩下张开量螺栓侧受拉张开量。荷载侧受压压紧，不同轴力下接头张开量变化规律相似。相同轴力下，弯矩越大张开量越大，张开量基本和弯矩呈线性增长。相同弯矩下，轴力越大张开量越小，轴力的增加可以减小接头张开量。接头最大张开高度随轴力的增加逐渐降低，最大张开量随之减小。轴力为 1000kN 时，在高度为 22.5cm 位置张开量为 0，在 0～22.5cm 高度范围内张开量为正，正弯矩工况最大张开量为 2.2mm，负弯矩工况最大张开量为3.05mm。轴力为2000kN时,在高度为17.5cm位置张开量为0,在0~17.5cm高度范围内张开量为正,正弯矩工况最大张开量为1.31mm,负弯矩工况最大张开量为1.83mm。接头上端部的压缩量随着轴力和弯矩的增加逐渐增加,但量值远小于接头张开量。

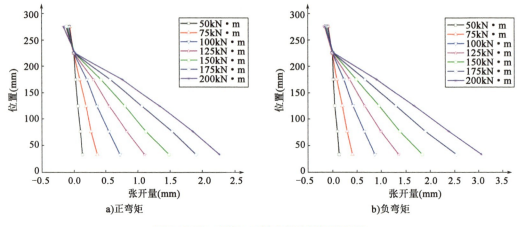

图7.2-33　1000kN轴力接头侧面张开量

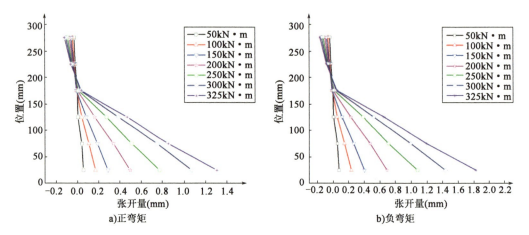

图7.2-34　2000kN轴力接头侧面张开量

（2）转角

通过接头挠度计算接头转角,不同荷载工况下接头转角如图7.2-35所示。第一象限和第三象限分别为正弯矩和负弯矩工况下试验结果。从图中可以看出,在不同轴力作用下,随着弯矩的增加接头转角变化可分为基本直线段和曲线段,弯矩较小时为基本直线段,弯矩较大时为曲线段,基本直线段的长度大于曲线段。直线段说明弯矩和转角呈线性关系,接头抗弯能力良好,当转角进入曲线段后曲线迅速向上发展说明接头抗弯刚度降低,接头抗弯性能减弱。从试验现场亦能看出,当接头转角进入曲线段后,接头抗弯性能迅速降低,只能继续增加1次或2次弯矩荷载,接头便自行破坏。相同弯矩下,轴力越大转角越小,且转角曲线直线段越长,说明轴力越大能承受的弯矩也越大。

将弯矩、轴力和转角绘制三维曲面图,如图7.2-36所示。从图中可以看出转角和弯矩呈正相关关系,弯矩越大,转角越大;转角与轴力呈负相关关系,轴力越大,转角越小。

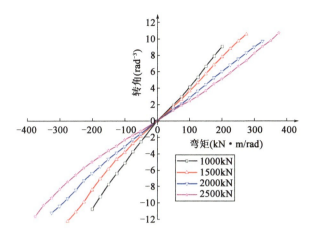

图 7.2-35 弯矩和转角关系

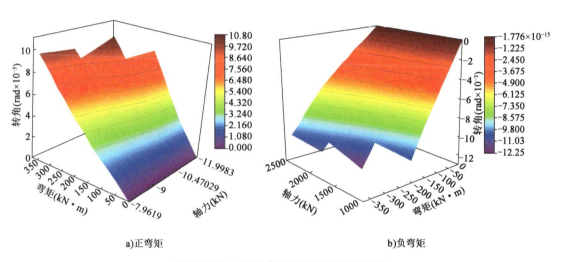

a)正弯矩   b)负弯矩

图 7.2-36 弯矩、轴力和转角关系曲面图

(3)抗弯刚度

采用割线法对抗弯刚度进行计算,得到不同轴力下抗弯刚度与弯矩的关系曲线,如图 7.2-37 所示。由于试验过程中存在的一些随机因素,抗弯刚度个别点存在一些波动,但曲线整体变化趋势比较明显,整体来说轴力越大接头抗弯刚度越大,同一轴力下初始抗弯刚度最大,弯矩越大抗弯刚度越低。相比正弯矩和负弯矩,将抗弯刚度范围值进行统计见表 7.2-4。

接头抗弯刚度统计表　　　　　　表 7.2-4

轴力 N (kN)	加载弯矩范围 M (kN·m)	正弯矩抗弯刚度 $k_{\theta+}$ (MN·m/rad)	负弯矩抗弯刚度 $k_{\theta-}$ (MN·m/rad)
1000	50~250	15.1~23.6	11.9~19.4
1500	50~275	20.9~29.9	16.2~27.8
2000	50~375	9.1~35.3	19.9~33.5
2500	50~375	20.5~46.8	18.6~46.1

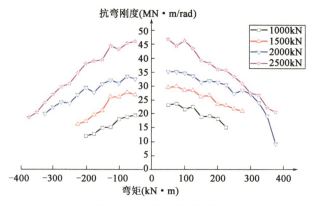

图 7.2-37　割线抗弯刚度

(4) 混凝土侧面应变

1000kN 和 2000kN 轴力工况不同弯矩作用下接头侧面混凝土应力如图 7.2-38、图 7.2-39 所示。各工况混凝土侧面应力变化规律相似,轴力越大接头侧面混凝土应力越大。在弯矩为 0 时,接头在轴力和重力作用下达到平衡,侧面应力比较均匀,随着弯矩增加,压力侧应力逐渐增加,张开侧应力逐渐减小;最后出现较小的拉应力。应力减小为 0 代表该位置接头张开。最大压应力出现在弯矩施力侧接头顶面,轴力增加接头张开高度减小。值得说明的是在负弯矩工况下应力最大位置在接头表面以下一定位置,随着弯矩的增加才逐渐转移到接头表面,这种情况可能与拼装精度有关。轴力为 1000kN 时,初始工况截面受力整体在 3MPa 左右,正弯矩工况弯矩最大时压应力最大值为 9.79MPa,负弯矩工况弯矩最大时压应力最大值为 9.05MPa。轴力为 2000kN 时,初始工况截面受力整体在 6MPa 左右,正弯矩工况弯矩最大时压应力最大值为 18.92MPa,负弯矩工况弯矩最大时压应力最大值为 17.93MPa。

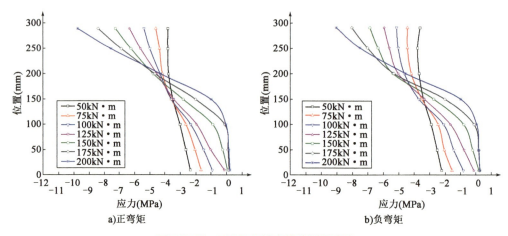

a) 正弯矩　　　　　　　　　　　　b) 负弯矩

图 7.2-38　1000kN 轴力接头侧面应力

(5) 破坏形式

平接头直螺栓构件在轴力 1000kN 进行破坏试验,接头破坏形态如图 7.2-40 所示。在接头处于弹性阶段即转角曲线在直线段内接头未发生破坏现象,在弯矩达到 150kN·m 时开始在距离接头外表面5cm左右出现裂缝,并逐渐沿斜上方发展,随着弯矩继续增加裂缝在距离接头接触面10cm左右达到接头表面,即整个压碎破坏面积为5cm×10cm。裂缝贯通后,螺栓孔被拉坏,接头失去承载能力,接头破坏。总体来说接头破坏过程可以划分为:接头接触面受力侧压紧,对称侧张开→受压侧产生裂缝→裂缝发展并贯通→螺栓孔被拉坏接头破坏。

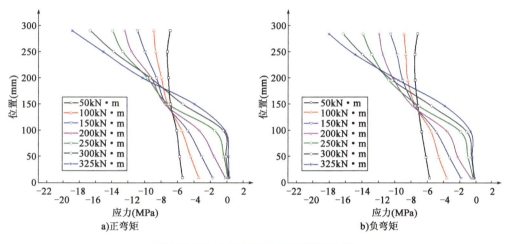

图7.2-39　2000kN轴力接头侧面应力

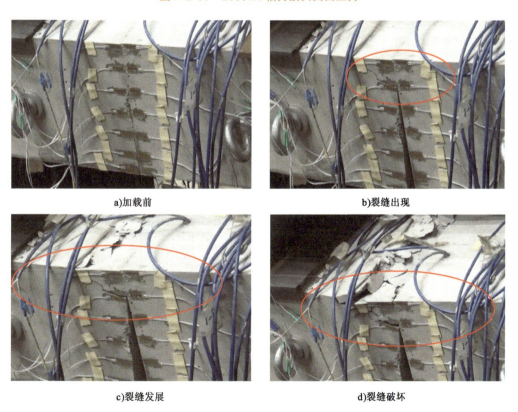

图　7.2-40

e) 接头正面

f) 螺栓孔破坏

图 7.2-40 轴力 1000kN 接头破坏过程

7.2.3 接头抗弯刚度分析

通过上节分析可知,不同轴力下接头抗弯刚度与弯矩之间存在着相似的变化规律,抗弯刚度随着弯矩值的增加而逐渐减小,本节将采用数学方法里曲线拟合的方式对接头抗弯刚度进行处理,描述抗弯刚度随弯矩的变化规律,提出铁路隧道预制装配式衬砌接头抗弯刚度的经验公式。

通过对抗弯刚度试验结果进行观察,结合工程易用性,采用拟合函数 $y = a + bx$。式中,x 为弯矩(kN·m),y 为抗弯刚度(MN·m/rad),a、b 为参数。

7.2.3.1 无螺栓工况

平接头无螺栓抗弯刚度拟合曲线如图 7.2-41 所示,抗弯刚度经验公式见表 7.2-5。

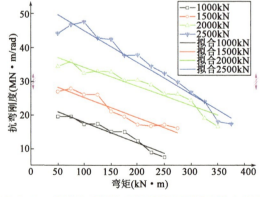

图 7.2-41 平接头无螺栓抗弯刚度与弯矩关系曲线拟合

平接头无螺栓抗弯刚度经验公式　　　　　　　　　　　表 7.2-5

弯矩	轴力(kN)	参数 a	参数 b	R^2	经验公式
正弯矩	1000	24.1288	−0.06179	0.9326	$k_\theta = 24.1288 - 0.06179M$
正弯矩	1500	31.2480	−0.05968	0.9046	$k_\theta = 31.2480 - 0.05968M$
正弯矩	2000	39.9441	−0.05684	0.8963	$k_\theta = 39.9441 - 0.05684M$
正弯矩	2500	54.4863	0.09409	0.9488	$k_\theta = 54.4863 - 0.09409M$

7.2.3.2 斜螺栓工况

平接头斜螺栓抗弯刚度拟合曲线如图 7.2-42 和图 7.2-43 所示,抗弯刚度经验公式见表 7.2-6。

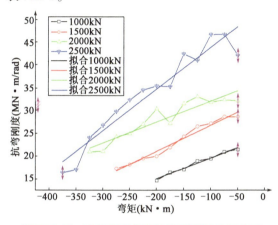

图 7.2-42　平接头斜螺栓抗弯刚度与弯矩关系曲线拟合(负弯矩)　　　图 7.2-43　平接头斜螺栓抗弯刚度与弯矩关系曲线拟合(正弯矩)

平接头斜螺栓抗弯刚度经验公式　　　　　　　　　　　表 7.2-6

弯矩	轴力(kN)	参数 a	参数 b	R^2	经验公式
负弯矩	1000	24.1287	0.04553	0.9805	$k_\theta = 24.1287 + 0.04553M$
负弯矩	1500	32.5341	0.05718	0.9733	$k_\theta = 32.5341 + 0.05718M$
负弯矩	2000	36.6985	0.04593	0.8684	$k_\theta = 36.6985 + 0.04593M$
负弯矩	2500	52.0482	0.09135	0.9230	$k_\theta = 52.0482 + 0.09135M$
正弯矩	1000	24.4378	−0.04787	0.9122	$k_\theta = 24.4378 - 0.04787M$
正弯矩	1500	31.5203	−0.04562	0.9602	$k_\theta = 31.5203 - 0.04562M$
正弯矩	2000	32.7228	−0.04348	0.8845	$k_\theta = 32.7228 - 0.04348M$
正弯矩	2500	51.1775	−0.07622	0.9566	$k_\theta = 51.1775 - 0.07622M$

7.2.3.3 曲螺栓工况

平接头曲螺栓抗弯刚度拟合曲线如图 7.2-44 和图 7.2-45 所示,抗弯刚度经验公式见表 7.2-7。

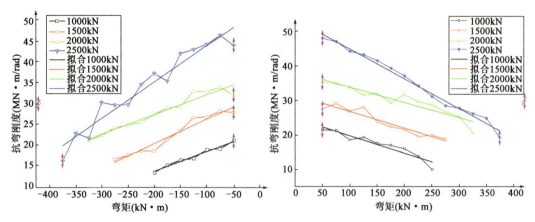

图 7.2-44 平接头曲螺栓抗弯刚度与弯矩关系曲线拟合(负弯矩)　　图 7.2-45 平接头曲螺栓抗弯刚度与弯矩关系曲线拟合(正弯矩)

平接头曲螺栓抗弯刚度经验公式　　表 7.2-7

弯矩	轴力(kN)	参数 a	参数 b	R^2	经验公式
负弯矩	1000	23.2920	0.04732	0.9728	$k_\theta = 23.2920 + 0.04732M$
负弯矩	1500	32.2153	0.05870	0.9501	$k_\theta = 32.2153 + 0.05870M$
负弯矩	2000	36.9271	0.04727	0.9420	$k_\theta = 36.9271 + 0.04727M$
负弯矩	2500	52.6436	0.08698	0.9358	$k_\theta = 52.6436 + 0.08698M$
正弯矩	1000	24.7663	-0.05045	0.9012	$k_\theta = 24.7663 - 0.05045M$
正弯矩	1500	31.7605	-0.04871	0.9016	$k_\theta = 31.7605 - 0.04871M$
正弯矩	2000	38.4006	-0.04444	0.8767	$k_\theta = 38.4006 - 0.04444M$
正弯矩	2500	53.5967	-0.08628	0.9877	$k_\theta = 53.5967 - 0.08628M$

7.2.3.4 直螺栓工况

平接头直螺栓抗弯刚度拟合曲线如图 7.2-46 和图 7.2-47 所示,抗弯刚度经验公式见表 7.2-8。

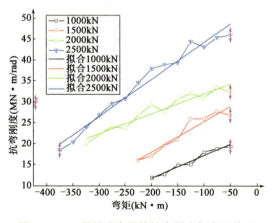
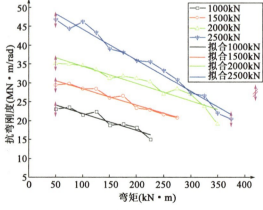

图 7.2-46 平接头直螺栓抗弯刚度与弯矩关系曲线拟合(负弯矩)　　图 7.2-47 平接头直螺栓抗弯刚度与弯矩关系曲线拟合(正弯矩)

平接头直螺栓抗弯刚度经验公式　　　　　表 7.2-8

弯矩	轴力(kN)	参数 a	参数 b	R^2	经验公式
负弯矩	1000	22.5981	0.05375	0.9634	$k_\theta = 22.5981 + 0.05375M$
负弯矩	1500	32.6036	0.07257	0.9132	$k_\theta = 32.6036 + 0.07257M$
负弯矩	2000	36.6883	0.04719	0.9237	$k_\theta = 36.6883 + 0.04719M$
负弯矩	2500	53.0821	0.08817	0.9724	$k_\theta = 53.0821 + 0.08817M$
正弯矩	1000	24.4510	−0.04517	0.8803	$k_\theta = 24.4510 - 0.04517M$
正弯矩	1500	32.7864	−0.04270	0.9469	$k_\theta = 32.90720 - 0.04270M$
正弯矩	2000	39.0720	−0.04558	0.8839	$k_\theta = 39.0720 - 0.04558M$
正弯矩	2500	52.4826	−0.08191	0.9761	$k_\theta = 52.4826 - 0.08191M$

7.2.3.5 抗弯刚度对比分析

装配式衬砌接头力学性能主要体现为抗弯刚度,本节对上述各工况接头抗弯刚度进行对比研究,研究不同螺栓连接之间的区别。

将平接头不同轴力下不同螺栓连接形式的试验抗弯刚度进行分类汇总,如图 7.2-48 ~ 图 7.2-51 所示。从图中可以看出,对于 1000kN 轴力下正弯矩工况,无螺栓接头抗弯刚度最小,曲螺栓和斜螺栓接头抗弯刚度居中且两者大小相当,直螺栓接头抗弯刚度最大。对于 1000kN 轴力下负弯矩工况,直螺栓接头抗弯刚度最小,曲螺栓接头抗弯刚度居中,斜螺栓抗弯刚度接头最大。对于 1500kN 轴力下正弯矩工况,无螺栓接头抗弯刚度最小,曲螺栓和斜螺栓接头抗弯刚度居中且两者大小相当,直螺栓接头抗弯刚度最大。对于 1500kN 轴力下负弯矩工况,直螺栓接头抗弯刚度最小,曲螺栓接头抗弯刚度居中,斜螺栓抗弯刚度接头最大。曲螺栓和直螺栓差距已经较小。对于 2000kN 轴力下正弯矩和负弯矩工况,4 种螺栓连接形式在抗弯刚度已经十分接近,4 条抗弯刚度曲线已经相互交叉。对于 2500kN 轴力下正弯矩和负弯矩工况,4 种螺栓连接形式在抗弯刚度基本相同,4 条抗弯刚度曲线相互交错。可得出如下结论:

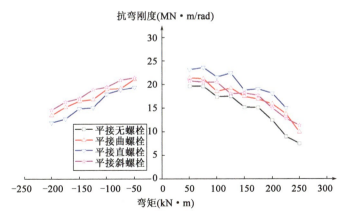

图 7.2-48　平接头 1000kN 轴力不同连接形式抗弯刚度

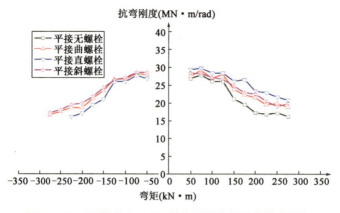

图 7.2-49　平接头 1500kN 轴力不同连接形式抗弯刚度

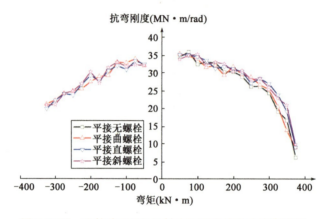

图 7.2-50　平接头 2000kN 轴力不同连接形式抗弯刚度

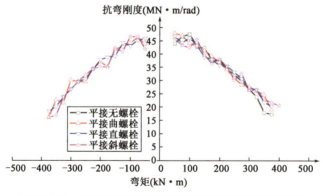

图 7.2-51　平接头 2500kN 轴力不同连接形式抗弯刚度

(1) 轴力越小,螺栓效应越明显,螺栓对抗弯刚度影响越大;轴力越大,螺栓对抗弯刚度影响越小。

(2) 在轴力大于 2000kN 时螺栓效应已经不明显,轴力为 2500kN 时各螺栓连接形式下接头抗弯刚度基本相同。

(3) 在正弯矩工况下,对抗弯刚度影响由大到小的连接形式为:直螺栓 > 曲螺栓 = 斜螺栓＞无螺栓。

（4）在负弯矩工况下，对抗弯刚度影响由大到小的连接形式为：斜螺栓＞曲螺栓＞直螺栓。

7.3 榫槽接头力学性能试验研究

对已经完成的平接头试验研究为基础，对榫槽接头无螺栓、曲螺栓、直螺栓和斜螺栓4种连接形式进行轴弯加载试验，进行接头力学性能分析，并与平接头试验结果进行对比。

7.3.1 测点布置

榫槽接头测点布置与平接头构件类似，传感器类型同样为应变片和位移传感器，具体如图7.3-1、图7.3-2所示。

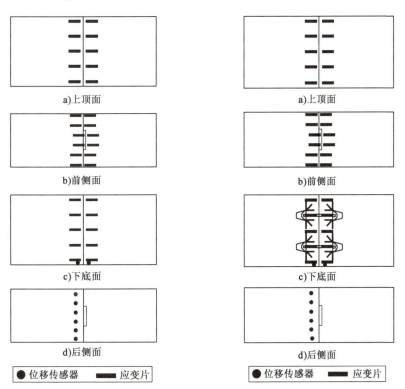

图 7.3-1　无螺栓接头接头测点布置图　　图 7.3-2　有螺栓接头接头测点布置图

7.3.2 试验结果分析

对不同接头试件试验结果，主要围绕接头张开量、接头转角、接头抗弯刚度、混凝土侧面应变、混凝土底面应变和接头破坏模式进行分析。

7.3.2.1 无螺栓工况

(1) 接头张开量

对榫槽接头无螺栓工况不同轴力正弯矩下接缝面张开量测试数据进行分析,如图7.3-3~图7.3-6所示,在弯矩作用下,荷载侧受压压紧,不同轴力下接头张开量变化规律相似。相同轴力下,弯矩越大张开量越大,张开量基本和弯矩呈线性增长,相同弯矩下,轴力越大张开量越小,轴力的增加可以减小接头张开量。接头最大张开高度随轴力的增加逐渐降低,轴力为1000kN时,在高度为22.5cm位置张开量为0,在0~22.5cm高度范围内张开量为正,最大张开量为2.2mm。轴力为2000kN时,在高度为17.5cm位置张开量为0,在0~17.5cm高度范围内张开量为正,最大张开量为1.31mm。接头上端部的压缩量随着轴力和弯矩的增加逐渐增加,但量值远小于接头张开量。

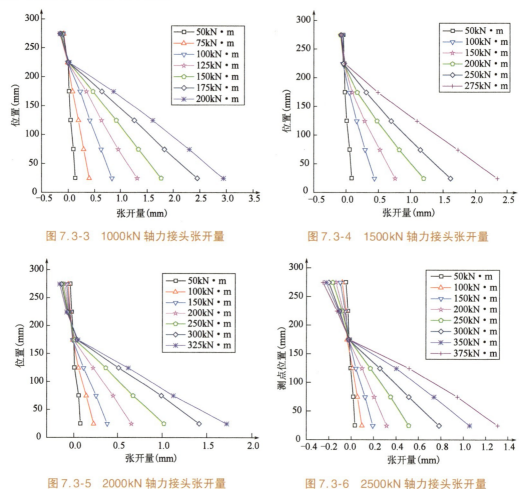

图7.3-3 1000kN轴力接头张开量　　图7.3-4 1500kN轴力接头张开量

图7.3-5 2000kN轴力接头张开量　　图7.3-6 2500kN轴力接头张开量

(2) 转角

通过接头挠度计算接头转角,不同荷载工况下接头转角如图7.3-7所示。从图中可以看出,在不同轴力作用下,随着弯矩的增加接头转角变化可分为基本直线段和曲线段,弯矩较小时为基本直线段,弯矩较大时为曲线段,基本直线段的长度大于曲线段。直线段说明弯矩和转角呈线性关系,接头抗弯能力良好,当转角进入曲线段后曲线迅速向上发展说明接头抗弯刚度降低,接头抗弯性能减弱。从试验现场亦能看出,当接头转角进入曲线段后,接头抗弯性能迅速降低,只能继续增加1次或2次弯矩荷载,接头便自行破坏。相同弯矩下,轴力越大转角越小,且转角曲线直线段越长,说明轴力越大能承受的弯矩也越大。

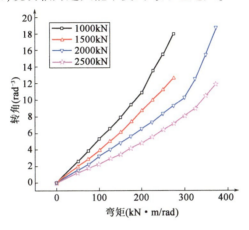

图 7.3-7　弯矩和转角关系

将弯矩、轴力和转角绘制三维曲面图,如图 7.3-8 所示。从图中可以看出转角和弯矩呈正相关关系,弯矩越大,转角越大;转角与轴力呈负相关关系,轴力越大,转角越小。

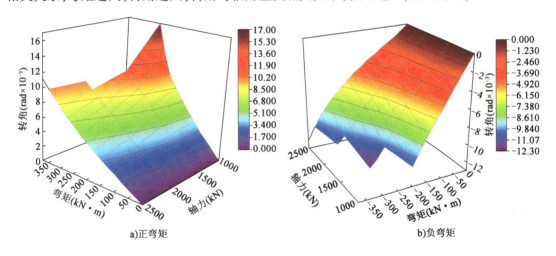

a) 正弯矩　　　　　　　　　　　b) 负弯矩

图 7.3-8　弯矩、轴力和转角关系曲面图

(3) 抗弯刚度

采用割线法对抗弯刚度进行计算,得到不同轴力下抗弯刚度与弯矩的关系曲线,如图 7.3-9 所示。由于试验过程中存在的一些随机因素,抗弯刚度个别点存在一些波动,但曲线整体变化趋势比较明显,整体来说轴力越大接头抗弯刚度越大,同一轴力下初始抗弯刚度最大,弯矩越大抗弯刚度越低。相比正弯矩和负弯矩,将抗弯刚度范围值进行统计,见表 7.3-1。

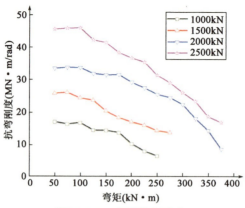

图 7.3-9　割线抗弯刚度

接头抗弯刚度统计表　　　　　　　　　　　　　　　　　　　表 7.3-1

轴力 $N(kN)$	加载弯矩范围 $M(kN·m)$	抗弯刚度 $k_\theta(MN·m/rad)$
1000	50~250	6.6~17.1
1500	50~275	13.8~26.3
2000	50~375	8.7~33.9
2500	50~375	16.9~46.2

（4）混凝土侧面应变

1000kN 和 2000kN 轴力工况不同弯矩作用下接头侧面混凝土应力如图 7.3-10、图 7.3-11 所示。各工况混凝土侧面应力变化规律相似，轴力越大接头侧面混凝土应力越大，在弯矩为 0 时，接头在轴力和重力作用下达到平衡，侧面应力比较均匀，随着弯矩增加，压力侧应力逐渐增加，张开侧应力逐渐减小，最后出现较小的拉应力，应力减小为 0 时代表该位置接头张开。最大压应力出现在弯矩施力侧接头顶面，轴力增加接头张开高度减小。值得说明的是在负弯矩工况下应力最大位置在接头表面以下一定位置，随着弯矩的增加才逐渐转移到接头表面，这种情况可能与拼装精度有关。轴力为 1000kN 时，初始工况截面受力整体在 3MPa 左右，弯矩最大时压应力最大值为 9.20MPa。轴力为 2000kN 时，初始工况截面受力整体在 6MPa 左右，弯矩最大时压应力最大值为 17.55MPa。

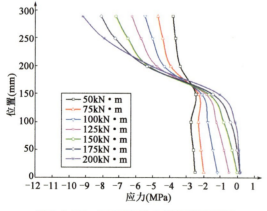

图 7.3-10　1000kN 轴力接头侧面应变

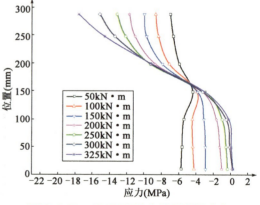

图 7.3-11　2000kN 轴力接头侧面应变

(5)破坏形式

榫槽接头无螺栓构件分别在轴力1000kN和2000kN下进行破坏试验,接头破坏形态如图7.3-12和图7.3-13所示。1000kN轴力和2000kN轴力破坏形式和破坏范围相同,凹槽构件从槽上部豁口处开裂,凸榫构件从榫上部接口处压溃,榫槽部分基本没有损坏。

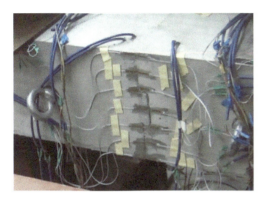

a)加载前

b)裂缝出现

c)裂缝发展

d)裂缝破坏

e)接头凸榫正面

f)接头凹槽正面

图7.3-12 轴力1000kN接头破坏过程

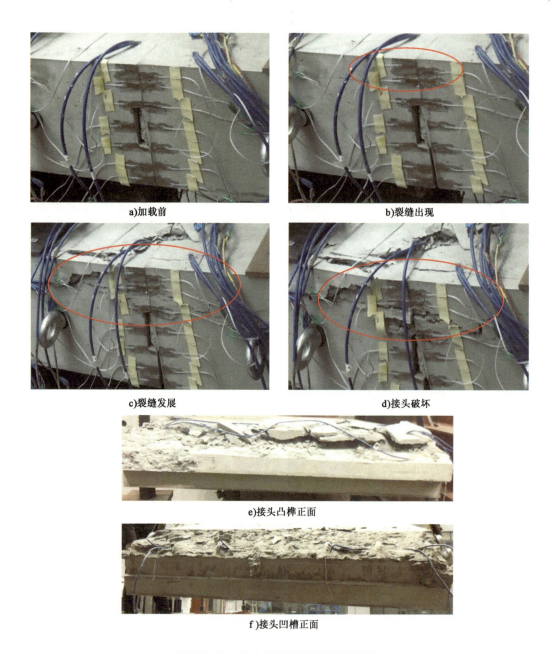

图 7.3-13 轴力 2000kN 接头破坏过程

7.3.2.2 斜螺栓工况

(1) 接头张开量

对榫槽接头斜螺栓工况不同轴力正弯矩下接缝面张开量测试数据进行分析,如图 7.3-14、图 7.3-15 所示,在正负弯矩作用下,接头张开量变化趋势相同,螺栓侧受拉张开,荷载侧受压压紧,不同轴力下接头张开量变化规律相似。相同轴力下,弯矩越大张开量越大,张开量基本和弯矩呈线性增长,相同弯矩下,轴力越大张开量越小,轴力的增加可以减小接头张开量。接头最大张开高度随轴力的增加逐渐降低,轴力为1000kN时,在高度为22.5cm位置张开量为0,在0~22.5cm高度范围内张开量为正,正弯矩工况最大张开量为3.05mm,负弯矩工况最大张开量为3.11mm。轴力为2000kN时,在高度为17.5cm位置张开量为0,在0~17.5cm高度范围内张开量为正,正弯矩工况最大张开量为1.83mm,负弯矩工况最大张开量为1.77mm。接头上端部的压缩量随着轴力和弯矩的增加逐渐增加,但量值远小于接头张开量。

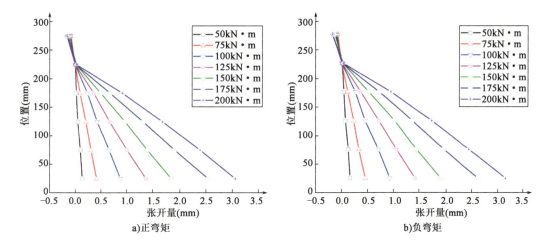

图7.3-14 1000kN轴力接头侧面张开量

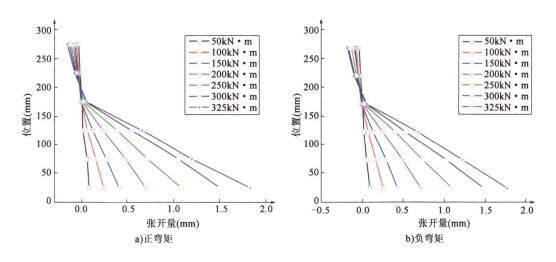

图7.3-15 2000kN轴力接头侧面张开量

(2)转角

通过接头挠度计算接头转角,不同荷载工况下接头转角如图7.3-16所示。第一象限和第三象限分别为正弯矩和负弯矩工况下试验结果。从图中可以看出,在不同轴力作用下,随着弯矩的增加接头转角变化可分为基本直线段和曲线段,弯矩较小时为基本直线段,弯矩较大时为曲线段,基本直线段的长度大于曲线段。直线段说明弯矩和转角呈线性关系,接头抗弯能力良好,当转角进入曲线段后曲线迅速向上发展说明接头抗弯刚度降低,接头抗弯性能减弱。从试验现场亦能看出,当接头转角进入曲线段后,接头抗弯性能迅速降低,只能继续增加1次或2次弯矩荷载,接头便自行破坏。相同弯矩下,轴力越大转角越小,且转角曲线直线段越长,说明轴力越大能承受的弯矩也越大。

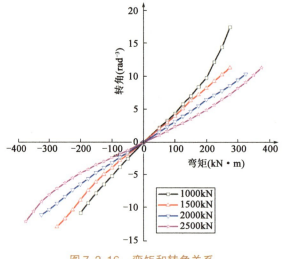

图7.3-16 弯矩和转角关系

将弯矩、轴力和转角绘制三维曲面图,如图7.3-17所示,从图中可以看出转角和弯矩呈正相关关系,弯矩越大,转角越大;转角与轴力呈负相关关系,轴力越大,转角越小。

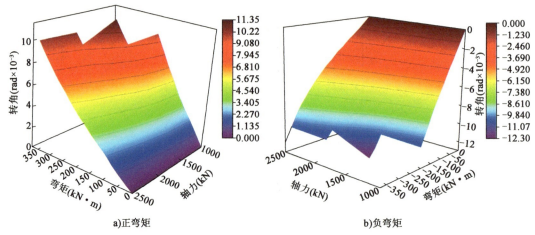

a)正弯矩　　　　　　　　　　　　b)负弯矩

图7.3-17 弯矩、轴力和转角关系曲面图

(3)抗弯刚度

采用割线法对抗弯刚度进行计算,得到不同轴力下抗弯刚度与弯矩的关系曲线,如图7.3-18所示。由于试验过程中存在的一些随机因素,抗弯刚度个别点存在一些波动,但曲线整体变化趋势比较明显,整体来说轴力越大接头抗弯刚度越大,同一轴力下初始抗弯刚度最大,弯矩越大抗弯刚度越低。相比正弯矩和负弯矩,将抗弯刚度范围值进行统计见表7.3-2。

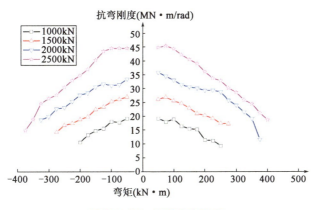

图 7.3-18 割线抗弯刚度

接头抗弯刚度统计表　　　　　　　　　　　　　表 7.3-2

轴力 N (kN)	加载弯矩范围 M (kN·m)	正弯矩抗弯刚度 $k_{\theta+}$ (MN·m/rad)	负弯矩抗弯刚度 $k_{\theta-}$ (MN·m/rad)
1000	50~250	9.4~19.3	10.7~19.3
1500	50~275	17.4~28.3	14.4~27.1
2000	50~375	26.5~27.0	18.8~33.5
2500	50~375	18.8~45.4	15.0~44.5

（4）混凝土侧面应变

1000kN 和 2000kN 轴力工况不同弯矩作用下接头侧面混凝土应力如图 7.3-19、图 7.3-20 所示。各工况混凝土侧面应力变化规律相似，轴力越大接头侧面混凝土应力越大，在弯矩为 0 时，接头在轴力和重力作用下达到平衡，侧面应力比较均匀，随着弯矩增加，压力侧应力逐渐增加，张开侧应力逐渐减小，最后出现较小的拉应力，应力减小为 0 时代表该位置接头张开。最大压应力出现在弯矩施力侧接头顶面，轴力增加接头张开高度减小。值得说明的是在负弯矩工况下应力最大位置在接头表面以下一定位置，随着弯矩的增加才逐渐转移到接头表面，这种情况可能与拼装精度有关。轴力为 1000kN 时，初始工况截面受力整体在 3MPa 左右，正弯矩工况弯矩最大时压应力最大值为 9.11MPa，负弯矩工况弯矩最大时压应力最大值为 9.05MPa。轴力为 2000kN 时，初始工况截面受力整体在 6MPa 左右，正弯矩工况弯矩最大时压应力最大值为 18.12MPa，负弯矩工况弯矩最大时压应力最大值为 18.01MPa。

（5）破坏形式

榫槽接头斜螺栓构件在轴力 1000kN 进行破坏试验，接头破坏形态如图 7.3-21 所示。当弯矩超过 200kN·m 时，接头开始出现裂缝，当弯矩加载至 250kN·m 时，接头凹槽构件从槽上部豁口处开裂，上部开始压碎。加载至 275kN·m 时，接头大面积压碎，螺栓被拉断，接头破坏。榫槽斜螺栓在正弯矩下破坏特征为：受压区混凝土先压碎，螺栓被拉断，然后接头破坏。值得说明的是，在接头最后的破坏过程中螺栓是被拉断，螺栓孔未发生破坏，斜螺栓在整个过程中对接头作用不大。

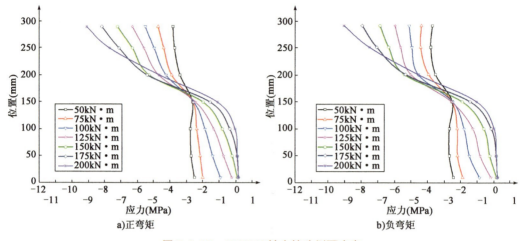

图 7.3-19　1000kN 轴力接头侧面应变

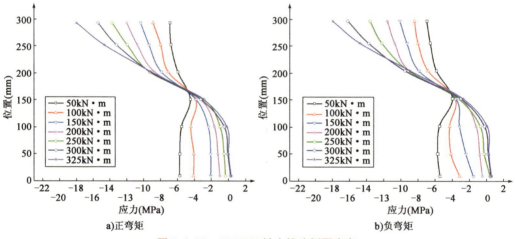

图 7.3-20　2000kN 轴力接头侧面应变

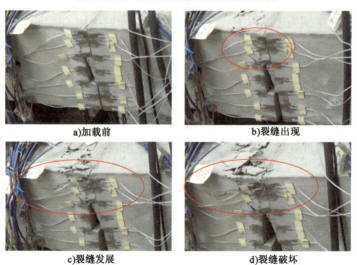

图 7.3-21　接头 1000kN 负弯矩破坏过程

7.3.2.3 曲螺栓工况

(1)接头张开量

对榫槽接头曲螺栓工况不同轴力正弯矩下接缝面张开量测试数据进行分析,如图7.3-22、图7.3-23所示。在正负弯矩作用下,接头张开量变化趋势相同,螺栓侧受拉张开,荷载侧受压压紧,不同轴力下接头张开量变化规律相似。相同轴力下,弯矩越大张开量越大,张开量基本和弯矩呈线性增长,相同弯矩下,轴力越大张开量越小,轴力的增加可以减小接头张开量。接头最大张开高度随轴力的增加逐渐降低,轴力为1000kN时,在高度为22.5cm位置张开量为0,在0~22.5cm高度范围内张开量为正,正弯矩工况最大张开量为2.32mm,负弯矩工况最大张开量为2.32mm。轴力为2000kN时,在高度为17.5cm位置张开量为0,在0~17.5cm高度范围内张开量为正,正弯矩工况最大张开量为1.55mm,负弯矩工况最大张开量为1.56mm。接头上端部的压缩量随着轴力和弯矩的增加逐渐增加,但量值远小于接头张开量。

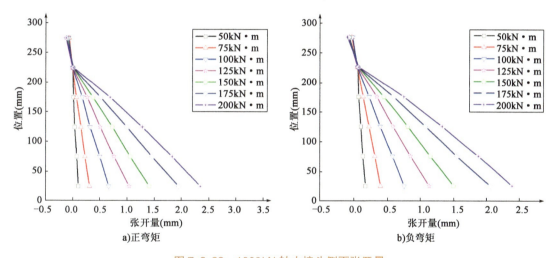

图7.3-22　1000kN轴力接头侧面张开量

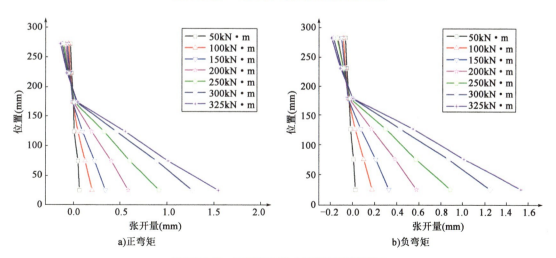

图7.3-23　2000kN轴力接头侧面张开量

（2）转角

通过接头挠度计算接头转角,不同荷载工况下接头转角如图7.3-24所示。第一象限和第三象限分别为正弯矩和负弯矩工况下试验结果。从图中可以看出,在不同轴力作用下,随着弯矩的增加接头转角变化可分为基本直线段和曲线段,弯矩较小时为基本直线段,弯矩较大时为曲线段,基本直线段的长度大于曲线段。直线段说明弯矩和转角呈线性关系,接头抗弯能力良好,当转角进入曲线段后曲线迅速向上发展说明接头抗弯刚度降低,接头抗弯性能减弱。从试验现场亦能看出,当接头转角进入曲线段后,接头抗弯性能迅速降低,只能继续增加1次或2次弯矩荷载,接头便自行破坏。相同弯矩下,轴力越大转角越小,且转角曲线直线段越长,说明轴力越大能承受的弯矩也越大。

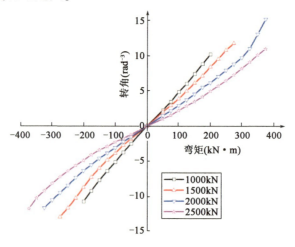

图7.3-24 弯矩和转角关系

将弯矩、轴力和转角绘制三维曲面图,如图7.3-25所示。从图中可以看出转角和弯矩呈正相关关系,弯矩越大,转角越大；转角与轴力呈负相关关系,轴力越大,转角越小。

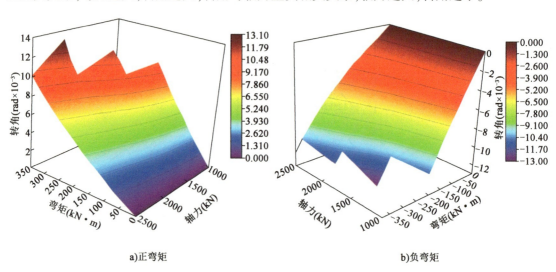

a) 正弯矩　　　　　　　　　　b) 负弯矩

图7.3-25 弯矩、轴力和转角关系曲面图

(3)抗弯刚度

采用割线法对抗弯刚度进行计算,得到不同轴力下抗弯刚度与弯矩的关系曲线,如图 7.3-26 所示。由于试验过程中存在的一些随机因素,抗弯刚度个别点存在一些波动,但曲线整体变化趋势比较明显,整体来说轴力越大接头抗弯刚度越大,同一轴力下初始抗弯刚度最大,弯矩越大抗弯刚度越低。相比正弯矩和负弯矩,将抗弯刚度范围值进行统计见表 7.3-3。

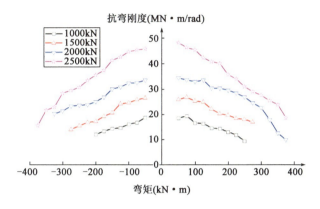

图 7.3-26 割线抗弯刚度

接头抗弯刚度统计表　　　　　　　　　表 7.3-3

轴力 N (kN)	加载弯矩范围 M (kN·m)	正弯矩抗弯刚度 $k_{\theta+}$ (MN·m/rad)	负弯矩抗弯刚度 $k_{\theta-}$ (MN·m/rad)
1000	50~250	9.5~19.3	12.1~18.7
1500	50~275	16.9~26.8	14.1~26.6
2000	50~375	10.0~34.5	20.3~33.6
2500	50~375	18.6~48.4	15.6~46.0

(4)混凝土侧面应变

1000kN 和 2000kN 轴力工况不同弯矩作用下接头侧面混凝土应力如图 7.3-27、图 7.3-28 所示。各工况混凝土侧面应力变化规律相似,轴力越大接头侧面混凝土应力越大,在弯矩为 0 时,接头在轴力和重力作用下达到平衡,侧面应力比较均匀,随着弯矩增加,压力侧应力逐渐增加,张开侧应力逐渐减小,最后出现减小的拉应力,应力减小为 0 时代表该位置接头张开。最大压应力出现在弯矩施力侧接头顶面,轴力增加接头张开高度减小。值得说明的是在负弯矩工况下应力最大位置在接头表面以下一定位置,随着弯矩的增加才逐渐转移到接头表面,这种情况可能与拼装精度有关。轴力为 1000kN 时,初始工况截面受力整体在 3MPa 左右,正弯矩工况弯矩最大时压应力最大值为 9.25MPa,负弯矩工况弯矩最大时压应力最大值为 9.01MPa。轴力为 2000kN 时,初始工况截面受力整体在 6MPa 左右,正弯矩工况弯矩最大时压应力最大值为 18.21MPa,负弯矩工况弯矩最大时压应力最大值为 18.11MPa。

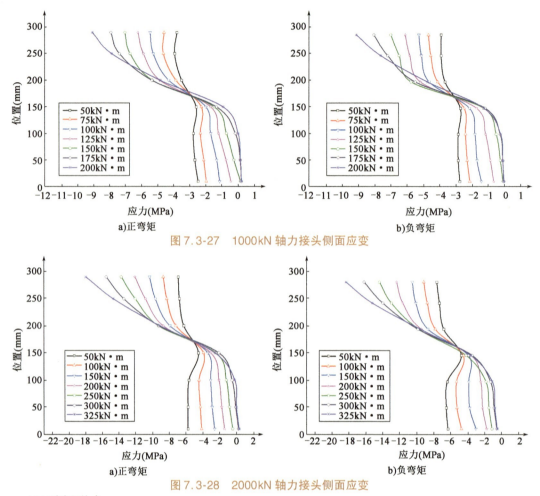

图 7.3-27 1000kN 轴力接头侧面应变

图 7.3-28 2000kN 轴力接头侧面应变

(5) 破坏形式

榫槽接头斜螺栓构件在轴力2000kN进行破坏试验,接头破坏形态如图7.3-29所示。当弯矩超过300kN·m时,接头开始出现裂缝;当弯矩加载至325kN·m时,接头凹槽构件从槽上部豁口处开裂,上部开始压碎;加载至375kN·m时,接头大面积压碎,接头破坏。榫槽曲螺栓在正弯矩下破坏特征为:接头上部混凝土先被压碎,然后接头破坏。值得说明的是,在接头最后的破坏过程中曲螺栓未发生断裂,螺栓孔未发生破坏,在最后接头进入塑性区时在曲螺栓作用下接头没有发生坍塌式破坏,而是缓慢破坏。

a)加载前

b)裂缝出现

图 7.3-29

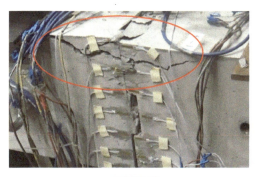
c)裂缝发展

d)裂缝贯穿

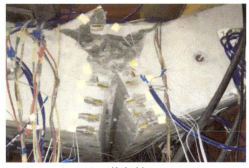
e)接头破坏

f)接头凸榫正面

g)接头凹槽正面

图 7.3-29　接头 2000kN 破坏过程

7.3.2.4　直螺栓工况

(1) 接头张开量

对榫槽接头直螺栓工况不同轴力弯矩下接缝面张开量测试数据进行分析,如图 7.3-30、图 7.3-31 所示,在正负弯矩作用下,接头张开量变化趋势相同,但是由于螺栓的作用,正弯矩下张开量小于负弯矩下张开量螺栓侧受拉张开量。荷载侧受压压紧,不同轴力下接头张开量变化规律相似。相同轴力下,弯矩越大张开量越大,张开量基本和弯矩呈线性增长,相同弯矩下,轴力越大张开量越小,轴力的增加可以减小接头张开量。接头最大张开高度随轴力的增加逐渐降低。轴力为 1000kN 时,在高度为 22.5cm 位置张开量为 0,在 0~22.5cm 高度范围内张开量为正,正弯矩工况最大张开量为 1.65mm,负弯矩工况最大张开量为 2.28mm。轴力为 2000kN 时,在高度 17.5cm 位置张开量为 0,在 0~17.5cm 高度范围内张开量为正,正弯矩工况最大张开量为 1.16mm,负弯矩工况最大张开量为 1.31mm。接头上端部的压缩量随着轴力和弯矩的增加逐渐增加,但量值远小于接头张开量。

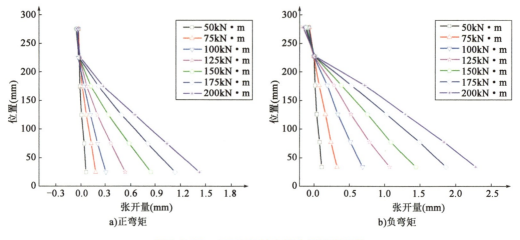

图 7.3-30 1000kN 轴力接头侧面张开量

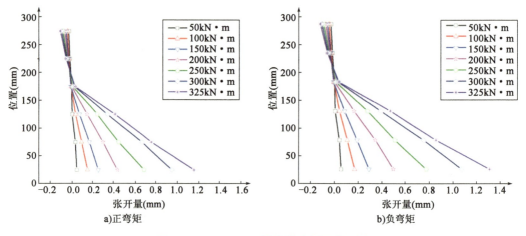

图 7.3-31 2000kN 轴力接头侧面张开量

(2)转角

通过接头挠度计算接头转角,不同荷载工况下接头转角如图 7.3-32 所示。第一象限和第三象限分别为正弯矩和负弯矩工况下试验结果。从图中可以看出,在不同轴力作用下,随着弯矩的增加接头转角变化可分为基本直线段和曲线段,弯矩较小时为基本直线段,弯矩较大时为曲线段,基本直线段的长度大于曲线段。直线段说明弯矩和转角呈线性关系,接头抗弯能力良好,当转角进入曲线段后曲线迅速向上发展说明接头抗弯刚度降低,接头抗弯性能减弱。从试验现场亦能看出,当接头转角进入曲线段后,接头抗弯性能迅速降低,只能继续增加 1 次或 2 次弯矩荷载,接头便自行破坏。相同弯矩下,轴力越大转角越小,且转角曲线直线段越长,说明轴力越大能承受的弯矩也越大。

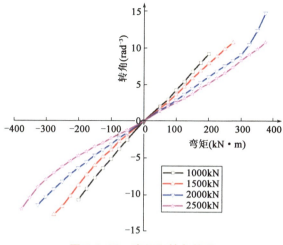

图 7.3-32 弯矩和转角关系

将弯矩、轴力和转角绘制三维曲面图,如图 7.3-33 所示。从图中可以看出转角和弯矩呈正相关关系,弯矩越大,转角越大;转角与轴力呈负相关关系,轴力越大,转角越小。

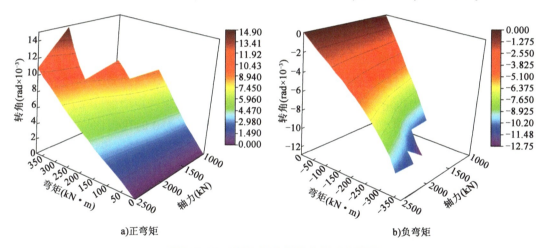

a)正弯矩　　　　　　　　　　　　　　b)负弯矩

图 7.3-33 弯矩、轴力和转角关系曲面图

(3)抗弯刚度

采用割线法对抗弯刚度进行计算,得到不同轴力下抗弯刚度与弯矩的关系曲线,如图 7.3-34 所示。由于试验过程中存在的一些随机因素,抗弯刚度个别点存在一些波动,但曲线整体变化趋势比较明显,整体来说轴力越大接头抗弯刚度越大,同一轴力下初始抗弯刚度最大,弯矩越大抗弯刚度越低。相比正弯矩和负弯矩,将抗弯刚度范围值进行统计,见表 7.3-4。

接头抗弯刚度统计表　　　　　　　　表 7.3-4

轴力 N (kN)	加载弯矩范围 M (kN·m)	正弯矩抗弯刚度 $k_{\theta+}$ (MN·m/rad)	负弯矩抗弯刚度 $k_{\theta-}$ (MN·m/rad)
1000	50～250	13.7～21.6	9.8～17.6
1500	50～275	19.2～28.5	13.6～25.6

续上表

轴力 N (kN)	加载弯矩范围 M (kN·m)	正弯矩抗弯刚度 $k_{\theta+}$ (MN·m/rad)	负弯矩抗弯刚度 $k_{\theta-}$ (MN·m/rad)
2000	50~375	10.5~34.5	18.6~33.3
2500	50~375	19.4~46.2	17.6~46.0

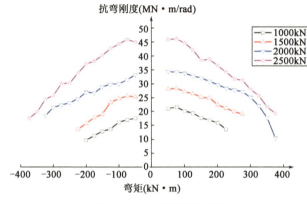

图 7.3-34 割线抗弯刚度

(4) 混凝土侧面应变

1000kN 和 2000kN 轴力工况不同弯矩作用下接头侧面混凝土应力如图 7.3-35、图 7.3-36 所示。各工况混凝土侧面应力变化规律相似,轴力越大接头侧面混凝土应力越大。在弯矩为 0 时,接头在轴力和重力作用下达到平衡,侧面应力比较均匀,随着弯矩增加,压力侧应力逐渐增加,张开侧应力逐渐减小,最后出现减小的拉应力,应力减小为 0 时代表该位置接头张开。最大压应力出现在弯矩施力侧接头顶面,轴力增加接头张开高度减小。值得说明的是在负弯矩工况下应力最大位置在接头表面以下一定位置,随着弯矩的增加才逐渐转移到接头表面,这种情况可能与拼装精度有关。轴力为 1000kN 时,初始工况截面受力整体在 3MPa 左右,正弯矩工况弯矩最大时压应力最大值为 9.39MPa,负弯矩工况弯矩最大时压应力最大值为 9.21MPa。轴力为 2000kN 时,初始工况截面受力整体为 6MPa 左右,正弯矩工况弯矩最大时压应力最大值为 18.14MPa,负弯矩工况弯矩最大时压应力最大值为 18.52MPa。

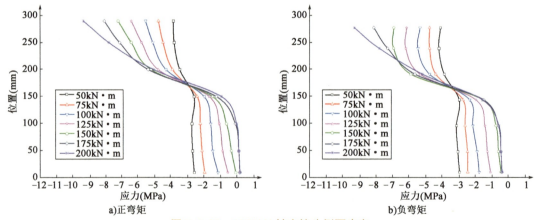

图 7.3-35 1000kN 轴力接头侧面应变

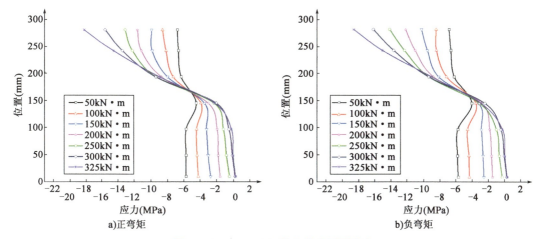

a)正弯矩　　　　　　　　　　　　　b)负弯矩

图 7.3-36　2000kN 轴力接头侧面应变

(5)破坏形式

榫槽接头斜螺栓构件分别在轴力 1000kN 进行负弯矩和轴力 2000kN 进行正弯矩破坏试验,轴力 1000kN 负弯矩下接头破坏形态如图 7.3-37 所示。当弯矩超过 150kN·m 时,接头开始出现裂缝;当弯矩加载至 175kN·m 时,接头凹槽构件从槽上部豁口处开裂,上部开始压碎;加载至 200kN·m 时,接头大面积压碎,接头破坏。榫槽直螺栓在负弯矩下破坏特征为:接头上部混凝土先被压碎,然后接头破坏。值得说明的是,在接头最后的破坏过程中直螺栓未发生断裂,螺栓孔被挤压破坏,螺栓在负弯矩作用下由于其布置位置没有起到作用。

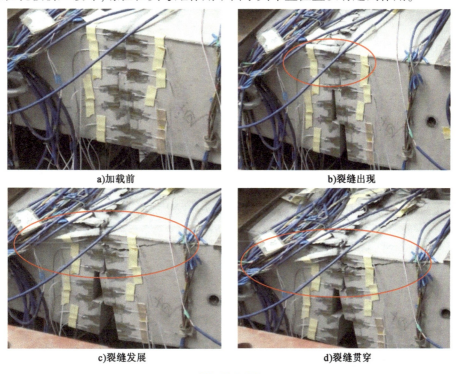

a)加载前　　　　　　　　　　　　b)裂缝出现

c)裂缝发展　　　　　　　　　　　d)裂缝贯穿

图　7.3-37

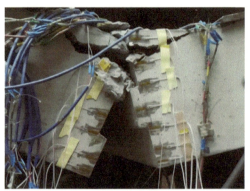

e) 接头破坏

f) 接头凸榫正面

g) 接头凹槽正面

h) 螺栓孔破坏

图 7.3-37　接头 1000kN 负弯矩破坏过程

轴力 2000kN 正弯矩下接头破坏形态如图 7.3-38 所示。当弯矩超过 300kN·m 时,接头开始出现裂缝;当弯矩加载至 325kN·m 时,接头凹槽构件从槽上部豁口处开裂,上部开始压碎;加载至 375kN·m 时,接头大面积压碎,螺栓孔被拉坏,接头破坏。榫槽直螺栓在正弯矩下破坏特征为:受压区混凝土先压碎,螺栓孔被拉碎,然后接头破坏。在接头最后的破坏过程中直螺栓未发生断裂,螺栓孔被拉坏,由于直螺栓的存在且螺栓位置比较靠下部,限制了螺栓的张开量,在接头处于塑性区时,接头没有迅速破坏,直至螺栓孔被拉坏,接头才发生坍塌破坏,直螺栓发挥了作用。

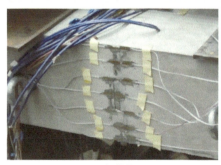

a) 加载前

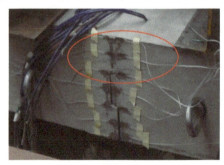

b) 裂缝出现

图 7.3-38

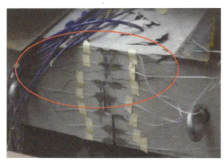 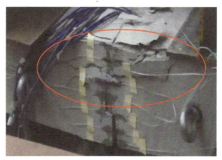

c)裂缝发展　　　　　　　　　　d)裂缝贯穿

e)接头破坏

f)接头凸榫正面

g)接头凹槽正面

h)螺栓孔破坏　　　　　　　　　i)螺栓孔破坏

图 7.3-38　接头 2000kN 破坏过程

7.3.3 接头抗弯刚度分析

采用与第 3 章相同的拟合函数 $y = a + bx$ 对榫槽接头抗弯刚度进行拟合。

7.3.3.1 无螺栓工况

榫槽接头无螺栓抗弯刚度拟合曲线如图 7.3-39 所示,抗弯刚度经验公式见表 7.3-5。

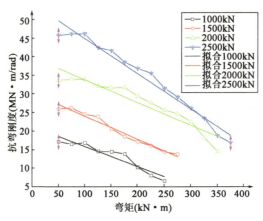

图 7.3-39　榫槽接头无螺栓抗弯刚度与弯矩关系曲线拟合(正弯矩)

榫槽接头无螺栓抗弯刚度经验公式　　表 7.3-5

弯矩	轴力(kN)	参数 a	参数 b	R^2	经验公式
正弯矩	1000	21.1983	−0.05408	0.9021	$k_\theta = 21.1983 - 0.05408M$
正弯矩	1500	30.2543	−0.06253	0.9706	$k_\theta = 30.2543 - 0.06253M$
正弯矩	2000	39.8978	−0.06210	0.8967	$k_\theta = 39.8978 - 0.06210M$
正弯矩	2500	54.4602	−0.09511	0.9693	$k_\theta = 54.4602 - 0.09511M$

7.3.3.2 斜螺栓工况

榫槽接头斜螺栓抗弯刚度拟合曲线如图 7.3-40 和图 7.3-41 所示,抗弯刚度经验公式见表 7.3-6。

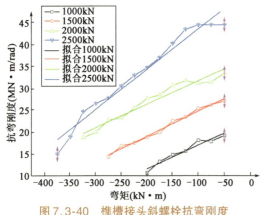

图 7.3-40　榫槽接头斜螺栓抗弯刚度与弯矩关系曲线拟合(负弯矩)

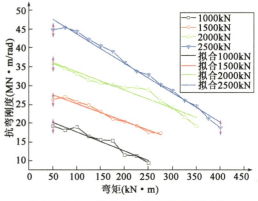

图 7.3-41　榫槽接头斜螺栓抗弯刚度与弯矩关系曲线拟合(正弯矩)

榫槽接头斜螺栓抗弯刚度经验公式   表 7.3-6

弯矩	轴力(kN)	参数 a	参数 b	R^2	经验公式
负弯矩	1000	22.5028	0.05438	0.9444	$k_\theta = 22.5028 + 0.05438M$
负弯矩	1500	30.5274	0.05702	0.9884	$k_\theta = 30.5274 + 0.05702M$
负弯矩	2000	37.1542	0.05364	0.9508	$k_\theta = 37.1542 + 0.05364M$
负弯矩	2500	52.8072	0.09183	0.9655	$k_\theta = 52.8072 + 0.09183M$
正弯矩	1000	22.7065	-0.05050	0.9305	$k_\theta = 22.7065 - 0.05050M$
正弯矩	1500	29.8804	-0.04690	0.9676	$k_\theta = 29.8804 - 0.04690M$
正弯矩	2000	38.5588	-0.04876	0.9343	$k_\theta = 38.5588 - 0.04876M$
正弯矩	2500	55.5422	-0.07824	0.9860	$k_\theta = 55.5422 - 0.07824M$

7.3.3.3 曲螺栓工况

榫槽接头曲螺栓抗弯刚度拟合曲线如图 7.3-42 和图 7.3-43 所示,抗弯刚度经验公式见表 7.3-7。

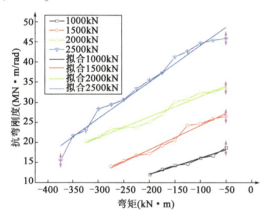

图 7.3-42 榫槽接头曲螺栓抗弯刚度与弯矩关系曲线拟合(负弯矩)   图 7.3-43 榫槽接头曲螺栓抗弯刚度与弯矩关系曲线拟合(正弯矩)

榫槽接头曲螺栓抗弯刚度经验公式   表 7.3-7

弯矩	轴力(kN)	参数 a	参数 b	R^2	经验公式
负弯矩	1000	20.2573	0.04075	0.9747	$k_\theta = 20.2573 + 0.04075M$
负弯矩	1500	30.2053	0.05975	0.9749	$k_\theta = 30.2053 + 0.05975M$
负弯矩	2000	36.6423	0.05125	0.9699	$k_\theta = 36.6423 + 0.05125M$
负弯矩	2500	53.2661	0.09072	0.9719	$k_\theta = 53.2661 + 0.09072M$
正弯矩	1000	21.6911	-0.04517	0.9537	$k_\theta = 21.6911 - 0.04517M$
正弯矩	1500	29.5123	-0.04708	0.9480	$k_\theta = 29.5123 - 0.04708M$
正弯矩	2000	38.7725	-0.05299	0.9013	$k_\theta = 38.7725 - 0.05299M$
正弯矩	2500	53.7232	-0.08834	0.9894	$k_\theta = 53.7232 - 0.08834M$

7.3.3.4 直螺栓工况

榫槽接头直螺栓抗弯刚度拟合曲线如图7.3-44和图7.3-45所示,抗弯刚度经验公式见表7.3-8。

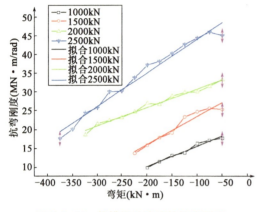

图7.3-44 榫槽接头直螺栓抗弯刚度与弯矩关系曲线拟合(负弯矩)

图7.3-45 榫槽接头直螺栓抗弯刚度与弯矩关系曲线拟合(正弯矩)

榫槽接头直螺栓抗弯刚度经验公式   表7.3-8

弯矩	轴力(kN)	参数 a	参数 b	R^2	经验公式
负弯矩	1000	20.9501	0.05460	0.9772	$k_\theta = 20.9501 + 0.05460M$
负弯矩	1500	30.8744	0.07422	0.9426	$k_\theta = 30.8744 + 0.07422M$
负弯矩	2000	35.6878	0.04907	0.9794	$k_\theta = 35.6878 + 0.04907M$
负弯矩	2500	53.0118	0.08950	0.9754	$k_\theta = 53.011 + 0.08950M$
正弯矩	1000	24.3924	-0.04387	0.9508	$k_\theta = 24.3924 - 0.04387M$
正弯矩	1500	31.5039	-0.04418	0.9656	$k_\theta = 31.5039 - 0.04418M$
正弯矩	2000	38.8062	-0.04919	0.9102	$k_\theta = 38.8062 - 0.04919M$
正弯矩	2500	52.3495	-0.08322	0.9814	$k_\theta = 52.3495 - 0.08322M$

7.3.3.5 抗弯刚度对比分析

本节对榫槽接头不同螺栓连接形式抗弯刚度进行对比,并对同种螺栓连接下平接头与榫槽接头抗弯刚度进行对比研究。

将榫槽接头不同轴力下不同螺栓连接形式的试验抗弯刚度进行分类汇总,如图7.3-46~图7.3-49所示。从图中可以看出,榫槽接头在不同轴力下抗弯刚度变化规律和平接头呈现出相同的规律。对于1000kN轴力下正弯矩工况,无螺栓接头抗弯刚度最小,曲螺栓和斜螺栓接头抗弯刚度居中且两者大小相当,直螺栓接头抗弯刚度最大;对于1000kN轴力下负弯矩工况,直螺栓接头抗弯刚度最小,曲螺栓接头抗弯刚度居中,斜螺栓抗弯刚度接头最大。对于1500kN轴力下正弯矩工况,无螺栓接头抗弯刚度最小,曲螺栓和斜螺栓接头抗弯刚度居中且两者大小相当,直螺栓接头抗弯刚度最大;对于1500kN轴力下负弯矩工况,直螺栓接头抗弯刚度最小,曲螺栓接头抗弯刚度居中,斜螺栓抗弯刚度接头最大。曲螺栓和直螺栓差距已经较小。对于 2000kN 轴力下正弯矩和负弯矩工况,4 种螺栓连接形式在抗弯刚度已经十分接近,4 条抗弯刚度曲线已经相互交叉。对于 2500kN 轴力下正弯矩和负弯矩工况,4 种螺栓连接形式在抗弯刚度基本相同,4 条抗弯刚度曲线相互交错。可得出如下结论:

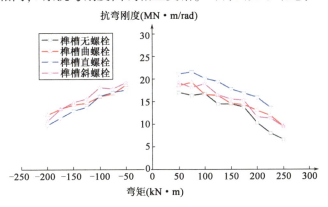

图 7.3-46　榫槽接头 1000kN 轴力不同螺栓连接抗弯刚度

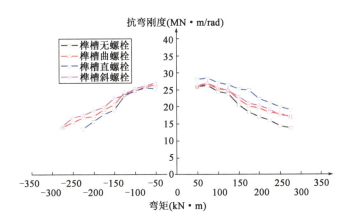

图 7.3-47　榫槽接头 1500kN 轴力不同螺栓连接抗弯刚度

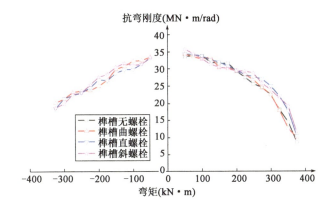

图 7.3-48　榫槽接头 2000kN 轴力不同螺栓连接抗弯刚度

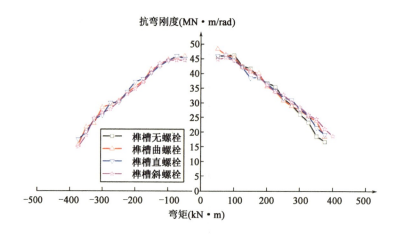

图 7.3-49　榫槽接头 2500kN 轴力不同螺栓连接抗弯刚度

(1)轴力越小,螺栓效应越明显,螺栓对抗弯刚度影响越大。轴力越大,螺栓对抗弯刚度影响越小。

(2)在轴力大于 2000kN 时螺栓效应已经不明显,轴力为 2500kN 时各螺栓形式下接头抗弯刚度基本相同。

(3)在正弯矩工况下,对抗弯刚度影响由大到小的连接螺栓形式为:直螺栓 > 曲螺栓 > 斜螺栓 > 无螺栓。

(4)在负弯矩工况下,对抗弯刚度影响由大到小的螺栓形式为:斜螺栓 > 曲螺栓 > 直螺栓 > 无螺栓。

7.3.4　平接头与榫槽接头抗弯刚度比较分析

为了研究榫槽接头形式与平接接头形式对抗弯刚度的影响,将不同螺栓连接下的平接头和榫槽接头抗弯刚度进行对比,如图 7.3-50 ~ 图 7.3-53 所示。从图中可以看出,不同螺栓连接下抗弯刚度变化规律基本相同,在轴力为 1000kN 时,平接头抗弯刚度整体大于榫槽接头,随着轴力的增加,两者差距逐渐减小。在轴力为 2000kN 时两者差距已经很小,在轴力为 2500kN 时两者抗弯刚度已经基本相同。造成榫槽接头抗弯刚度低于平接头的原因可能是装配式衬砌模具可以严格按照设计图纸进行加工,但是在构件浇筑过程中由于重力或者拼装精度的原因浇筑的构件一般会比模具偏大 1mm 左右,尤其是在榫槽位置模具转角较多,难于严格控制装配式衬砌精度,为保证构件能够顺利拼装,模具在设计时榫槽之间有 1mm 空隙,这样就相当于在榫槽部位有一定空隙,会造成接头刚度降低。但是在轴力较大时在轴力作用下接头处混凝土会被压缩,空隙会消除,导致榫槽接头受力形式接近平接头形式,其抗弯刚度与平接抗弯刚度相当。

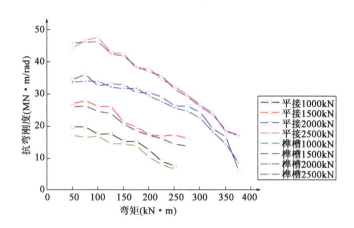

图 7.3-50　平接头和榫槽接头无螺栓对比

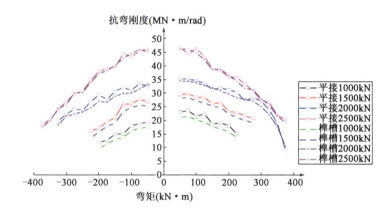

图 7.3-51　平接头和榫槽接头直螺栓对比

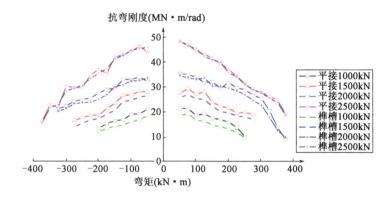

图 7.3-52　平接头和榫槽接头曲螺栓对比

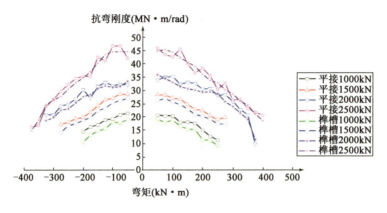

图7.3-53 平接头和榫槽接头斜螺栓对比

7.3.5 接头抗弯刚度简化公式

拟合出的不同螺栓连接下榫槽接头与平接头抗弯刚度在不同轴力下的经验公式能够反映接头抗弯刚度的实际试验结果,考虑到各种条件下规律性的趋势基本相同,见图7.3-54,为便于实际工程应用,将平接头和榫槽接头抗弯刚度经验公式进一步简化为:

$$k_\theta = 0.01561N - 0.06891M + C \tag{7.3-1}$$

式中:N——接头所受轴力(kN),取值大于1000kN;

M——接头所受弯矩(kN·m);

C——初始刚度(MN·m/rad),本试验中为10.09MN·m/rad。

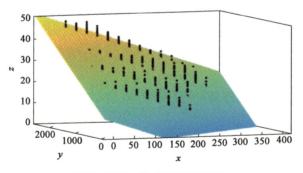

图7.3-54 抗弯刚度拟合面

7.3.6 榫槽接头力学性能试验小结

通过对榫槽接头下无螺栓、直螺栓、斜螺栓和曲螺栓接头连接形式的衬砌接头在不同轴力和弯矩作用下的接头张开量、位移、应力、抗弯刚度和破坏形式进行试验研究,发现榫槽接头试验结果与平接头结果趋势相同。得出如下结论:

(1)斜螺栓接头在正弯矩下破坏形式为接头上侧发生挤压破坏,螺栓孔未发生破坏,螺栓被拉断,螺栓被拉断后瞬间失去承载力坍塌破坏。在负弯矩下破坏形式为接头挤压侧被压坏,螺栓孔未发生破坏,螺栓被拉断,螺栓被拉断后瞬间失去承载力坍塌破坏。曲螺栓接头在正弯矩下破坏形式为接头上侧发生挤压破坏,螺栓孔未发生破坏,螺栓发生变形,接头破坏时接头在螺栓作用下缓慢变形。在负弯矩下破坏形式为螺栓孔位置被挤压破坏,螺栓发生变形,接头破坏时接头在螺栓作用下缓慢变形。直螺栓接头在正弯矩下破坏形式为接头上侧被挤压坏,下侧螺栓孔被拉坏,螺栓未发生变形,接头破坏瞬间失去承载力坍塌破坏。在负弯矩下破坏形式为螺栓孔位置被挤压坏,螺栓未发生变形,接头破坏瞬间失去承载力坍塌破坏。不同螺栓连接接头破坏特征对比见表 7.3-9。

不同螺栓连接接头破坏特征对比 表 7.3-9

接头形式	弯矩	破坏位置	螺栓孔	螺栓	破坏形式
无螺栓	正弯矩	受压侧破坏	—	—	瞬间失去承载力
直螺栓	正弯矩	受压侧破坏	破坏	未变形	瞬间失去承载力
直螺栓	负弯矩	受压侧破坏	破坏	未变形	瞬间失去承载力
曲螺栓	正弯矩	受压侧破坏	未破坏	变形	缓慢失去承载力
曲螺栓	负弯矩	受压侧破坏	未破坏	变形	缓慢失去承载力
斜螺栓	正弯矩	受压侧破坏	未破坏	被拉断	瞬间失去承载力
斜螺栓	负弯矩	受压侧破坏	破坏	被拉断	瞬间失去承载力

(2)轴力越小,螺栓效应越明显,螺栓对抗弯刚度影响越大;轴力越大,螺栓对抗弯刚度影响越小,在轴力大于 2000kN 时螺栓效应已经不明显。榫槽接头抗弯刚度小于平接接头,轴力越大差别越小,当轴力大于 2000kN 时两者抗弯刚度没有区别。

(3)在正弯矩工况下,对抗弯刚度影响由大到小的连接螺栓形式为:直螺栓 > 曲螺栓 = 斜螺栓 > 无螺栓。在负弯矩工况下,对抗弯刚度影响由大到小的连接螺栓形式为:斜螺栓 > 曲螺栓 > 直螺栓。综合考虑螺栓对抗弯刚度和接头破坏形式和施工便利性等因素,连接螺栓形式推荐顺序为:曲螺栓 > 斜螺栓 > 直螺栓。

(4)对于榫槽接头与平接头试验结果拟合出一个通用的可应用于实际工程中的抗弯刚度经验公式,见式(7.3-1)。

7.4 本章小结

本章对隧道预制装配式衬砌分别采用平接头、榫槽接头两种接头形式,以及无螺栓、直螺栓、斜螺栓和曲螺栓 4 种连接形式(共计 8 种接头及连接形式),在不同轴力和弯矩作用下开展了接头力学性能研究,对比分析了两种接头形式下试验结果的规律,结论如下:

(1)轴力越小,螺栓效应越明显,螺栓对抗弯刚度影响越大。轴力越大,螺栓对抗弯刚度影响越小。榫槽接头抗弯刚度小于平接头,轴力越大差别越小。

(2)在正弯矩工况下,对抗弯刚度影响由大到小的连接螺栓形式为:直螺栓 > 曲螺栓 = 斜螺栓 > 无螺栓。在负弯矩工况下,对抗弯刚度影响由大到小的连接螺栓形式为:斜螺栓 > 曲螺栓>直螺栓。综合考虑螺栓对抗弯刚度和接头破坏形式和施工便利性等因素,连接螺栓形推荐顺序为:曲螺栓、斜螺栓、直螺栓。

(3)不同螺栓连接接头的转角-弯矩、垂向位移-弯矩和最大张开量-弯矩关系可以分为直线段和曲线段两端,轴力越大直线段越长,但是直线段内数值基本相同与轴力无关。

(4)无螺栓接头抗弯刚度为两条直线,对应接头的弹性阶段和塑性阶段。有螺栓连接接头抗弯刚度分为三部分,第一部分直线段对应接头弹性阶段,其余部分对应接头塑性阶段。轴力越大,接头抗弯刚度处于弹性阶段越久,弹性阶段抗弯刚度数值与轴力无关;塑性阶段轴力越大,抗弯刚度越大。

第 8 章

铁路隧道装配式基底结构施工与监测关键技术

8.1 预制构件生产关键技术

8.1.1 尺寸精度控制

(1) 模具设计

模具设计依据结构设计图纸和配筋图纸,应综合考虑结构形式、便于浇筑振捣、优质材料、高精度切割工艺要求、不易变形、利用率高等特点进行设计。

多数模具包括底座、侧模板(弧板)、端模板、顶板,其中底板和弧板、端模板都是直接接触混凝土的部分,是保证模具胸腔尺寸的关键部件,应注重考虑强度。

模具制作过程应兼顾成品吊装及施工期注浆要求,各类预留孔道误差应考虑完备。

(2) 精度控制

模具制作精度要求取决于预制装配式结构构件的成品尺寸精度,管片成品尺寸精度包括单个结构构件的精度和拼装后预制构件的环向的精度。由于当前并无铁路隧道专用预制装配式结构构件设计、施工和验收方面规范规程,因此,可参考我国国家标准《盾构法隧道施工及验收规范》(GB 50446—2017)的要求制作。结构件允许偏差和检验方法见表 8.1-1。

预制装配式结构构件允许偏差和检验方法　　表 8.1-1

序 号	项 目	允许偏差(mm)	检验工具	检验数量
1	宽度	±1	卡尺	3点
2	弧、弦长	±1	样板、塞尺	3点
3	厚度	±3	钢卷尺	3点

一般每生产 200 环预制装配式结构构件后对其进行水平拼装检验 1 次,其结果和检验方法应符合表 8.1-2 的规定。

预制装配式结构构件水平拼装检验允许偏差和检验方法　　表 8.1-2

序 号	项 目	允许偏差(mm)	检验频率	检验工具
1	环向缝间隙	2	每缝测6点	塞尺
2	纵向缝间隙	2	每缝测2点	塞尺
3	成环后内径	±2	测4条(不放衬垫)	钢卷尺
4	成环后外径	−2~6	测4条(不放衬垫)	钢卷尺

管片模具制作精度要求严于管片成品精度,并要求具有精度稳定性。预制装配式结构构件的模具偏差和检验方法见表 8.1-3。

模具允许偏差和检验方法 表8.1-3

序号	项目	允许偏差(mm)	检验工具	检验数量
1	宽度	±0.4	内径千分尺	6点/个
2	弧、弦长	±0.4	样板、塞尺	2点/个,每点2次
3	内腔高度	-1~+2	高度尺	4点/个

(3)模具检验验收

预制装配式结构构件模具进场应按照既定程序进行认真的检验验收,验收内容和注意事项见表8.1-4。

模具检验验收项目、内容及注意事项 表8.1-4

序号	项目	检验内容或注意事项
1	技术文件	是否完善,质量是否合格,出厂检测原始数据
2	外观检验	油漆状况,各种零件是否齐全,焊缝、底部密封质量
3	开合检验	侧板、端板、盖板要进行开合检验,合模后型腔精度检验内容包含有检测模具的宽度、弧长、深度、对角线长、端模夹角、侧模和底模垂直度等

8.1.2 预应力预制构件生产工艺

预应力混凝土结构是在结构构件受外力荷载作用前,人为地对它施加压力,由此产生的预应力状态用以减小或抵消外荷载所引起的拉应力,即借助于混凝土较高的抗压强度来弥补其抗拉强度的不足,达到推迟受拉区混凝土开裂的目的。因预应力混凝土制成的结构是以张拉钢筋的方法来实现预压应力的,所以也称预应力钢筋混凝土结构。

预应力混凝土结构是使混凝土在荷载作用前预先受压的一种结构,预应力通过张拉高强度钢筋或钢丝的方法产生。张拉方法有两种:①先张法,即先张拉钢筋,后浇灌混凝土,待混凝土达到规定强度时,放松钢筋两端;②后张法,即先浇灌混凝土,当达到规定强度时,再张拉穿过混凝土内预留孔道中的钢筋,并在两端锚固。

8.1.2.1 先张法

先张法是在浇筑混凝土前张拉预应力筋,并将张拉的预应力筋临时锚固在台座或钢模上,然后浇筑混凝土,待混凝土强度达到不低于混凝土设计强度值的75%,保证预应力筋与混凝土有足够的黏结时,放松预应力筋,借助于混凝土与预应力筋的黏结,对混凝土施加预应力的施工工艺。先张法一般仅适用于生产中小型构件,在固定的预制厂生产。先张法生产构件可采用长线台座法,一般台座长度在5~10m之间,或在钢模中机组流水法生产构件。先张法预应力混凝土构件在台座上生产时,其工艺流程如图8.1-1所示。

预应力混凝土先张法工艺的特点是:预应力筋在浇筑混凝土前张拉,预应力的传递依靠预应力筋与混凝土之间的黏结力,为了获得良好质量的构件,在整个生产过程中,除确保混凝土质量以外,还必须确保预应力筋与混凝土之间的良好黏结,使预应力混凝土构件获得符合设计要求的预应力值。对于碳素钢丝因其强度很高,且表面光滑,它与混凝土黏结力较差。因此,必要时可采取刻痕和压波措施,以提高钢丝与混凝土的黏结力。压波一般分局部压波和全部压波两种,施工经验认为波长取 39mm,波高取 1.5~2.0mm 比较合适。为了便于脱模,在铺放预应力筋前,在台面及模板上应先刷隔离剂,但应采取措施,防止隔离剂污损预应力筋,影响黏结。

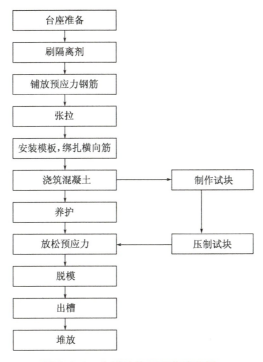

图 8.1-1　先张法施工工艺流程图

8.1.2.2　后张法

后张法预应力混凝土施工工艺指的是先浇筑水泥混凝土,待达到设计强度的 75% 以上后再张拉预应力钢材以形成预应力混凝土构件的施工方法。具体操作步骤为:先制作构件,并在构件体内按预应力筋的位置留出相应的孔道,待构件的混凝土强度达到规定的强度(一般不低于设计强度标准值的 75%)后,在预留孔道中穿入预应力筋进行张拉,并利用锚具把张拉后的预应力筋锚固在构件的端部,依靠构件端部的锚具将预应力筋的预张拉力传给混凝土,使其产生预压应力;最后在孔道中灌入水泥浆,使预应力筋与混凝土构件形成整体,如图 8.1-2 所示。

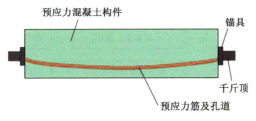

图 8.1-2　后张法预应力构件

后张法按照预应力筋与混凝土的黏结形式分为以下两种。

(1)有黏结预应力混凝土后张法

先浇混凝土,待混凝土达到设计强度的75%以上,再张拉钢筋(钢筋束)。其主要张拉程序为:埋管制孔→浇混凝土→抽管→养护穿筋张拉→锚固→灌浆(防止钢筋生锈)。其传力途径是依靠锚具阻止钢筋的弹性回弹,使截面混凝土获得预压应力,这种做法使钢筋与混凝土结为整体,称为有黏结预应力混凝土。有黏结预应力混凝土由于黏结力(阻力)的作用使得预应力钢筋拉应力降低,导致混凝土压应力降低,所以应设法降低这种黏结力。这种张拉方法设备简单,不需要张拉台座,生产灵活,广泛适用于大型构件的现场施工。

(2)无黏结预应力混凝土后张法

其主要张拉程序为:预应力钢筋沿全长外表涂刷沥青等润滑防腐材料→包上塑料纸或套管(预应力钢筋与混凝土不建立黏结力)→浇混凝土养护→张拉钢筋→锚固。施工时跟普通混凝土一样,将钢筋放入设计位置可以直接浇混凝土,不必预留孔洞、穿筋、灌浆,简化施工程序。由于无黏结预应力混凝土有效预压应力增大,可降低造价,适用于跨度大的曲线配筋的梁体。

后张法预应力混凝土构件生产时,其工艺流程如图8.1-3所示,张拉过程如图8.1-4所示。

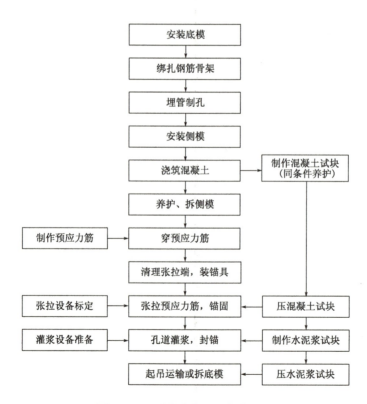

图8.1-3 后张法施工工艺流程图

图 8.1-4 张拉过程

8.2 装配式轨下结构施工工艺

8.2.1 拼装设备

装配式基底结构拼装机主要由车架、行走车轮组、行走驱动机构、小车供电、横移机构、四点起吊三点平衡机构、旋转机构、U形吊具、箱涵件调整定位机构等组成。该设备可以将预制构件从运输车吊起,并平移调整后放到指定安装位置上方,最终预制构件精确安装于隧道内。拼装机如图 8.2-1 所示。

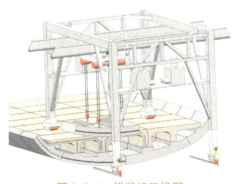

图 8.2-1 拼装机三维图

8.2.2 拼装工艺

在箱涵拼装前,需要对拼装位置以及与上块箱涵连接面底部的杂物进行清除;根据拼装方案要求,盾构机驾驶员安排相关人员在箱涵后端面粘贴预制橡胶垫,以调整箱涵走向及坡度。中箱涵进行随机拼装,盾构机后配套台车配备吊装设备,如图 8.2-2 所示。平板车开至合适位置,调整平板车高度,使吊机能够吊取构件;高度调整完毕后,降低并平移吊具至箱涵下方,初步对正后,提升吊具使其恰好卡在箱涵上;到位后接近开关会给出一个信号,操作手可以加紧夹具,提升箱涵,箱涵触到限位开关后,即可平移箱涵。

图 8.2-2 中箱涵拼装

受盾构机影响,边箱涵构件滞后于盾构机后配套设备进行拼装,拼装设备独立放置。平板车开至合适位置(不能停留于中间,避免阻碍管片、砂浆等的运输),由吊机吊取构件进行拼装。拼装顺序为先拼装完两侧弧板再安装盖板。由于边箱涵构件与中箱涵采用螺栓连接,其定位以中箱涵为基准,不再单独进行放样,但必须检查拼装精度。当各构件之间螺栓连接并紧固完毕后,即完成整个构件拼装工序。侧板及侧弧板拼装采用特制的吊装设备,需进行特殊工装加工制作。工装加工基本原则:整体门形支架结构、加设双起升装置便于盖板及侧弧板调整;保证拼装精度;采用轨道式滚轮进行前移,快速机械化施工。拼装过程中的主要技术难点主要是箱涵的定位问题,拼装机虽然配备了定位装备及相关技术,但在实际操作过程中仍旧需要人工来进行微调。

现场实际拼装表明,箱形装配式轨下结构现场拼装效果良好,中箱涵与边箱涵之间,以及纵向箱涵之间的连接缝隙均符合设计要求。

8.2.3 结构底部注浆工艺

预制结构与盾构管片之间的空隙采用 M10 微膨胀水泥砂浆充填,在每块边箱涵和中箱涵底部预留 4 处注浆孔,如图 8.2-3 所示。

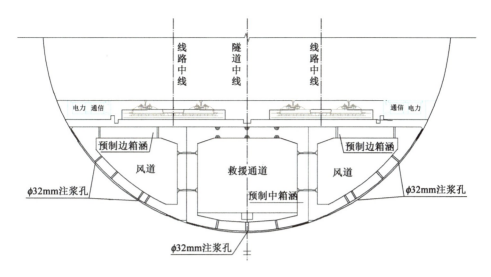

图 8.2-3 底部注浆管布置示意图

在嵌缝材料达到一定强度后,实施注浆。注浆每环注一次,从在弧板顶部预留排气孔排气,为保证轨下结构与管片之间密实且不对管片和轨下结构产生不利影响,注浆时注浆压力不宜过大、注浆速率不宜过快、注浆量不宜过大。中箱涵注浆压力可控制在 0.2MPa,边箱涵注浆压力可控制在 0.1MPa。注浆时需配备流量计,将注浆速率控制在 24L/min 以内(力求达到浆液扩散速率与浆液注入速率相平衡),当注浆量达到理论值时(最大不超过理论值的 1.2 倍),应停止注浆。同时实时观测注浆过程中浆液的流量及压力变化,如遇流量或压力骤增骤减的情况,应及时调整浆液凝固时间,做到浆液最佳扩散。

8.3 装配式基底结构施工工艺

8.3.1 底部精平垫层工艺

(1)工法原理

本装配式基底结构底部调平施工工法原理归结为"化面为线,化线为点",即将整个底面的平整度控制转化为沿线路方向 4 个条状带来控制,每个条状带转换为 3 台千斤顶。使用精密水平仪调整千斤顶高程,3 点调整好位置及高程后采用施工线定出直线。完成后支边模及端头模浇筑精平条带;待精平条带混凝土达到设计要求后进行高程复测,对误差进行打磨等处理。处理完成后进行基底结构拼装,拼装过程中每完成 3 环进行一次剩余垫层浇筑工作,保证基底密实。

(2)关键技术

由测量人员根据精平条带设计位置于基底测放出 4 条精平条带的边线,将 3 台千斤顶均匀固定于一环长度上,采用精密水准仪对其进行调平处理,两端调整好位置及高程后再采用施工线定出直线。控制好简易千斤顶高度后进行模板安装,模板采用 1.6cm 厚竹胶板。模板完成后浇筑 C30 预拌混凝土,振捣过程中严格控制棒体与千斤顶的距离,防止高程误差。浇筑完成后采用铝合金刮尺进行初平,初凝前使用电抹子进行精平处理。待条带混凝土达到设计强度的 70% 后进行剩余部分浇筑,剩余部分使用砂浆浇筑;强度达到 90% 时进行条带高程复测,精度控制在 ±1mm,局部不达标时采用磨石机打磨。每完成 3 环预制构件拼装采用压浆机进行二次注浆,如图 8.3-1 所示。

对于 9m 跨度基底结构,其条带施工原理相同,但要具体调整其高程,如图 8.3-2 所示。

 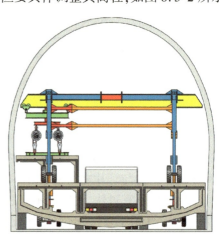

图 8.3-1　6m 跨度预制基底结构精平垫层效果图　　图 8.3-2　9m 跨度预制基底结构精平垫层效果图

8.3.2　预制基底结构拼装

隧道装配式基底结构包括预制仰拱结构(图 8.3-3)与轨道以下预制构件(分为 F 形、门形两种、两个独立预制构件)结构(图 8.3-4),整体拼装结构如图 8.3-5 所示。

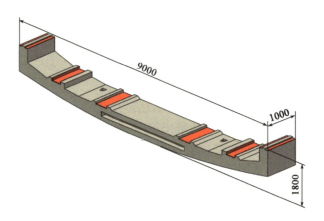

图 8.3-3　预制仰拱结构(尺寸单位:mm)

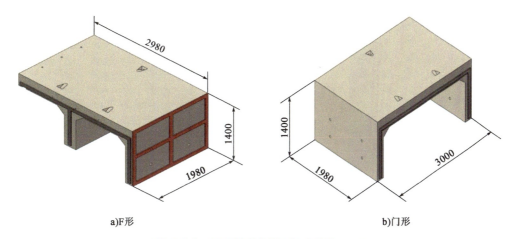

a) F形　　　　　　　　　　　　　　b) 门形

图 8.3-4　预制构件结构(尺寸单位：mm)

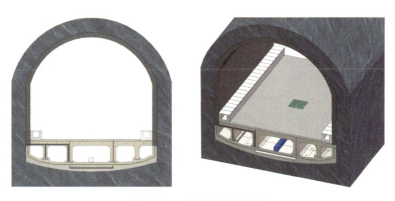

图 8.3-5　整体拼装效果图

预制块体连接采用榫槽结合螺栓连接形式(图 8.3-6),构件之间设置隔振垫层(图 8.3-6 中红色条带),预制仰拱与围岩接触采用精平工艺结合注浆方式,排水结构形式如图 8.3-7 所示。

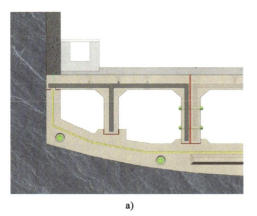
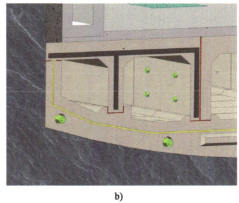

a)　　　　　　　　　　　　　　b)

图　8.3-6

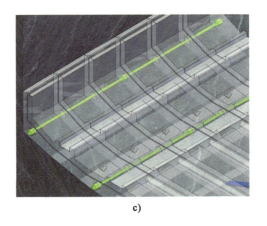

c)

图 8.3-6 预制块体连接方式

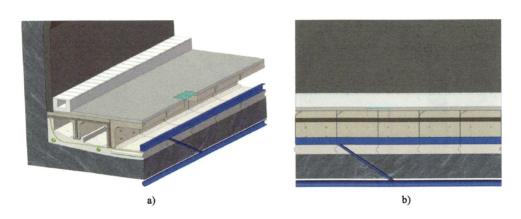

图 8.3-7 装配式底部排水结构形式

施工拼装次序见表 8.3-1。

预制结构施工拼装次序　　　　　　　表 8.3-1

图示			
次序	1	2	3

续上表

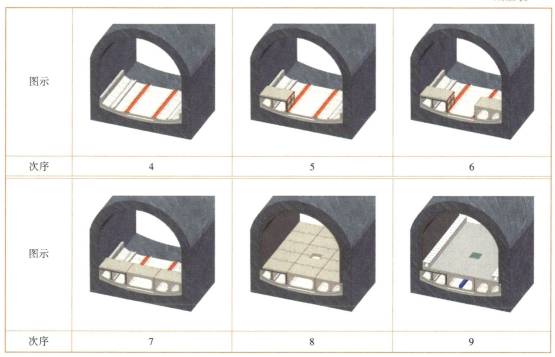

次序	4	5	6

次序	7	8	9

8.4 装配式基底结构力学性能监测试验

相对于普速铁路，高速铁路的主要特点是高速、舒适、安全。要使高速铁路具有这一特点的前提是，必须确保轨道结构的平顺性和稳定性，而这依赖于给轨道结构提供一个强度高、刚度大且纵向变化均匀，且稳定性与耐久性高的路基结构。普速铁路路基是以强度控制设计为主控因素，而高速铁路则是以变形控制作为主控因素的。对于有砟轨道高速铁路路基沉降要求不大于 5cm，过渡段不大于 3cm。对于无砟轨道高速铁路路基，我国从武广高铁就开始在实际工程中追求零沉降，尤其在过渡段等变形敏感部位按 5mm 控制，转角不大于 1/1000，为保证列车运行的平稳性与旅客乘坐舒适性，我国高速铁路对路基工后沉降与不均匀沉降都有严格的要求。鉴于隧道基底结构动应力、弹性变形、基底结构本体塑性变形都是在列车动载作用下产生的，因此，列车荷载对预制结构影响效果评价宜采用模拟动载方法。模拟动载试验能够模拟高速列车运行时基底结构的动应力水平，通过预先埋设在基底结构中的传感器，可以测试基底结构的动应力、弹性变形、塑性变形等。通过测试结果分析，能够掌握不同类型基底结构的动力特性，验证方案设计的合理性。

依托郑万高铁罗家山隧道工程，于 3 号横洞内开展装配式基底结构力学性能监测试验，通过对隧道底部预制拼装结构施加激振机荷载来模拟实线路运营后高速列车荷载，了解隧道底部预制结构在不同频率列车荷载作用下的变形、受力和动力特性，以及列车荷载作用下的疲劳特性，验证设计理论、计算方法和设计中的各种假设的正确性与合理性，为后续研究积累科学依据。

8.4.1 试验目的及内容

通过激振试验机模拟高速列车运行动载,对基底结构动应力、弹性变形、塑性变形和基底结构综合动刚度进行测试,研究不同类型基底结构的动力性能。动载试验包括变频激振试验和疲劳激振试验两部分。

(1) 变频激振试验

通过"扫频"激振手段,在 5~20Hz 范围内进行变频激振试验,该过程中保持激振力不变,研究预制基底结构不同受力点的动力响应特征,分析结构共振频率及振动加速度、动应变等参数随激振频率变化的规律。

(2) 疲劳激振试验

模拟结构在 13~16Hz 固定频率范围条件下的长期动力特性。对试验断面基底结构进行 400 万次激振试验,模拟高速运行列车的作用,对两种类型预制基底结构测试,探讨结构在长期动载作用下动应力、变形的分布及发展规律,进一步确定新型结构形式的疲劳危险部位。

8.4.2 试验断面及测点布置

本试验分为 6m 跨度预制结构和 9m 跨度预制结构两种断面形式,分别位于罗家山隧道 3 号平导 PD3K521+270~PD3K521+300 和洞外预制场。

测试内容包括钢筋轴力、结构内部应变、螺栓轴力、加速度和接缝位移,分别采用动态钢筋计、动态应变计、动态锚索计、加速度传感器和动态位移传感器进行测量,除加速度传感器外其余各传感器均埋设在预制构件内部,其传感器数量汇总见表 8.4-1,传感器布设位置如图 8.4-1 所示。

传感器数量汇总表(单位:个)　　表 8.4-1

监测位置	动态钢筋计	动态应变计	动态锚索计	加速度传感器	动态位移传感器
6m 测试断面一	2	9	2	4	2
6m 测试断面二	2	9	2	4	2
6m 测试断面三	2	9	2	4	2
9m 测试断面一	4	32	4	6	—
9m 测试断面二	4	24	4	6	—

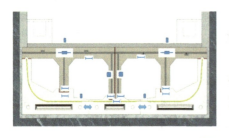
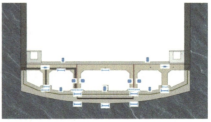

图 8.4-1　传感器布置效果图

8.4.3 荷载加载方式

8.4.3.1 加载形式

本试验采用在未铺轨的基底结构上设置平板进行激振,该方法基底结构顶面动应力容易控制。拟采用的模式为在基底结构单侧行车线路两根轨下分别放置一块板,然后进行激振(图8.4-2、图8.4-3)。实际铁路基底结构所受动应力为柔性荷载,激振台为刚性,直接作用在基底结构表层上时,基底结构受到的是刚性荷载,因此在激振台下铺设工作垫层,使模拟动应力与实际动应力更为接近。此外,工作垫层还具有调平激振台的功能。本方案在激振台下工作垫层为0.15m,材料与基底结构相同。

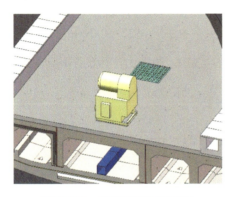 

图8.4-2 动载试验加载模型　　图8.4-3 激振机实物图

8.4.3.2 加载参数

(1)测试范围

由文献调研知在线路纵向上,转向架两轮对动载在基底结构面上的应力不重叠或重叠不大,很容易分解出一个轮对在基底结构顶面产生的动应力。为便于模拟及分析研究,本试验设计能模拟在基底结构顶面产生一个轮对的动应力的系统,即模拟一个轮对的动载。实际列车动载在基底结构顶面产生的动应力从最大值变化到影响边界处的过程相对较快。当模拟范围达到其影响边界的1/2时,其主要荷载已在模拟范围之中。本试验加载为两块1.4m×0.8m平板,模拟一个轮对基底结构动力作用,模拟动荷载作用下在基底结构表面产生动应力为矩形形式,与基底结构动应力基本等效。

(2)荷载大小

调节激振机的偏心距、频率、配重,使激振系统与基底结构耦合振动产生的表面动应力相当于轴重20t以上高速列车动载产生的动应力大小。

(3)动载频率

铁路基底结构承受的列车荷载是单向脉冲应力波。同一转向架上的轴距2.5m,同一节车厢的两个转向架之间的距离一般是18m,而相邻两节车厢的转向架间距一般是8m。当车速为300km/h时,动载频率分别为33.33Hz、10.42Hz和4.63Hz。根据高频波与低频波的传递特性,拟选用10~20Hz的频率进行模拟。

8.4.4 试验荷载设计

高速铁路激振效应与线上结构、线下结构、路基、地基等的特性有关。其中轮轨接触关系造成的激振效应占主导地位。列车荷载是单向脉冲应力波,涉及列车轴重、悬挂质量、行车速度、轨道组成、线路平顺等多方面因素。理论研究表明,激振波由若干个不同频率、不同振幅的谐激振波(正、余弦波等)叠加而成。结合到激振机械的特性,在本试验中也采用正弦波波形作为激振波。已有的高速铁路无砟轨道底板处的实测动应力多在30kPa左右,所以对于本试验,加载面上的动应力幅值控制在30kPa。

激振机质量2500kg,外加附件质量6500kg,总质量为9000kg。激振机台座底面面积=长度×宽度=2000mm×2000mm。自重+外加附件质量产生的平均静压应力为:

$$\sigma_0 = (2500+6500) \times \frac{10}{1000} \times \frac{1}{2\times 2} = 22.50 \text{kN/m}^2$$

偏心轮产生的激振力为140kN,频率为5~30Hz,激振力产生的平均动压应力幅值为:

$$\sigma_v = \frac{140}{2\times 2} = 35 \text{kN/m}^2$$

因此,加载面上最大应力为:

$$\sigma_{max} = \sigma_0 + \sigma_v = 57.5 \text{kN/m}^2$$

加载面上最小应力为:

$$\sigma_{min} = \sigma_0 - \sigma_v = -12.5 \text{kN/m}^2 < 0$$

因此,激振机会离开地面产生一定振幅,对于本次试验所采用SBZ30型激振机,允许产生的振幅范围1~2mm。隧道基底承受的列车荷载是单向脉冲应力波。在高速行车的情况下,同一转向架上的两轴之间的动载产生重叠,两峰之间的变化不大,可视为一次冲击。经计算,当车速为350km/h时,8m和18m转向架间距产生的激振频率为12.15Hz和5.4Hz。车速越低,激振频率也越低。从相关研究可知,低频激振对结构物产生的影响和危害要大于高频激振。例如,我国《爆破安全规程》(GB 6722—2014)对钢筋混凝土结构房屋给出如下的安全允许振速:振动频率<10Hz时,允许振速为3.0~4.0cm/s;振动频率在10~50Hz之间时,允许振速为3.5~4.5cm/s;振动频率在50~100Hz之间时,允许振速为4.2~5.0cm/s。由此可见,频率越高,安全允许振速越大。

基于上述激振频率特性和车速为350km/h时的激振频率值,结合到激振设备自身的频率特性,将本次激振试验的激振频率主要集中在相对较低的范围。最终确定试验选用的频率范围为$f=5\sim20$Hz(变频激振频率,疲劳激振频率13~18Hz)。

8.4.5 试验过程及结论

完成结构拼装及后续施工,激振设备到场开始进行设备安装、调试,激振设备主要包括:激振机主体、变频控制箱、水循环冷却系统及接线、激振台座。现场情况如图8.4-4所示。

a) 激振机和激振台座

b) 数据采集设备　　　　　　　　　　　　　c) 数据采集软件系统

图 8.4-4　激振试验现场及数据采集

完成变频激振后间隔一晚开始疲劳激振试验，本试验根据激振机特性，其主要疲劳激振频率范围 13~18Hz，激振力幅值 140kN，共计加载 400 万次。

通过预制装配式基底结构开展现场拼装和结构力学性能试验，掌握了装配式基底结构洞内外预制、运输、拼装等工艺流程，探讨了两种结构在施工期车辆荷载和运营期列车激振荷载作用下的动力响应特征和疲劳特性演化规律，验证了相关设计理论、计算方法和设计中各种假设的正确性与合理性，为今后预制装配式隧道结构的形式尺寸优化、施工工艺优化，以及结构在各种状态下的动力特征、疲劳特性研究等工作积累了一定的科学依据。

（1）拼装试验

前期研究工作开展了结构形式的设计和安全性验证，同时进行了构件模具设计。通过前期研究积累，本试验在现场直接开展了构件预制、吊装和运输等试验内容，在郑万高铁湖北段罗家山隧道 3 号横洞内进行了预制基底结构的拼装。拼装涉及主要施工关键技术包括精平垫层铺设、台车洞内拼装、预制基底结构拼装、钢绞线预应力张拉、底部二次注浆等。拼装试验验证了预制结构在洞内进行拼装施工的可行性与便利性，为今后装配式隧道结构洞内施工组织设计提供了有效思路。

（2）激振器变频激振试验

采用"扫频"激振手段，通过对预制基底结构施加 5~20Hz 不同频率的激振荷载研究预制结构的动力响应特征，分析并掌握了结构共振频率、振动加速度、动应变等参数随激振频率变化的规律。对基底结构变频激振试验产生的各项指标振动幅值进行评价，其最大值均在合理安全范围内。

（3）激振器疲劳激振试验

通过 400 万次现场疲劳激振试验，探究了两种预制基底结构形式的长期动力特性，揭示了结构受力特点和关键受力位置的动应变、加速度等数据随激振次数的增加的变化关系，明确了预制基底结构的疲劳损伤特性及演化规律，为今后结构形式、接头形式的优化提供了有效依据。综合分析疲劳激振试验数据,对结构产生的各项指标振动幅值进行评价,其最大值均在合理安全范围内。

8.5 本章小结

本章从预制构件生产、装配式基底结构施工工艺、结构力学性能试验三方面对铁路隧道装配式基底结构关键技术进行了阐述。首先针对隧道预制装配式结构构件,从模具设计及制作、预应力预制构件制作对构件生产关键技术进行了介绍。然后从预制构件运入、施工放样、底部调平、设备检查等方面对预制构件的现场拼装过程详细阐述,结合罗家山隧道3号横洞工程实践来进一步来叙述现场拼装的流程。最后针对底部预制结构力学性能监测试验方案,从试验目的、试验内容、试验荷载设计和试验结果等方面对预制结构动载试验进行了详细阐述。

KEY TECHNOLOGY RESEARCH OF
RAILWAY TUNNEL
PREFABRICATED BASE STRUCTURE

铁 路 隧 道 预 制 装 配 式 基 底 结 构 关 键 技 术 研 究

第 9 章
隧道装配式基底结构构件信息化管控系统技术方案

隧道基底结构装配式预制技术作为一种新型的隧道基底结构逐步得到国内外工程界的重视,中国铁道科学研究院通过多项科研,提出了多种类型的预制装配式基底结构,给出了稳定性计算方法、设计参数与施工工艺,讨论了不同类型隧底预制装配式基底结构的适用条件和稳定性保持技术,建立了铁路隧道预制装配式基底结构理论分析体系并研发了智能化拼装机械装备。

目前,铁路隧道预制装配式建造技术已经逐渐开展工程实践,但既有的预制混凝土构件生产方式相对落后、装配式建筑全产业链信息化管理水平低的现象比较突出。依托无线射频识别(RFID)、物联网、建筑信息模型(BIM)等技术发展,可建立涵盖管理单位、建设单位、设计单位、施工单位的标准化预制装配式铁路隧道管理、生产、设计模式,最大程度践行隧道智能建造。

9.1 基于 BIM 的铁路隧道建设管理模式

铁路隧道 BIM 施工安全管理模型是在铁路隧道 BIM 设计模型和施工模型的基础上,结合隧道施工前、施工中、施工后完整过程的安全管理工作而形成的流程化模型体系,如图 9.1-1 所示。

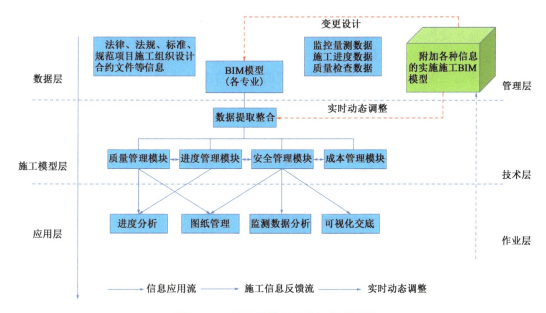

图 9.1-1 铁路隧道 BIM 施工管理模型

该模型体现了铁路隧道施工中 BIM 技术的完整应用层次和流程,模型由数据层、施工模型层和安全应用层三个层次,相对应的层次治理级别为管理层、技术层和作业层。数据层主要由隧道的 BIM 设计模型、施工过程中各类监测等信息、反映现场实时施工动态的虚拟施工模型以及铁路隧道项目施工相关的规范、标准、施工组织设计、合约文件等基础信息数据构成。这些数据信息的收集、整理、维护,属管理层级的工作。施工模型层是对数据层信息数据的加工与技术处理,根据项目管理目标和专业细分,借助 BIM 管理软件等相关信息技术,形成相应的质量管理模块、进度管理模块、安全管理模块和成本管理模块。这部分工作由相关专业的技术人员承担。安全应用层为具体应用层级,该层主要是结合隧道施工管理的需要,进行相应的基于 BIM 的信息化安全管理工作。主要有基于 BIM 的图纸资料、专项方案编制、安全措施费用管理、应急疏散模拟等管理;基于 BIM 的安全技术交底、施工安全检查、安全空间管理、监控量测数据处理等工作;这些具体工作主要由一线工作人员来执行操作。

基于上述模型,整个信息流实现从上而下的信息数据的调用、从下而上的施工信息的反馈,以及横向的各模块、各专业间的信息互通,各层次分工明确、流程清晰、信息流畅,形成完整、动态的应用闭环,对传统铁路隧道施工管理工作进行了较大的改造和提升。

9.1.1 BIM 轻量化的必要性及技术方案

BIM 模型集成了工程建设过程中的各种信息,它具有三维仿真、模拟测试、信息集成、共享协作等功能,可应用于建设过程中的项目规划、协同设计、碰撞检查、性能分析、施工模拟、成本进度控制等方面,能够有效地减少变更、减少返工浪费和工期损失,完整地存储建设过程中各种信息,对提高项目精细化管理水平具有重要意义。

BIM 究其根本是一个集大数据的大平台模型,其最终表现形式为可视化的多维度、多功能、多用途的计算机图形模型,所以模型最终是以多维度、多功能、多用途的模型计算机图形的形式展现在显示设备上,这将对计算机的图形处理能力提出严峻的考验。再反观隧道建设工程往往体量巨大,庞大的海量信息加上巨大的隧道 BIM 模型,即使在最高端的民用计算机设备上运行起来也是捉襟见肘的。为解决两者间的矛盾,将 BIM 模型进行轻量化是唯一的解决方案。通过对模型进行轻量化后,缩小 BIM 模型的体量,更轻、显示更快,方便在计算机(PC)、手机、平板电脑上显示。

如图 9.1-2 所示,从设计模型转换到 BIM 模型,再到我们最终在计算机或者移动终端看到的模型,中间经历了两个处理过程,一个是几何转换,一个是渲染处理,这两个处理过程的好坏直接影响到最终轻量化的效果。

图 9.1-2 BIM 模型处理过程

9.1.1.1 几何转换

几何转换过程就是将设计模型转换到 BIM 模型的过程,这个过程是整个轻量化的源头,也是核心。我们从微观和宏观两个方面来优化,实现轻量化。

(1)微观层面的优化

从技术角度来看,业内目前存在两种处理方式,分别是参数化几何描述和三角化几何描述。

①参数化几何描述

用多个参数来描述一个几何体被称为参数化几何描述。例如:我们画一个圆形柱子,可以使用3个参数:①参数1:底面原点坐标(x、y、z,3个小数);②参数2:底面半径(r,1个小数);③参数3:柱子高度(h,1个小数)。这样,使用5个小数即可完成一个圆柱体的搭建,非常精简,参数化几何描述可以将单个图元做到最极致的轻量化。

②三角化几何描述

用多个三角形来描述一个几何体被称为三角化几何描述。三角形可以拼接成任意的平面或者曲面,多个面最终拼接成三维体,这是现代计算机图形处理的基础。在屏幕上显示的任何一个三维模型,都是由一个一个的三角形拼接而成的。一个三维模型,三角形越多,模型看上去越精细,反之则越粗糙,这也是多细节层次(Levels of Detail,LOD)的基本原理。

(2)宏观层面的优化

使用参数化几何描述方式可以有效减少单个图元的体量,但是如果是一个大规模甚至超大规模的工程,数据量还是很可观的,这个时候的优化策略必须从宏观层面去考虑。相似性算法减少图元数量。在一个工程中,有很多图元长得一模一样,比如很多桩的形状一模一样,只是位置不一样,这个时候可以做图元合并,即只保留一个桩的数据,其他桩我们记录一个引用+空间坐标即可。通过这种方式可以有效减少图元数量,达到轻量化的目的。

9.1.1.2 渲染处理

为了达到流畅、实时的显示,通常绘制需要达到15~30帧/s。如果模型数据量比较大,尤其是建筑模型,汇集了各专业的数据,模型的三角面片数会达到数千万,内存的开销在20~30G以上。在常规的绘制流程下系统无法装载整个数据,绘制也非常卡顿,这时需要通过各种手段加速场景的绘制,并精简、控制内存的开销。

多重LOD基本上是3D GIS领域的必备技能,在BIM领域也有广泛的应用。当场景中的一些物体距离视点较远,或者物体本身比较小时,最终投射到屏幕上的像素并不多。如果用过多的几何图元来表示这些物体会浪费存储并影响性能。多重LOD用不同级别的几何体来表示物体,距离越远加载的模型越粗糙,距离越近加载的模型越精细,从而在不影响视觉效果的前提下提高显示效率并降低存储,如图9.1-3所示。

图9.1-3 不同精度BIM显示

单次渲染体量=图元数量×图元精度。视点距离远的情况下,图元数量虽然多,但是图元精度比较低,所以体量可控。视点距离近的情况下,图元精度虽然高,但是图元数量比较少,体量依然可控。例如我们的视角是在一个房间的正前面,这个时候,我们目所能及的,可能只是一扇精细的窗或者一道精细的门;但如果我们的视角是在一栋楼的100m之外,那么我们将会看到是整栋楼的,门、窗等相应图元,但这些图元不需要那么精细。因此,使用LOD技术可以确保在大场景和局部场景下的都能流畅的显示模型。但是,LOD技术是一柄双刃剑,其可以有效控制单次渲染体量,但是多重 LOD 会导致模型文件变大,因为同一个图元可能会有多个几何形体表示,因此需要根据实际情况灵活使用。

LOD 技术的应用有许多技巧,譬如按照室内、室外区分模型数据,或者按照远近、楼层、甚至建筑的专业与细节层次分类处理大小不同的建筑图元等。另外,应用 LOD 技术时通常也需考虑用户体验,以避免明显的显示效果跳跃。

宏观层面的优化包括:

(1)剔除遮挡,减少渲染图元数量。

遮挡剔除是将无法投射到人眼视锥中的物体裁剪掉,从而带来显示效率上的提升。遮挡剔除技术是在场景绘制中剔除当前视点下被遮挡的对象、只绘制最前面的对象,从而达到提升性能的目的。如图9.1-4 所示,被观察物由于被遮挡,所以不会被绘制,从而减少绘制量,提升性能,但是使用者的感知是一样的。

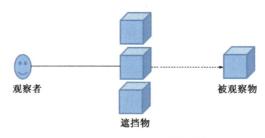

图 9.1-4 BIM 显示中的遮挡

通常的做法是对图元做八叉树空间索引,然后根据视点计算场景中要剔除掉的图元,只绘制可见的图元。

(2)批量绘制,提升渲染流畅度。

为了将一个物体绘制到屏幕上,需要发起一次图形 API 绘制调用。绘制调用非常耗费 CPU、并且通常会造成 GPU 时间闲置。为了优化性能、平衡 CPU 和 GPU 负载,可以将具有相同状态(例如相同材质)的物体合并到一次绘制调用中,这叫作批次绘制调用。批次绘制调用通过合并物体来减少绘制调用,从而带来性能的优化。批次绘制可以预先处理,形成静态的批次,或者绘制每帧时进行动态调整,这时称为动态批次合并。有时也结合动态和静态的批次合并策略,达到渲染流畅度的提升。

9.1.1.3 理想的轻量化技术方案

前面我们了解到,轻量化主要从几何转换和渲染处理两个环节着手进行优化,权衡技术利弊及应用需求,笔者认为理想的技术方案如下:轻量化模型数据=参数化几何描述(必须)+相似性图元合并;提升渲染效果=遮挡剔除+批量绘制+LOD(可选)。BIM 轻量化技术方案如图 9.1-5 所示。

9.1.1.4 基于全球广域网(Web)的隧道 BIM 显示

隧道本身是呈线状分布且出于地下的隐蔽工程,可视化的信息交互有利于参建各方的信息共享及建设效率的提升,受限于复杂的共享方式而阻碍 BIM 技术发展的现状需要被突破,Web 是一个很好的解决途径。可以通过 WebGL 技术的三维图形加载方法,并在 Three.js 架构下进行了 BIM 模型的 Web 显示。随着计算机技术的不断进步,WebGL 技术飞速提升,近几年全新的 HTML5 标准被发布并推广应用,基于此标准的 WebGL 技术能够很好地解决 BIM 模型在 Web 浏览器的三维渲染问题 PWW。为了更加快速、高效地实现基于 WebGL 的图形三维浏览,可使用 WebGL 的上层框架。

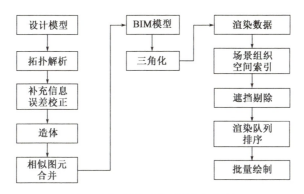

图 9.1-5　BIM 轻量化技术方案

WebGL 是开源的、跨平台的 JavaScript API,用来进行浏览器端的 3D 绘图。WebGL 多与 HTML5 标签配合使用,实现硬件 3D 加速渲染,从而顺畅且高效地实现三维模型及动画在浏览器中的渲染,越来越多地被用在三维可视化、场景漫游及网页游戏中。WebGL 是通过 JS 脚本在浏览器端进行三维展示的,不需要为浏览器安装 Flash 等插件,具有跨语言、跨平台、跨浏览器等特性;WebGL 基于 OpenGL,而 OpenGL 是统一且标准的跨平台接口,可以直接通过底层图形的硬件加速功能对三维模型进行渲染,有利于更加流畅地展示三维模型及其场景,提高了渲染速度和效率,并且更易于构建复杂的三维场景。

9.1.2　基于轻量化 BIM 的平台方案

隧道信息化动态施工的首要任务是解决施工过程中的信息收集,施工监测信息数据量巨大且具有很高的时效性要求,本方案基于物联网技术、数据库管理技术及 Web 网络技术,建立了集成数据采集、预警数据共享的云平台系统,实现隧道多元监测信息的远程自动化采集和隧道监测风险实时预警,并支持 Web 和移动客户端的数据访问和短信报警等。

在建立隧道 BIM 模型的基础上,设计 BIM 数据管理系统框架,建立了基于 IFC 标准的隧道信息模型表达方法。定义 IFC 环境下的多元监测信息表达所需属性集及属性,通过扩展 IFC 属性集建立了 SQLsever 数据库数据字段与 IFC 数据集的映射。最终实现基于 IFC 数据格式的自动化多元监测信息与隧道 BIM 模型的结合,将隧道围岩应力应变、周围地表及构筑物的变形、地下水情况、施工进度等数据集成于 BIM 信息库并反映至 BIM 模型。

9.1.2.1　系统总体设计思路

本节所提到的隧道信息管理模式设计框图如图 9.1-6 所示。

将施工信息输入至服务器,服务器基于 SQLsever 数据库平台进行大数据管理与计算,同时利用免费开源的 Web 轻量级应用服务 Apache Tpomcat 平台技术将数据库信息共享至 Web 网站平台及移动客户端。

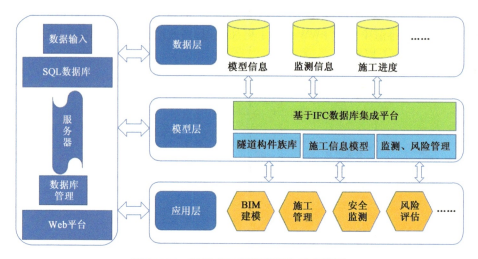

图 9.1-6　基于 BIM 的隧道信息管理模型

9.1.2.2　隧道信息系统云平台搭建

通常传统的网络共享模式可分为 C/S 架构与 B/S 架构两种,作为 B/S 架构的 Web 浏览器是使用最为广泛、最为便捷的方式,因此研究 BIM 模型及信息的浏览器共享式是可行的方向。本节针对 BIM 模型及监测信息的 Web 浏览模式做了相关研究,在 BIM 模型的浏览器加载方面,研究应用了 WebGL 技术巧步实现三维模型的 Web 浏览,在 BIM 信息方面,设计了信息共享模式方案,以及开发了网络平台和移动客户端,实现了监测信息的 C/S 架构与 B/S 架构的共享方式,如图 9.1-7 所示。

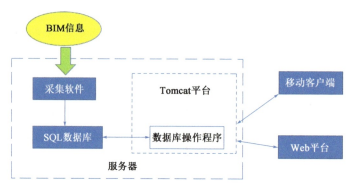

图 9.1-7　C/S 和 B/S 模式设计

BIM 技术的核心在于多方协同与信息的集成。使用 BIM 技术在包含项目设计、施工、运营与管理的项目全生命周期应用,必须完善信息的共享与交互模式,统一的数据标准 IFC 是基础,同时提出建立 BIM 服务器,以此作为信息存储与交互的载体。

(1) Web 平台的开发

基于 Eclipse 编程平台编写 Web 客户端。编程语言为 JAVA 语言,数据操作方式为前端界面选择传值,服务器端安装 Apache Tpomca 轻量级应用,实现后台操作数据库进行读写数据。数据框架设计分为前后台两部分,后台负责数据库操作,前台为用户交互界面,前台操作命令

W 传值的方式控制后台数据库操作。

(2) 移动客户端 App

在 Android 平台下开发移动客户端,该软件采用 Eclipse 并配置 Android 虚拟器编写。客户端软件运行环境应为 Android(1.6 或更高版本)联网移动平台。其功能模块主要包含监测布置图查看、监测数据查看、时程曲线查看、施工进度、技术交底以及预警信息查看等。

9.1.3 基于轻量化 BIM 的施工进度动态管理方案

9.1.3.1 可视化进度管理的必要性

建筑行业中工程项目管理的地位极高,它主要是对项目的成本、安全、进度和质量这四个方面内容的管理,其中任何一个处理不好都可能直接导致项目失败。在房地产项目开发中,项目管理和营销策划、规划设计一并被视为三大影响项目成败的因素,所以我们必须要重视工程项目管理工作。

(1) 概念

项目进度管理指的是在项目施工过程中实施严格的进度控制计划,通过定期检查实际进度,并与计划进度进行对比,找出两者偏差程度,并分析造成偏差的主要原因,组织各工程参与方协调处理好相关问题,采取针对性措施来确保工程得以在计划期限内完成,确保工程项目进度。

(2) 内容

项目施工方必须按照项目部的要求编制出整体工程进度计划,并将其细分为周进度计划、月进度计划、季进度计划,找出项目施工过程中的关键工作,并制定科学的进度控制计划,找出可能影响到工程进度的主要因素,采取针对性预防措施。项目监理方严格按照项目进度计划检查工程的完成情况,对比实际进度与计划进度,分析两者偏差程度并找出具体成因,在此基础上采取相应办法追赶进度,确保工程能够在预期期限内完成。进度计划编制的程序如图 9.1-8 所示。

图 9.1-8 进度计划编制程序

(3) 不足

①忽视进度计划,认为进度计划是一种摆设,可有可无。大型工程,工期长,环节多,没有很好的进度计划施工企业很难在一个长的时间跨度内向业主、监理工程师或总施工企业以及

其他施工企业表明自己的施工组织状况,同时对于施工企业而言也很难指导自己的施工,并在资源上从容调度和平衡优化。

②对于计划还算重视,但计划与实际工作脱节。这有多种原因,可能是进度计划水平低,不能如实反映施工状况以至失去指导作用;也可能认识上有误区,因为进度计划中的施工顺序与实际工作的施工顺序有一定的差别,在具体的施工组织以及作业数据的反馈上嫌麻烦,不愿意受约束。

③进度计划过粗或过细。过粗的进度计划难以控制作业进展,不易发现问题,一旦发现作业延误,将有可能为时已晚,难以挽回;过细的进度计划容易人为割断施工工艺之间的自然联系。从工程实践来看,进度计划的粗细没有一定之规,相当难以把握。

另外,长期以来,施工项目在进度管理方面还面临着巨大的压力:一是地方政府出于对发展经济的一种急功近利型的考虑,要工程早投入、早使用,而且这逐渐成为一种普遍的倾向,忽视工期的客观性;二是招投标不按规范。由于是卖方市场,业主往往在工期上提出额外要求,并要求施工企业在工期中承诺,以缩短投资周期,这样迫使施工项目超额配置资源,拼人力,拼机械,施工成本上升,质量上出了不少问题。长此以往,施工项目的进度管理因外部因素也发生偏离,不少项目经理也自觉不自觉地把工程进度放在首位,在项目管理上走入误区。多数项目的进度管理都凭经验进行,缺乏科学性,为改变这种情况,除加强业主自律及行业管理、减少政府干预外,施工项目要从加强进度管理的基础工作入手,提高施工项目管理水平。

9.1.3.2 基于 BIM 的工程项目进度管理的优势

基于 BIM 技术的进度计划可以实现可视智能化、进度计划与三维模型实体的链接。它改变了工程项目的"一次性"特点,工程人员可以根据实际施工环境在计算机中进行多次的建造,通过多次施工模拟不断进行进度计划的优化。具体进度计划编制过程如图 9.1-9 所示。

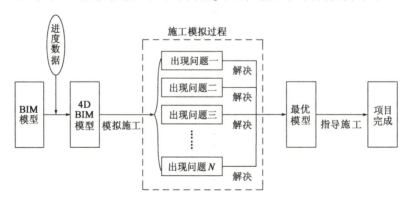

图 9.1-9 基于 BIM 的施工进度管理

与传统进度计划相比,基于 BIM 技术的进度管理有以下优势:

(1) WBS、任务进度与模型联动

基于 BIM 技术的进度计划,可以实现 WBS、任务进度和模型三者之间的相互联动,保证 WBS 和三维实体模型的完整性和系统性,打破进度任务与模型的相互独立关系。

(2) 各专业模型集成和碰撞检测

利用 BIM 技术的集成化特点，在施工图会审或施工过程中把所有的专业模型导入到一个平台内，然后进行建筑、结构、水电暖等专业模型的集成。之后建立不同专业或同一专业的碰撞检测测试，发现图纸上的所有冲突和矛盾，在施工前发现模型问题以保证进度计划编制依据资料的准确性。

(3) 进度计划表达可视化

因为 BIM 模型中承载进度计划的是三维空间模型，这种三维模型是完全根据实际设计创建的，与实际竣工后的模型是一样的。所有能够观察到工程的每个视点，整合进度数据就能进行可视化的施工进度模拟。通过可视化的视点或模拟能让工作人员更直观的识读进度计划。

(4) 进度管理人员沟通通畅

基于 BIM 技术的协同工作平台为工作人员提供了很好的沟通渠道，工作间的沟通交流不再是单一的语言，而是能够结合具体的、可视化的、统一的模型进行交流，实现听觉与视觉的一致。而且这个平台可以在云端，进度管理人员可以利用移动设备登录云端服务器进行信息的传递、查阅，极大的提高了管理人员的沟通效率。

(5) 信息共享

信息共享是 BIM 技术的一个主要优点。进度计划编制时，各参与单位或同一单位各工作人员之间通过 BIM 信息平台共享信息可以使得施工单位更充分、快捷的掌握彼此间实际情况，提高搜集进度数据的效率。BIM 技术的引入可以很好地解决进度浪费的问题，这全有赖于其先进的碰撞检查功能。很多专业冲突会造成进度的浪费，很多材料、人工都因为工程返工、工程被废而白白浪费。

基于 BIM 系统对设计过程进行跟踪反馈，可以及时发现和解决设计上的问题，从源头上杜绝施工问题，这对于解决施工浪费问题、提升施工效率而言意义重大。目前不少工程的进度常常因过程付款问题而受到影响，业主方未能及时的审核和支付工程款导致自己与承包商之间的关系每况愈下，使得承包商无法全心全意地投入到项目施工建设活动中。引入 BIM 技术之后，业主方可以利用其强大的数据处理功能对承包商的付款申请单进行校核和反馈，缩短期中付款周期，增加承包商对自己的信任感，调动承包商的积极性。编制不到位会影响工程采购计划、生产计划的效率，导致场内长期处于缺材料、少设备的情况，进而延误了工期，造成损失。引入 BIM 技术之后，数据信息的获取不再受时间和空间的束缚，生产计划、采购计划的实施效率得到了显著的改善，施工进度加快，计划准确性也大大提升。当前工程实施过程中，由于无法及时完整的获得所需的决策数据和信息而导致决策滞后，进而延误工期，造成不可挽回的损失。实际施工过程中，决策是一个十分简单的环节，只要信息数据客观、准确即可，但是要获得大量客观、完整的数据并非易事，只要信息数据方面出现问题，决策也会被搁浅，甚至会浪费很多时间在谈判上。BIM 支持项目用户构建多维度结构化的数据库，可以同时实现数据的分析和整理，可以很好地规避上述问题。

9.1.3.3 可视化进度管理的内容

(1) 建立 4D BIM 模型

4D 全称为 4Dimension，是目前比较常见的一种计算机辅助设计技术。4D 模型考虑了时间因素，这是其与 3D 模型的区别，也正是因为其增加了时间因素，所以当建筑施工领域引入这种建模技术的时候,其能够比 3D 模型更能反映出工程的进展状况,并输出动态的数据,以便施工人员管理工程项目。目前,美国微软公司开发的 Microsoft Project 软件是最主流的工程项目进度计划编制软件,这款软件得到充分的应用之后,人们见状整合了 BIM 模型和这款软件,进而得到了 4D BIM 模型。在 Microsoft Project 软件中,每一个形态都对应着一个显示状态,以便管理人员对时间设置情况进行监测和调整。

（2）项目进度动态管理

项目施工进行过程中,出现了实际进度与目标进度相脱节的现象,此时的目标计划可以说是形同虚设,项目管理人员急需立刻重新计算和调整目标计划。基于 BIM 技术对施工过程进行多次模拟分析之后可以提前预测和发现施工阶段已经发生或是未来可能发生的施工问题,然后采取有针对性的预防和解决措施,确保实际施工进度始终与目标进度保持一致,这样就能很好地管理工程项目进度,并对项目实际施工进行指导,最终在规定的时间内达成施工目标。

目前习惯采用模型对比、进度曲线对比、横道图对比的方式来比较实际进度与计划进度之间的差距。通过对比现场状况、实际进度模型、项目计划进度模型,呈现出整个建筑物的建造过程,通过观察整个过程就能发现施工过程中可能出现或已经出现的问题,若进度与计划相脱节,系统会弹出提示,提醒管理人员采取相应的措施。

将实际进度数据录入系统之后,系统便会开始对比分析实际进度和项目计划之间的差距,若差距较大,说明项目已经出现了比较严重的问题。为了保证实际进度与计划进度基本一致,施工中要对目标进行多次优化调整,而且要采用科学的手段预防和解决未来可能出现或已经出现的问题。项目与原计划相脱节的表现集中在资源分配、成本支出、项目进度等几个方面,要先确定问题出现在哪一方面,然后再采取有针对性的措施进行处理。

要结合现有成本支出和资源使用情况来更新目标计划或是调整进度偏差,为避免影响各方利益,组织、经济、技术、管理方面的措施一定要得当,这样才能在成功管理项目的同时维护好各方利益。

9.1.3.4　技术路线

（1）施工进度数据图形化处理方法的基本原理

在高速铁路施工进度管理中采取数据图形化处理方式主要是依据实际的发展情况,保证数据采集的准确性,减少数据采集的复杂性,满足 BIM 模型管理的基本要求。其中施工进度数据图形化处理整个系统包括了数据层、服务层、应用层。数据层主要涉及内容有三维基础地理数据、相关业务数据等,并且将 BIM 模型作为基础保障与信息载体,对属性数据、进度数据相互关联,实现对海量数据的存储;服务层则主要是采取 Openlayers 提供的接口进行矢量图的发布,并进行三维地形服务,在网络无缝可变带技术应用下实现数据的传输,且在传输中可以及时被用户所接收;应用层则主要是应用 B/S 结构,以此方便进行系统部署以及维护,且整个系统融合了业主、承包单位等,可以实现进度审核、报表输出等。

（2）铁路隧道施工进度数据图形处理技术

①BIM 基础下实现工点工程分解

通常情况下,系统填报的进度数据往往离不开 BIM 管理,进度数据对三维进度管理具有重要意义。其中需要考虑的因素包括了 BIM 模型颗粒、项目管理需求,且对隧道、路基、桥梁等需要从施工管理、逻辑层角度出发进行分解。

②设计参数提取自动化

在三维施工图中可以自动获得设计参数,当然也可以从 BIM 模型中获取,且各类 BIM 建模软件为模型参数的导出功能提供了基础保障,在相应平台下可以实现二次开发,严格按照隧道等图纸的规范性制定读图规则。其中可以获得里程注记值以及各个截面的轴线位置,实现对数据的检查与处理,并将其及时录入到数据库之中,流程如图 9.1-10 所示。

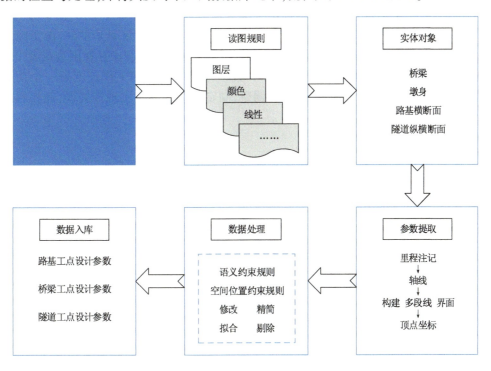

图 9.1-10　流程图

③RIA 下 Web GIS 图形化填报

从属性上分析,Openlayers 属于 Web GIS 框架,可以支持多种地图格式,并且还可以实现页面的刷新,可以将空间信息以及非空间信息进行集成管理,尤其在小范围以及小尺寸下的地理信息发布中应用广泛。从另外一个角度分析,RIA 技能可以利用客户端的计算资源,对客户端以及服务端的计算负载进行平衡,以此减轻服务器的压力,形成截面,以此为用户带来更加丰富以及交互性的体验。其中应用客户端可以构建 Web GIS 服务,且还可以通过应用工点参数以及进度数据形成二维矢量图,在进度查询、填报、审核等方面有所作用。

9.1.3.5　价值分析

(1) BIM 能够解决传统进度管理过程中反应机制慢、调整不及时、效果较差等一系列问题。主要优点有:提高方案优化的效率,密切各专业的联系和协作,减少因欠缺沟通而导致图纸错误信息流失的情况发生;有利于提高项目进度的管理力度,实现管理信息化、模型可视化等。

(2) 使用 BIM 技术通过删除不必要的信息请求和复杂程序,来减少项目施工时间和能源消耗,促进资源合理配置,最终为整个项目节约大量的人力、物力、财力,降低成本。BIM 技术之所以能够在工程领域被普遍使用,是因为它的这些优点所在。尤其一些大型项目如建筑企业、总承包、勘察、政府、行业协会、科研机构等有关单位对 BIM 技术改进和大力推广,促进该项技术的完善和发展,并且被普遍使用成为工程领域的关注焦点。

(3)凭借着 BIM 技术的优点对项目进度进行管理。BIM 与传统的编制工程进度计划相比较,拥有比较直观明了的特点。它能够提供可视觉观看的绘制图和参建单位,便于各个部门之间的探讨。另外在 BIM 模型对项目进度控制和指挥下,使得工作效率非常高,由于施工项目是一个动态,不断变化的过程,固定的计划并没有考虑实际操作工程中存在困难或者失误的情况,一旦出现问题计划就可能无法正常运行下去。然而 BIM 编制工作进度是一个动态的过程,可以对操作过程中出现的问题进行及时调整,制定新的计划。实现零失误,确保顺利完成任务。

9.1.4 基于轻量化 BIM 的监控量测

9.1.4.1 隧道可视化监测

从 20 世纪 60 年代以来,新奥法在隧道及地下工程的应用不断推广,新奥法的理念越来越受到人们的普遍接受。新奥法修建隧道,不仅要依据计算来决定支撑和衬砌的厚度,更主要的是根据位移等的量测结果进行修正。总体而言,隧道施工监测的目的有以下几点。

(1)隧道施工监测的目的

①确保安全。根据量测数据,及时掌握围岩和支护的动态过程及规律,预测岩体力学参数,建立计算模型,评价岩体工程的稳定性,从而进行动态管理,科学施工。

②指导施工,预测险情。将量测数据经过分析处理,预测和确认隧道围岩是否有异常情况及其最终稳定时间,以指导施工顺序和确定施作二次衬砌的时间。

③修正设计。把监测数据用于优化设计,使支护结构的设计既安全可靠又经济合理。

④积累资料。已有工程的量测结果可以间接地应用于其他类似工程中,作为设计和施工的参考资料。

(2)监控量测的意义

隧道的监控量测工作是隧道施工的重要组成部分,是判断设计是否合理、施工是否正确有序的基本标准,是监视围岩是否安全稳定的基本手段,是判断初期支护是否到位,确定二次衬砌施工时间的标准具体来说就是通过在初期支护的隧洞上设立观测点,用仪器观测测点间的位移情况,来判定隧道围岩的稳定情况,以在保证安全的情况下进行隧道施工。监控量测的项目一般按现行规定以及施工设计来拟定监测项目包含必测项目:洞内围岩和支护状况观察、净空收敛监测、拱顶下沉监测、地表沉降监测,另外,还有涉及应力方面的选测项目,主要包括初期支护应变及钢筋应力、锚杆轴力量测、围岩接触应力等。

隧道施工是一个漫长的过程,不管是设计还是具体施工都不是一次能定型的,需要在施工过程中,根据现场施工反映的情况紧密配合研究,综合分析各项施工信息,其中必须包括监控量测的数据分析,及时进行信息反馈,以及时跟随施工,反馈施工,这样才能做到施工的合理。施工信息是隧道开挖后围岩稳定性的实时的动态的反映,同时也是修正施工设计的根本依据。

施工信息反馈修正设计,具体是指在隧道开挖施工以后,根据施工反映的各方面信息,对施工前根据经验和理论所设计的结构、支护参数、预留变形量、施工方法以及各工序施工的时间等数据和要求的检验和修正,其必须紧紧联系施工,贯穿于整个隧道施工过程的所有阶段。

(3) 现有铁路隧道施工监控量测实施

根据《铁路隧道监控量测技术规程》(Q/CR 9218—2015)的规定,对隧道变形以相对位移进行控制。极限相对位移值(U_0)是指极限位移与两测点间的距离之比,具体来说就是拱顶下沉的变化值的最大值相对隧道高度的百分比,或者净空收敛的变化值的最大值相对隧道开挖宽度的百分比。一般都是 U 为实测位移值,U_0 为允许相对位移值(也叫极限值)就是绝对不能超过的值,与这个值相对应的有三个管理等级,用来控制隧道的安全性及施工进度。U_0 的算法是根据隧道宽度,围岩的脆塑性及覆盖层厚度围岩级别综合确定。极限相对位移值是一个经验统计值,主要用来结合变化速率去判断监控量测数据的可靠性,确定初期支护的稳定性,判断监控量测的结束时间等。

在实际操作过程中,铁路隧道监控量测多以报表形式进行记录,并按断面绘制变形时间曲线。传统操作方法主要存在以下弊端,监测里程无法与现场围岩情况、施工方法、施工管理手段直观对应;各监测断面间缺乏联系,无法对监测段落进行总体把控;对监测数据利用过程中存在滞后性,现场管理过程中,监测日报或者月报存在上传下达周期,对于时刻变化的隧道围岩及支护情况存在滞后性,施工质量管理人员无法第一时间根据监测数据做出应变。在隧道设计文件中,一般只给出隧道监控量测原则,并未针对各工点隧道给出针对性监控量测要求,也并未针对各工点隧道特殊围岩段落给出针对性监控量测要求。

9.1.4.2 基于 BIM 的隧道监控量测管理的优势

(1) 利用 BIM 可视化、模型信息的关联性的特点,基于 BIM 技术对隧道进行精确建模,结合施工期间隧道监控测量项目对地表沉降、洞周收敛、拱顶下沉监测点、混凝土应力、钢筋应力、土压力、锚杆轴力、隧道衬砌空洞、渗水状况进行建模,建立数据库,将数据库中的信息匹配到 BIM 模型中的相应位置,以期高效合理地指导隧道施工,如图 9.1-11 所示。

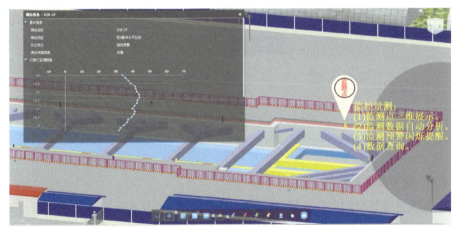

图 9.1-11 监测断面与 BIM 结合

(2)将隧道的 BIM 模型与隧道动态施工信息计算机系统集成,可以充分利用 BIM 的三维可视化和信息标准化特点,解决隧道施工监测信息管理的瓶颈问题,实现隧道真正意义上的动态设计,如图 9.1-12 所示。

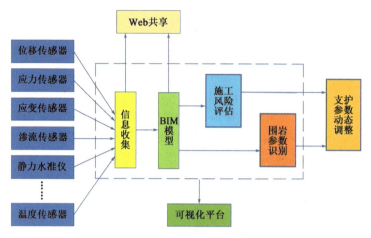

图 9.1-12　隧道动态设计

(3)利用 BIM 的信息化特点,针对各工点隧道设计特定的监控量测要求,对于一般段落及特殊段落给出不同的监测项目、监测断面间距等要求。并根据大数据对监测项目的合理性给出建议,如图 9.1-13 所示。

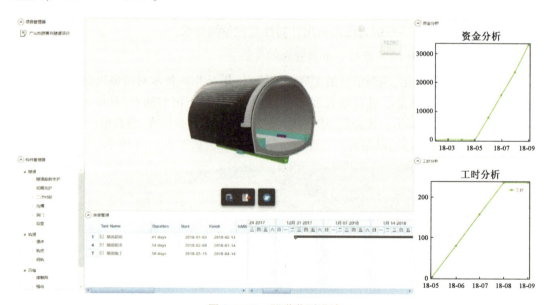

图 9.1-13　隧道监测设计

9.1.4.3　监控量测的内容

施工中量测主要是对围岩与支护的变形、应力(应变)以及相互间的作用力进行观测。

(1)一般地段地铁隧道的监测内容

从本质上讲,隧道不仅仅是单纯的钢筋混凝土结构,而是围岩和支护结构的复合体。因此,在隧道开挖过程中,需要同时考虑围岩稳定状态和支护、衬砌的可靠度,可以将监控量测项目分为周边位移量测、拱顶下沉量测和地表沉降量测三大类。

①周边位移量测

周边位移的量测主要选用收敛计,在隧道条件满足的情况下亦可选用高精度全站仪。一般按照之前设计的测线埋设测点,对于采用上下台阶法施工的隧道,通常在上台阶开挖完成后进行上台阶测线的数据采集,下台阶开挖完成后进行下台阶测线的数据采集。受施工现场实际条件限制,下台阶开挖完成后一般只量测下部测线。

②拱顶下沉量测

拱顶下沉的量测方式整体上可分为直观量测和间接推算两种。可选用钢钢尺配合精密水准仪进行量测;也可通过在隧道拱顶均匀布设反光贴片配合精密全站仪进行量测;还可选用周边位移量测数据推算隧道拱顶下沉量。对于拱顶下沉的量测,监测基准点的稳定性以及设置是否规范对于测量结果有着直接影响。基准点埋设时应当注意选择合适的埋设位置和埋设方法,并在施工中加强保护。隧道施工规范对隧道拱顶下沉监控量测的精度要求为0.1mm,但是在实际操作中,一般的全站仪并不能达到如此高的量测精度,必须采用精密水准仪才能达到规范要求的量测精度。

③地表沉降量测

一般可用水准仪量测,也可用高精度全站仪进行观测。地表沉降要求根据围岩条件及周边环境要求确定监测断面和测点间距,监测数据应当及时记录处理以全面分析并预测隧道施工过程中地表变形变化趋势,进而指导施工与设计。

(2)特殊地段地铁隧道的监测内容

①接触压力量测

接触压力量测包含量测周围岩体作用于支护结构外侧界面土压力及其变化和量测支护结构本身初期支护和二次衬砌的荷载分布状态。由于隧道开挖后,岩体应力释放是动态的,接触压力量测可以直观、快速地得到结构周围岩体的力学状态和释放规律。因此,接触压力量测可以作为隧道结构稳定性控制的依据;同时,通过接触压力的量测,可以与设计荷载进行比较,优化和调整设计支护参数。接触压力量测是将土压力盒埋设于初期支护与围岩之间或初期支护与二次衬砌之间,为保证压力盒受力面与围岩或支护密贴,且受力均匀,压力盒宜采用沥青囊间接传力结构。

②水位和孔隙水压力量测

隧道施工中,地下水位和孔隙渗水压力的量测相当重要,通过地下水位的量测,可以掌握在确保周围环境安全的前提下,地下水可降低的幅度,为施工创造较好的条件,这项量测内容须与周边环境监测联合进行。通过渗水压力量测数据的积累,可以逐渐找到符合不同地质情况下的水压系数,以为设计提供有说服力的证据。地下水位观测采用电测水位计进行。测点除在有关建筑物附近布设外,在有地面降水井试验段,一般还要超前布置在隧道开挖掌子面前方10~20m处降水井附近,以确定降水的作用和降幅,为隧道施工提供地下水位的动态情况。孔隙水压力量测通常采用孔隙水压计进行。首先要根据隧道埋置的深度、孔隙水压力的变化幅度等因素来确定所埋孔隙水压计的量程,以避免选用量程太小而造成孔隙水压力超出量程范围,或选用量程太大而影响测量精度。孔隙水压计埋设方式是在隧道结构外侧相应位置钻孔(或直接压入),达到深度后,将孔隙水压计送入埋设位置,然后将测线引入隧道内保护盒中待测。

③结构内力监测

该项监测包括衬砌混凝土应力应变、钢拱架内力、二次衬砌内钢筋内力监测等项内容。衬砌混凝土应力应变监测是在初期支护或二次衬砌混凝土内相关位置埋入应力计或应变计,直接测得该处混凝土内部的内力;同样,若是钢筋混凝土结构,可以将相应位置的混凝土内主筋截断,以钢筋应力计取代受力,或者将应变计直接焊在受力主筋上,从而测得该处受力主筋的应力应变值,通过变形协调原则即可算得结构衬砌内力。应力应变计安装时应尽可能使其处于不受力状态,特别是不应使其处于受弯状态,应将应力应变计上的导线逐段捆扎在邻近的钢筋上,引到隧道内的测试匣中。

④锚杆轴力或锚索内力及拉拔力监测

锚杆轴力量测可以使用量测锚杆。量测锚杆主要有机械式、应力式和电阻应变片式几种。机械式量测锚杆是在中空的杆体内放入4根细长杆,将其头部固定在锚杆内预计的位置上,量测锚杆一般长度在6m以内,测点最多为4个,用千分表直接读数。量出各点间的长度变化,而后被测点间距相除即可得出应变值;应变值再乘以钢材的弹性模量,即为各测点间的应力。应力式量测锚杆量测方法如同衬砌主筋应力量测一样,把与锚杆同等材质、直径相同的钢筋计直接焊在锚杆的相应位置以取代该段锚杆受力,即可测得该段锚杆的应力。电阻应变片式量测锚杆是在中空锚杆内或在实际使用的锚杆上轴对称贴4块应变片,用4个应变的平均值作为量测应变值,这样可以消除弯曲应力的影响,测得的应变值乘以钢材的弹性模量,即为该测点的应力。通过量测锚杆轴力及其分布状态,再配合以岩体内位移的量测结果就可以较为准确地设计锚杆长度和根数,还可以掌握岩体内应力重分布的过程。锚杆拉拔力监测是破坏性检测,它是为了掌握锚杆的施工质量是否达到了设计的要求,一般都通过现场测试来确定。量测方法是采用锚杆拉拔仪拉拔待测锚杆,通过测力计监测拉力。目前,空心千斤顶是测定砂浆锚杆和预应力锚头拉拔力的一种专用设备。监测时,将锚杆附近岩面垫平或用砂浆抹平后即可安装使用。

9.1.4.4 技术路线

(1)隧道BIM数据的云采集

借助先进的无线传输技术和云服务技术,实现了传统监测与互联网、物联网融合,突破数据传输空间限制。进一步建立网络服务器数据库管理系统,借助云平台实现监测数据的云端存储、处理W及数据的网络共享。

研究使用了基于以太网的双向透明传输设备——GPRS无线传输模块,以及基于433Hz无线透传模块,此两类模块的信息传输均统一波特率及校验等数据形式,模块间均以485数据形式进行通信,依托这两种媒介,实现数据的远距离无线传输。各个采集终端均安置有采集模块,采集模块直接控制各类型传感器的采集状态,然后通过无线传输装置实现服务器端对采集模块间的通信,如图9.1-14所示。

针对一些特长隧道、弯曲隧道及施工条件较为复杂的隧道,设计了一种无线传输中继方案。隧道掌子面发出监测信息,经中继装置传输至隧道洞口,中继部分主要由一对串联无线传输模块组成,设置对应的参数与配对方式,实现信号的递传。这种方案设计,中继器扩展方便，能够不受隧道长度、截面、线形等阻挡信号无线传输的不良因素制约，实现隧道内对监测到的信息和数据的有效传输，获取信息较为全面，不仅克服了现有技术中有线方式信号传输距离受限的问题，还避免了布置通信线缆对施工所带来的不便，节省人力物力资源。

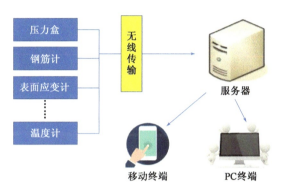

图 9.1-14　云端数据采集

（2）硬件集成

在实际施工中，为了保证既有结构及施工的安全，有必要进行多个项目的监测。通常监测项目主要包括地表沉降、水平位移、隧道拱顶下沉、水平收敛、桥桩及周边建筑沉降和倾斜等。为集成多个监测任务的同时开展，需要设计一种集成各类型传感器的硬件采集方案。

（3）软件系统开发

综合考虑对比各开发语言及软件越劣势，选择使用了 C 编程语言及基于 NET 开发环境的 Visual Studio 2010 软件进行系统采集及软件开发。系统设置实时预警功能模块，对监测值超出设定范围的监测点信息自动发出警报短信，以便施工人员能够及时地采取应对措施。警示信息通过计算机上的无线模块，发送短信到指定的手机号码，并在系统内自动记录。异常值筛选与处理采用上限/下限阈值和偏移倍率两种方式，通过对比前后数据差值，根据规则设定的阈值判断该取值的合理性，对不合理数据判别为异常，异常数据处理时可选择直接删除（针对偏差特别大且时间间隔错误的数据判定为采集异常造成的错误数据）或者选取之前数据平均值代替的方式。

（4）基于 BIM 的隧道信息管理

实现基于 IFC 的监测信息表达是建立隧道 BIM 信息管理系统的基础，设计基于 IFC 标准的监测信息管理系统是适应多系统数据共享的需要。以 IFC 架构为核心，集成包含监测信息的各类型数据，利用扩展属性集的方式定义监测信息表达所需属性及属性集，并与 BIM 数据管理平台的各类型数据建立映射关系，以此来统一系统中各数据的表达与管理，为数据共享提供支持，其架构如图 9.1-15 所示。

9.1.4.5　价值分析

基于 BIM 的监测管理平台可以实现隧道施工监测数据的集成和可视化，提高了监测数据的管理效率，同时能够将施工工序与围岩的变形趋势有效关联，从而辅助决策人员及时调整施工方案。

图 9.1-15　数据库架构

9.1.5　基于轻量化 BIM 的图纸等档案资料管理

9.1.5.1　基于轻量化 BIM 的图纸等档案资料管理必要性

现有隧道设计图纸包含了隧道结构工点图、各种参考图以及四电专业各种图纸,现场施工中图纸堆积如山。图纸的管理基本要靠经验丰富的工程师,稍有疏忽就会造成过轨管线等交叉工程错误施工。设计图纸中包含了大量节点处理图,施工现场如果对于图纸研读稍不留心,就会导致工程细节施工不到位现象发生。

隧道工程包含了超前支护系统、支护结构系统、衬砌防排水系统、四电、洞口绿化、洞口防护等等细部工程,在施工到交叉节点(隧道洞室、过轨钢管)等部位时,除非对图纸熟悉程度较高,否则找到具体图纸将会费时费力,还可能存在图纸错拿风险。

9.1.5.2　基于轻量化 BIM 的图纸管理系统

(1)将二维图纸与三维模型进行关联,并在三维模型中进行标识。实现关键节点图纸快捷定位。

(2)在轻量化 BIM 模型中对交叉节点进行提醒,方便工程人员对图纸进行调阅。

(3)轻量化 BIM 平台提供模型任意部位剖切,使工程人员对隧道结构内部构造一目了然。

(4)通过数据库构件隧道全专业图纸管理系统,实现 PC 端及移动端的快捷浏览。方便现场技术人员应用,也为运营管理提供便利条件。

9.1.6　基于轻量化 BIM 的虚拟建造

基于 BIM 结合 VR(虚拟现实)可应用于隧道建设的各个方面。从预制生产基地的前期规划到实际生产、运输及现场安装操作,再到生产质量和风险环节的把控以及员工技术和生产安全教育培训、企业宣传展示等,都可以利用 BIM + VR 技术实现,如图 9.1-16 所示。

(1)生产工艺流程模拟

通过 3D 建模技术,将预制生产基地所有的工装、设备、模具、构件等进行 1∶1 建模,利用 3D 引擎通过程序对场景中的所有时间进行高度还原,在引擎中模拟整个生产工艺流程。从前期的钢筋加工,到构件的预制转场以及最后的现场吊装过程,都可以完全还原,让施工人员提前了解现场施工环境。通过 VR 技术模拟工艺流程之后,在初始阶段便可把控各环节,当出现不合理的设计或者工艺时,及时修改,最大限度地降低生产过程中的时间消耗。在预制生产基地方案设计的初期加上 VR 技术的辅助,通过模拟生产场景,获得即时的体验反馈,进而协调各方修改和完善设计的不足,最终在实际生产过程中,可以有效地规避风险,少走弯路。

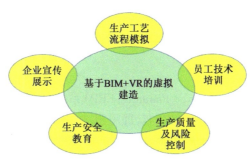

图 9.1-16　虚拟建造在隧道建设中的应用

(2)员工技术培训

传统的技术培训更多的是管理人员口述或是前辈们的经验传承,很多时候还是要靠技术人员进行更多的实践摸索,使工业化预制构件的生产质量具有不确定性。借助 VR 技术,将培训技术点在 VR 中着重展示,通过简单的拟人化交互系统让体验者更快了解工业化建造的技术细节,而且在室内环境下可以进行,环境舒适,大大提高互动学习效率。在 VR 中进行培训也节省培训实际原料,既节约材料成本,又节省讲师培训成本。

(3)生产质量及风险控制

由于 VR 可以全真模拟整个生产工艺流程,生产管理人员可以通过虚拟现实设备对整个生产流程的演练,尽早发现生产过程中的质量隐患及风险点。更重要的是,借助 BIM 技术进行数字化建模,可以在模拟演示的同时,及时完善修正数据,并将修改效果实时呈现在体验者眼前。这样,对企业建立完善的质量管理体系和风险管控体系均提供有力的技术支撑。

(4)生产安全教育

随着设备技术的发展,工业化建造大大规避传统施工的诸多安全风险,但安全生产仍然是企业的头等大事。VR 技术可以让工人身临其境地感受安全事故来临时的具体场景,如果再辅以一些硬件设备,会达到更加逼真的效果,让体验者更加直观地感受到在生产过程中如果操作不当所带来的严重后果。VR 还可以模拟一些复杂天气、地形条件下的施工环境,在 VR 中添加紧急事件、应急培训环节,让体验者思考遇到紧急突发情况时如何采取最优的方案进行处置,从而在实际生产中最大化地规避安全风险。

(5)宣传展示

对于工业化生产企业来说,由于生产基地偏远、生产线模型不可能随身携带,在一些技术交流活动中,展示自身的优势技术或生产管理经验较为不便。VR 技术可有效解决此类问题,只需带上 VR 眼镜,企业可以在任何地方以一种沉浸式的体验方式向客户展示产品、设备优势;同时也可以在 VR 中添加多功能展厅,集成企业的各类成果,对于企业自身宣传有着重要意义。虚拟现实是一种多感知性系统，其真实感、沉浸感不只表现在视觉上，同时还表现在听觉、触觉甚至嗅觉上。

9.2 轻量化 BIM 与 RFID、ERP 系统融合的信息化系统

9.2.1 ERP 生产管控系统

企业资源计划（Enterprise Resource Planning，ERP）系统是指建立在信息技术基础上，集信息技术与先进管理思想于一身，以系统化的管理思想，为企业员工及决策层提供决策手段的管理平台。它是从物料需求计划（MRP）发展而来的新一代集成化管理信息系统，它扩展了 MRP 的功能，其核心思想是供应链管理。它跳出了传统企业边界，从供应链范围去优化企业的资源，优化了现代企业的运行模式，反映了市场对企业合理调配资源的要求。它对于改善企业业务流程、提高企业核心竞争力具有显著作用。

9.2.2 RFID 技术概述

射频识别技术（Radio Frequency Identification，RFID），自 20 世纪 80 年代之后呈现出高速发展势头，逐渐成为目前应用最为广泛的一种非可视接触式的自动识别技术。早在二次世界大战时期，RFID 的技术原理就已明确。基于无线电数据技术的侦察技术成为识别敌我双方飞机、军舰等军事单位的有效工具。但是由于其较高的使用成本，使得该项技术在二战结束之后未能走入民用领域，仅在军事领域得到了重要应用。20 世纪 80 年代，在电子信息技术与芯片技术创新发展的推动下，RFID 技术逐渐走入民用领域，并在技术进步的支持下迅速成为各个领域最为重要的识别技术之一，极大地提升了各个领域的自动化识别与管理水平。

典型的 RFID 系统主要包括系统上层（应用系统）、读写器（Reader and Writer）、中间件（Middleware）和电子标签（Electronic Tag）四部分，如图 9.2-1 所示。无源系统的读写器在耦合元件的功能支持下发射特定频率的射频信号。当该射频信号范围覆盖了电子标签之后，电子标签可以通过耦合元件从空中获得能量以驱动电子标签中的芯片与读写器进行通信。读写器读取标签的自身编码等信息并解码后送至数据处理子系统。而对于有源系统，电子标签进入读写器工作区域后，由自身内嵌的电池为标签内的芯片供电，以完成与读写器间的相互通信工程。

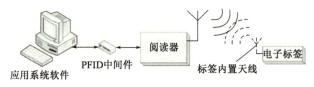

图 9.2-1 PFID 系统组成

9.2.3 基于轻量化 BIM 与 RFID、ERP 系统融合的智能化管控系统

RFID 与轻量化 BIM 相结合，可以合理安排施工顺序、规划构件运输顺序、运输的车次及路线；同时施工现场的实际进度等关键信息还能即时被反馈到预制构件生产工厂，并融合入工厂的 ERP 系统；根据反馈来的施工现场进度信息调整构件生产计划，工厂再将调整计划的信息传递给施工现场，实现信息共享，有利于工程顺利进行。

基于轻量化 BIM、RFID 等技术，并整合建筑行业和管理领域先进理念技术，提出了基于轻量化 BIM、RFID 技术与 ERP 系统深度融合的预制装配式隧道结构全生命周期智能建造系统，介绍了各组成部分的特点、功能和价值，建立了系统整体架构，可为预制装配式铁路隧道全生命周期建造运维提供技术支撑。站在战略的高度，根据预制装配式构件制造厂的生产经营特色对企业的信息化建设进行总体规划，满足现在及其未来需要。制定分阶段的计划和阶段性目标，稳步推进、分步实施，建立集成化的信息系统。利用 ERP 系列软件直接建立和优化整合企业业务流程，提高企业运营效率，集成物流、信息流、资金流，实现信息共享。

预制装配式构件制造厂的信息化建设，要求功能涵盖基础管理（基本信息和基本业务流程）、业务运行（企业的各类业务功能）和战略管理（辅助决策和企业控制）等方面，涉及预制装配式构件制造厂的财务管理、成本管理、人力资源管理、仓储与库存管理、销售管理、采购管理、制造管理、计划管理、战略分析等模块。依据管片具体业务流程，预制装配式构件制造厂的信息化建设总体上可以采用 ERP 系列软件构建蓝图（图 9.2-2）。

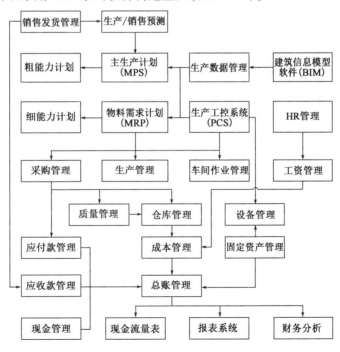

图 9.2-2　预制装配式构件制造厂信息系统蓝图（主要功能框架）

预制装配式构件制造厂的信息系统功能模块,可按照如图9.2-3所示方案设置。

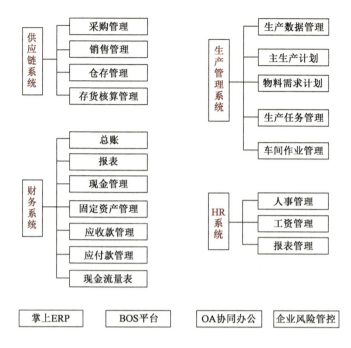

图9.2-3 预制装配式构件制造厂信息系统功能模块设置

轻量化BIM、RFID技术与ERP系统集成主要功能框架,系统功能可涵盖财务管理、成本管理、人力资源管理、仓储与库存管理、销售管理、采购管理、制造管理、计划管理、战略分析等模块。多系统融合的架构,可实现以下功能:

(1)将BIM中的材料清单信息通过系统间数据接口,导入到信息化系统中,生成材料清单(BOM)以便后续使用。

(2)通过设置多级提醒及预警,对原材料库存进行管理,保障提前采购,并可将二维码等消息媒介作为协助管理的工具。

(3)对于现场管控,通过RFID将相关信息应通过接口导入信息化系统,与车间管理信息、计件工资、物资运入运出等功能进行实时连接。

(4)通过中控室监控生产、仓储与库存、成本、质量、人事等多方面情况,及时对相关情况尽快进行统计,对可能存在的隐患进行提示,当发生各类偏离情况时,及时报警,快速响应。

(5)预制构件生产完成后,需打印二维码及条码标签,以便后续仓储与库存管理及发货,扫描结果需根据扫码人权限不同加以区分。

(6)理顺生产、成本、进销存关系,实现物流、信息流和资金流的同步与集成。通过全面的质量跟踪与质量统计分析,提高产品质量和服务质量。

(7)基于轻量化BIM平台,自动生成制造BOM,基于RFID软硬件结合,实现分权限、多用户管理。

在实现以上功能的基础上,实现对制造计划、制造、设计、吊装、运输、施工。运维检测监测全生命周期管控,并通过对数据进行统计分析,进一步推进项目的智能化建造。

9.3 本章小结

本章从轻量化 BIM、RFID、ERP 管理系统出发,围绕铁路隧道智能建造管理模式及预制装配式隧道智能建造信息化技术开展了相关阐述。针对实际需求,提出了基于轻量化 BIM、RFID 技术与 ERP 管理系统深度融合的预制装配式隧道结构全生命周期智能建造系统,可满足新时期铁路隧道建设对于智能化建造的要求,新技术、新理念也可在一定程度上引领隧道工程进一步科技创新,符合智能铁路建造技术发展的实际需求,具有提质增效的现实意义。

参 考 文 献

[1] 刘丰军.盾构法隧道预应力衬砌设计理论及方法研究[D].上海:同济大学,2007.

[2] 北京交通大学.长春地铁工程的明挖隧道和车站采用预制化结构的可行性调研与分析报告[R].2011.

[3] 刘建洪.明挖装配式地铁车站结构设计优化及施工过程力学特性研究[D].成都:西南交通大学,2007.

[4] PANTELIDES C P,BURKHART B A,REAVELEY L D,et al. Short-span and full-scale experiments of a prefabricated composite floor-building system[J]. Journal of Performance of Constructed Facilities,2016,30(02).

[5] 王亚超,李俊峰,蒋世林,等.装配式混凝土结构设计关键连接技术研究[J].建筑结构,2016,46(10):91-94+106.

[6] 姚怡文,蒋理华,范益群.地下空间结构预制拼装技术综述[J].城市道桥与防洪,2012(09):286-292+344.

[7] 王明年,李志业,关宝树.地下铁道明挖区间隧道结构预制技术的研究[J].铁道学报,2004(03):88-92.

[8] 王明年,李志业,魏龙海.隧道及地下铁道预制化技术[M].成都:西南交通大学出版社,2009.

[9] 刘建航,侯学渊.盾构法隧道[M].北京:中国铁道出版社,1991.

[10] GUAN Z,DENG T,WANG G,et al. Studies on the key parameters in segmental lining design[J]. Journal of Rock Mechanics and Geotechnical Engineering,2015,7(06):674-683.

[11] LÓPEZ-ALMANSA F,SARRABLO V,LOURENÇO P B,et al. Reinforced brick masonry light vaults: semi-prefabrication, construction, testing and numerical modeling[J]. Construction and Building Materials,2010,24(10).

[12] 李太惠.现浇与装配式结构的合理结合[J].地铁与轻轨,1993(03):46-48.

[13] 李围,张志强,何川,等.利用区间盾构隧道修建三条平行隧道式地铁车站的受力特征分析[C]//中国土木工程学会.中国土木工程学会隧道及地下工程学会地下铁道专业委员会第十五届学术交流会论文选集.2003.

[14] 钱七虎.俄罗斯地铁建设考察[J].地下空间,2001(04):241-253+337.

[15] 张德祥.用多圆形断面盾构工法修建新型地铁车站的可行性研究与初步设计[J].地下空间,1993(02):145-151.

[16] 何川,李围,张志强,等.结合盾构法修建地铁车站的方案研究[C]//中国土木工程学会.中国土木工程学会隧道及地下工程分会2002年年会论文集.2002.

[17] 九嶋,壮一郎,今井,等.20450PC鋼棒を組み込んだ単層2方向格子ドームの座屈実験:その2 中央集中載荷実験と非対称載荷実験[J].学術講演梗概集.B-1,構造I,荷重・

信赖性,应用力学・構造解析,基礎構造,シェル・立体構造・膜構造,1999:899-900.

[18] 刘惠敏,李志业,裴军.接头位置及刚度对预制箱形结构内力的影响[J].交通运输工程学报,2003(02):18-21.

[19] 刘昊,赵利辉,张宁,等.北京金安桥装配式地铁车站预制构件生产质量控制技术[J].混凝土与水泥制品,2017(10):33-38.

[20] 韩万权.地铁装配式车站精平垫层施工技术研究[J].建筑技术开发,2018,45(06):42-43.

[21] 李向海,刘昌永,刘勃,等.装配式地铁车站单榫槽接头抗弯刚度研究[J].施工技术,2019,48(16):5-7.

[22] 陶连金,李卓遥,杨秀仁,等.基于ABAQUS的预制装配式地铁车站结构拼装成环后力学行为研究[J].现代隧道技术,2018,55(05):115-123.

[23] 谢辕轩.预制装配式地铁车站拼装技术研究[J].科技与企业,2015(01):255-256.

[24] 许文华.预制装配式地铁车站施工技术探析[J].城市住宅,2019,26(02):142-143.

[25] 张旭.地铁装配式车站预制构件吊装技术研究[J].建筑技术开发,2018,45(06):37-39.

[26] 杨吕学.预制+现浇叠合拱壳在上海地铁15号线吴中路站结构施工中的应用[J].门窗,2019(21):117-118.

[27] 姜海西.盾构隧道内部双层预制结构关键连接技术研究[J].城市道桥与防洪,2018(10):190-194+23-24.

[28] 姜海西.盾构隧道内部双层预制结构现场拼装难点分析[J].现代隧道技术,2018,55(S2):386-391.

[29] 《中国公路学报》编辑部.中国隧道工程学术研究综述・2015[J].中国公路学报,2015,28(05):1-65.

[30] 黄俊,徐国平,李勇,等.盾构隧道内部双层车道结构预制化设计技术[M].北京:科学出版社,2014.

[31] 孔祥金.上海上中路大直径越江隧道全线贯通[J].公路隧道,2008(04):10.

[32] 林洋.巴黎A86公路西线隧道工程介绍[J].公路交通技术,2005(06):114-116.

[33] 中国工程建设标准化协会.整体预应力装配式板柱结构技术规程:CECS 52—2010[S].北京:中国计划出版社,2011.

[34] 中华人民共和国住房和城乡建设部.装配式混凝土结构连接节点构造:G310-1~2[S].北京:中国计划出版社,2015.

[35] 住房和城乡建设部住宅产业化促进中心.装配整体式混凝土结构技术导则[M].北京:中国建筑工业出版社,2015.

[36] 彭智勇,刘维宁,丁德云,等.分块型K管片用于盾构扩挖地铁车站的风险控制[J].中国铁道科学,2015,36(03):45-50.

[37] 张新金.盾构法与浅埋暗挖法结合建造地铁车站关键技术研究[D].北京:北京交通大学,2010.

[38] 张厚美,叶均良,过迟.盾构隧道管片接头抗弯刚度的经验公式[J].现代隧道技术,2002(02):12-16+52.

[39] 朱合华,杨林德,陈清军,等.盾构隧道管片接头衬砌系统的两种受力设计模型[C]//第五届全国结构工程学术会议论文集(第三卷).1996.

[40] 朱伟,黄正荣,梁精华.盾构衬砌管片的壳-弹簧设计模型研究[J].岩土工程学报,2006(08):940-947.

[41] 朱伟,钟小春,秦建设.盾构衬砌管片接头力学分析及双直线刚度模型研究[J].岩土力学,2006(12):2154-2158.

[42] 张学龙,高向宇,杨秀仁,等.装配式地铁车站结构榫槽接头压弯性能研究[J].特种结构,2018,35(05):73-78+107.

[43] 小泉淳,官林星.盾构隧道管片设计:从容许应力设计法到极限状态设计法[M].北京:中国建筑工业出版社,2012.

[44] 朱合华,陶履彬.盾构隧道衬砌结构受力分析的梁-弹簧系统模型[J].岩土力学,1998,19(2):26-32.

[45] 村上,博智,小泉.シールドセグメントリングの耐荷機構について[C]//Proceedings of the Japan Society of Civil Engineers,1978.

[46] 朱合华,崔茂玉,杨金松.盾构衬砌管片的设计模型与荷载分布的研究[J].岩土工程学报,2000(02):190-194.

[47] 胡志平,罗丽娟,蔡志勇.盾构隧道管片衬砌的平板壳-弹性铰-地基系统模型[J].岩土力学,2005(09):1403-1408.

[48] 苏宗贤,何川.荷载-结构模式的壳-弹簧-接触模型[J].西南交通大学学报,2007(03):288-292+304.

[49] 赵大洲,景来红.盾构隧道管片衬砌的平板壳-接缝元-地基系统模型研究[J].工程力学,2011,28(06):110-117.

[50] 崔涛,张继清,刘瑜,等.城市铁路明挖隧道装配式衬砌接头性能研究[J].铁道建筑,2019,59(04):76-78.

[51] 刘洪清,刘华北.盾构隧道管片及纵向接头力学性能数值模拟研究[J].地下空间与工程学报,2019,15(06):1800-1810+1873.

[52] 桑运龙,刘学增,张强.基于螺栓-凹凸榫连接的地铁盾构隧道管片环缝接头刚度分析及应用[J].隧道建设(中英文),2020,40(01):19-27.

[53] 葛世平,谢东武,丁文其,等.盾构管片接头简化数值模拟方法[J].岩土工程学报,2013,35(09):1600-1605.

[54] 庄晓莹,张雪健,朱合华.盾构管片接头破坏的弹塑性损伤三维有限元模型研究[J].岩土工程学报,2015,37(10):1826-1834.

[55] 张建刚,李围.管片接头改进条带算法的关键问题研究[J].铁道学报,2020,42(03):147-152.

[56] 肖明清,封坤,张力,等.盾构隧道管片接头抗弯承载力计算模型研究[J].土木工程学报,2019,52(11):108-119.

[57] 张鹏.地铁盾构隧道管片接头的理论分析及应用研究[D].北京:北京交通大学,2011.

[58] 郭瑞,何川,封坤,等.大断面水下盾构隧道管片接头抗弯刚度及其对管片内力影响研究

[J].中国铁道科学,2013,34(05):46-53.
[59] 李兆平,苏会锋,吕书清,等.装配式地铁车站结构双榫槽式接头抗弯力学性能试验研究[J].土木工程学报,2017,50(S2):28-32.
[60] 李兆平,王臣,苏会锋,等.预制装配式地铁车站结构榫槽式接头力学性能研究[J].中国铁道科学,2015,36(05):7-11.
[61] 张力,封坤,肖明清,等.大断面盾构隧道管片接头抗弯刚度取值研究[J].隧道建设(中英文),2019,39(04):619-625.
[62] 杨醒宇.煤矿斜井管片衬砌接头力学性能研究[D].成都:西南交通大学,2017.
[63] 苏会锋,李习伟,王臣.全装配式地铁车站结构接头抗弯承载能力试验研究[J].铁道学报,2016,38(09):118-123.
[64] 杨秀仁,黄美群,林放,等.地铁车站预制装配式结构注浆式榫槽接头试验方案研究[J].都市快轨交通,2019,32(05):83-90.